从0到N

以商业设计驱动科技商业化实操指南

— 李 东 ◎著 —

内 容 提 要

《从 0 到 N 以商业设计驱动科技商业化实操指南》以高效推动高新技术商业化为主要目标，分四个部分提供基于权威理论的实操指南。

第一部分（第 1～3 章）"沙盘谈兵——商业计划的构思与编制指南"，系统介绍作为商业计划灵魂的商业模式、商业计划的总体功能、总体结构及各部分分析与编制方法。

第二部分（第 4～5 章）"建军挂帅——高效企业的组建与领导"，细致讲解如何创办和管理高效的科技型公司。

第三部分（第 6 章）"破冰起航——缺兵少弹下的前行"，精要解析如何在资源短缺的情况下通过"资源拼凑""即兴行动"的策略来高效完成计划。

第四部分（第 7 章）"组织进化——成为真正的链主型企业"，完整揭示一个单纯的配套型制造企业如何摆脱价值洼地进化为链主型企业。

本书将为科技型企业管理者摆脱"试错"模式桎梏，打造高价值企业提供独特和完整的支撑。

图书在版编目（CIP）数据

从 0 到 N: 以商业设计驱动科技商业化实操指南 / 李东著 . — 北京 : 中国水利水电出版社，2023.10

ISBN 978-7-5226-1828-9

Ⅰ . ①从… Ⅱ . ①李… Ⅲ . ①商业计划 Ⅳ . ① F712

中国国家版本馆 CIP 数据核字 (2023) 第 190251 号

书　　名	从0到N 以商业设计驱动科技商业化实操指南 CONG 0 DAO N YI SHANGYE SHEJI QUDONG KEJI SHANGYEHUA SHICAO ZHINAN
作　　者	李 东 著
出版发行	中国水利水电出版社 （北京市海淀区玉渊潭南路1号D座 100038） 网址：www.waterpub.com.cn E-mail：zhiboshangshu@163.com 电话：（010）62572966-2205/2266/2201（营销中心）
经　　售	北京科水图书销售有限公司 电话：（010）68545874、63202643 全国各地新华书店和相关出版物销售网点
排　　版	北京智博尚书文化传媒有限公司
印　　刷	河北文福旺印刷有限公司
规　　格	170mm×240mm　16开本　23印张　306千字
版　　次	2023年10月第1版　2023年10月第1次印刷
印　　数	0001—3000册
定　　价	88.00元

凡购买我社图书，如有缺页、倒页、脱页的，本社营销中心负责调换

版权所有·侵权必究

前　言

近年来，我国人口出生率的剧降已成为引起广泛关注的社会问题，这个问题的起因、后果等自有各种专业分析。这里要提出的问题是：为什么人口出生率的巨变会如此引人关注？社会经济学告诉我们：新增人口一方面可以为未来社会的正常运行提供必需的人力资源；另一方面，新增人口又将成为未来各种消费的主体，为经济发展提供基础动力，对于社会的稳定发展至关重要。

实际上，任何一个社会的可持续发展都建立在增量经济的健康培育之上。这里的"增量经济"是指新增的经济活动，而科技商业化或科技创业则是增量经济最为核心的部分。以科技商业化为核心的增量经济一方面为宏观经济的持续发展尤其是结构优化提供动力；另一方面，又为持续产生的科技成果转化创造机遇，由此释放出所谓的"边际力量"（科技成果具有的经济潜力）。我们可以在数不清的新兴产业中看到这种"边际力量"。

尽管科技商业化对社会发展具有不可替代的作用，但其实现的困难程度也有目共睹。科技商业化或科技创业的本质是将科技成果引入顾客价值创造，从而培育出新兴产业的过程。由于科技研发和市场开辟是完全不同方向的活动，因此拥有科技背景的科创人员往往有一个共同痛点：发现、开辟新市场的能力较为薄弱。他们无法仅凭科技知识把科创过程从"灵感驱动的纯粹冒险"转化为"可掌控的进程"。我认识很多具有科技创新潜力和欲望的优秀科技工作者，他们对此都十分纠结和焦虑。本书创作的最初动机就来自这个现象。

从总体上讲，科技商业化推动的增量经济发展由两个基本环节构成：从0到1，即将技术成果创造性地应用于满足某种需求，从而创造出一个新市场的过程；从1到N，即通过扩大新市场，进而做强这个新兴产业的过程。

这两个过程都蕴含着特定的风险与挑战。从0到1阶段，科技创新者需要解决三个基础性问题：寻找到理想的目标市场、构思创造新型商业模式和制订商业计划（BP）并借其实现股权融资。本书第一部分1~3章系统阐述了解决上述问题的理念和方法。从1到N阶段，科技创新者则是要顺利做大企业，由此支撑更大规模的经营活动。这个阶段科技创新者需要解决三个关键问题：健康的公司创建、成长管理和进化为链主型企业。本书第二、三、四部分分别阐述了针对这些问题的战略思路、方案设计和有关的工具。

本书的目的就是为科技企业家和相关人群在推动或研究从0到N的特殊事业过程中，提供针对重大问题的解决方案和行动指南。本书的创作坚持以下原则：

一是导向问题。本书对所有从0到N过程中科技创新主题的阐述，都起始于该主题领域的核心问题分析。在很多时候，一个有才华的科技创新实践者在透彻了解他所面临问题的实质后，也就意味着他获得了解决这类问题的关键能力。

二是落地方案。本书关于所有科技创新主题的阐述均落脚于解决方案层，在行动措施、思维、逻辑等不同层面提供推动从0到N进程的全程指南。

三是综合精华。本书对全部科技创新主题的分析与论述，均尽可能地吸收、整合了针对该主题研究的权威研究成果，形成以关键问题为节点的经典/权威理论网络体系，通过从0到N这条主线，集聚出一个面向科技商业化的理论思想库。

四是原创案例。本书几乎所有的案例均来自我近10年来亲身经历的科技创业指导实例，以"原汁原味"的原料烹饪出最鲜活的知识大餐。

孙虹副教授参与了本书总体框架构思、体例设计和核心内容的审核。我的博士生郑璐、李学诚、陈舒阳和姚望，硕士研究生李鑫、尚思佳、陶嘉彤、殷彩霞、孙雨露、顾城、徐远航、陈译凡、尚佳琪、包芷琪等，均参与了本书的资料整理、编校等工作，感谢他们对本书所做的贡献！

以科技商业化推动增量经济发展是我国新时期发展伟业的前导先驱，希望此书能够为在雄途漫道中摸索前进的人提供些许光芒和指引！

李 东

2023年9月　于紫金山下

目录

绪 论 ……………………………………………………………… 001

一、起点与"生地" …………………………………………………… 001

    1. 起点：中国的创新驱动发展战略与科技创新成果 …………… 001

    2. "生地"：基于科技创新成果的进化型企业及其市场创新 …… 004

    3. 对产业化终点的状况进行扫描：问题与挑战 ………………… 012

二、起点与"生地"之间的两大陷阱 ………………………………… 015

    1. 双创之间的"死亡之谷" ………………………………………… 015

    2. 受控于先进商业模式的"价值洼地" …………………………… 017

三、试错与绝路 ………………………………………………………… 019

    1. 项目视角的科技创业与高新技术产业化 ……………………… 019

    2. 科技创业/高新技术产业化项目的总体过程 ………………… 022

    3. 行动试错与"绝路"的形成 ……………………………………… 022

第一部分 沙盘谈兵——商业计划的构思与编制指南

第1章 商业计划基础 ……………………………………………… 028

一、困境解析：模板与智慧的混淆 …………………………………… 028

二、商业计划概述 ……………………………………………………… 028

    1. 商业计划的启动时机 …………………………………………… 028

    2. 商业计划的总体功能：凝聚资源、协调行动 ………………… 031

3. 商业计划的灵魂：讲述一个有生命力的商业模式 …………… 032

三、商业模式：面纱之后的真相 …………………………………… 033

  1. 从遮羞到炫耀：最后的终极因素 ………………………………… 033

  2. 撩开面纱：什么是商业模式 ……………………………………… 033

  3. 商业模式的结构 …………………………………………………… 034

  4. 如何编好商业模式故事 …………………………………………… 038

  5. 商业模式标签：故事的"名字"与故事的兴起 ………………… 063

  6. 赵钱孙李……：关于商业模式的其他若干传说 ……………… 064

四、商业计划的总体结构 …………………………………………… 067

  1. 结构的层次：板块、主题与要点 ………………………………… 067

  2. 故事的段落：商业计划的总体结构 —— 四大板块 …………… 068

第 2 章　商业计划指南（上）：价值创造蓝图 ……………… 070

一、困境解析：错把"冯京"当"马凉" ……………………………… 070

二、市场定位 …………………………………………………………… 071

  1. 总体说明 …………………………………………………………… 071

  2. 如何定位市场 ……………………………………………………… 077

  3. 商业计划中关于市场定位的规划指南 ………………………… 097

三、供给方案 …………………………………………………………… 110

  1. 总体说明 …………………………………………………………… 110

  2. 如何规划供给方案 ………………………………………………… 115

  3. 商业计划中关于供给方案的规划指南 ………………………… 121

四、运营模式规划 ……………………………………………………… 127

  1. 总体说明 …………………………………………………………… 127

2. 如何进行运营模式规划 …………………………………… 130

　　3. 商业计划中关于运营模式定位的规划指南…………………… 140

五、盈利模式和业绩规划的问题与分析原理 ………………………… 150

　　1. 总体说明………………………………………………………… 150

　　2. 如何进行盈利模式设计与业绩规划…………………………… 162

　　3. 商业计划中关于盈利模式与总体业绩的规划指南…………… 180

第 3 章　商业计划指南（下）：路径规划蓝图……………… 195

一、困境解析：画饼不能充饥 ………………………………………… 195

二、愿景与路径规划 …………………………………………………… 195

　　1. 总体说明………………………………………………………… 195

　　2. 如何进行愿景与路径规划……………………………………… 200

　　3. 商业计划中关于愿景定位与实现路径的规划指南…………… 213

三、载体公司与融资方案规划 ………………………………………… 222

　　1. 总体说明………………………………………………………… 222

　　2. 如何进行载体公司与融资方案规划…………………………… 226

　　3. 商业计划中关于载体公司与融资方案的规划指南…………… 245

第二部分　建军挂帅 —— 高效企业的组建与领导

第 4 章　公司的组建与成长管理 …………………………… 258

一、困境解析：东施无法效颦 ………………………………………… 258

二、快速通过混沌期 …………………………………………………… 258

　　1. 幸福和睦的基本保障：发起人协议 …………………………… 260

VII

2. 事务处理中枢：办公室 ……………………………………… 264
   3. 物色前线政委：首席战略官 …………………………………… 266

 三、俯视成长：如何避免"勤勉的死亡" ……………………………… 270
   1. 俯视成长 ……………………………………………………… 270
   2. 如何避免"勤勉的死亡" ……………………………………… 274

第 5 章　治军三招　277

 一、困境解析："将"不知兵 ………………………………………… 277

 二、第一招：角色转换 ……………………………………………… 278

 三、第二招：为组织赋魂 …………………………………………… 279
   1. 什么是企业文化 ……………………………………………… 279
   2. 优秀文化构建的总体路径 …………………………………… 280

 四、第三招：以激励驱动三军 ……………………………………… 284
   1. 激励与激励因素 ……………………………………………… 284
   2. 双因素理论 …………………………………………………… 285
   3. 科创企业/高新技术产业化项目中针对核心人员的两个满意因素 ………… 286
   4. 股权激励的框架与关键措施 ………………………………… 287

第三部分　破冰起航 —— 缺兵少弹下的前行

第 6 章　计划之外的行动　294

 一、困境解析：无处不在的资源短缺 ……………………………… 294

 二、以资源拼凑克服窗口约束 ……………………………………… 295
   1. 窗口约束 ……………………………………………………… 295

2. 人类学的一个发现 ⋯⋯⋯⋯⋯⋯⋯⋯⋯⋯⋯⋯⋯⋯⋯⋯⋯⋯⋯⋯⋯ 295

3. 如何拼凑产业化初期的拼凑版图 ⋯⋯⋯⋯⋯⋯⋯⋯⋯⋯⋯⋯⋯⋯ 296

4. 两类拼凑模式 ⋯⋯⋯⋯⋯⋯⋯⋯⋯⋯⋯⋯⋯⋯⋯⋯⋯⋯⋯⋯⋯⋯ 301

5. 拼凑素养 ⋯⋯⋯⋯⋯⋯⋯⋯⋯⋯⋯⋯⋯⋯⋯⋯⋯⋯⋯⋯⋯⋯⋯⋯ 302

三、以"随机应变"克服计划盲区 ⋯⋯⋯⋯⋯⋯⋯⋯⋯⋯⋯⋯⋯⋯⋯⋯ 304

1. 两类计划盲区 ⋯⋯⋯⋯⋯⋯⋯⋯⋯⋯⋯⋯⋯⋯⋯⋯⋯⋯⋯⋯⋯⋯ 304

2. 奏效驱动：做一个随机应变的奏效者 ⋯⋯⋯⋯⋯⋯⋯⋯⋯⋯⋯⋯ 305

第四部分　组织进化 —— 成为真正的链主型企业

第 7 章　从配套到链主的跨越 ⋯⋯⋯⋯⋯⋯⋯⋯⋯⋯⋯⋯⋯⋯⋯⋯⋯ 312

一、困境解析：越努力，越下陷 ⋯⋯⋯⋯⋯⋯⋯⋯⋯⋯⋯⋯⋯⋯⋯⋯⋯ 312

二、三条跨越路径 ⋯⋯⋯⋯⋯⋯⋯⋯⋯⋯⋯⋯⋯⋯⋯⋯⋯⋯⋯⋯⋯⋯⋯ 313

1. 左向跨越 —— 从简单配套型企业跃往控制型链主企业 ⋯⋯⋯⋯ 314

2. 右向跨越 —— 从简单配套型企业跃往生态型链主企业 ⋯⋯⋯⋯ 314

3. 垂直跨越 —— 从简单配套型企业跃往隐形冠军型企业 ⋯⋯⋯⋯ 314

三、以"开放模式"跃往真正的上游 ⋯⋯⋯⋯⋯⋯⋯⋯⋯⋯⋯⋯⋯⋯⋯ 315

1. "居高临下"：上游的真实定义与业态实质 ⋯⋯⋯⋯⋯⋯⋯⋯⋯ 315

2. 何为"开放"？为什么要开放 ⋯⋯⋯⋯⋯⋯⋯⋯⋯⋯⋯⋯⋯⋯⋯ 318

3. 进化为开放模式的内、外部条件 ⋯⋯⋯⋯⋯⋯⋯⋯⋯⋯⋯⋯⋯⋯ 323

四、垂直跨越 —— 从简单配套型企业跃往驱动型链主企业 ⋯⋯⋯⋯⋯ 325

1. 小体量，巨市场 ⋯⋯⋯⋯⋯⋯⋯⋯⋯⋯⋯⋯⋯⋯⋯⋯⋯⋯⋯⋯⋯ 325

2. 主要策略 ⋯⋯⋯⋯⋯⋯⋯⋯⋯⋯⋯⋯⋯⋯⋯⋯⋯⋯⋯⋯⋯⋯⋯⋯ 325

五、以"供给进化"成为真正的链主型企业 ······ 328
1. 真假猴王:到底谁是真正的"主导者" ······ 328
2. 什么是真正的链主 ······ 330
3. 通往链主型企业的三个进化 ······ 333

六、说人话,树大旗 ······ 352
1. 一个不可忽视的悖论 ······ 352
2. 新兴市场需要启发,而不是说教 ······ 354
3. 要说人话,树大旗 ······ 355

绪 论

一、起点与"生地"

1. 起点：中国的创新驱动发展战略与科技创新成果

作为国家战略的科技创新事业

早在 21 世纪初，我国政府就明确了以科技创新驱动经济发展的顶层战略思路。这一思路在随后的宏观发展战略中不断地得到贯彻与落实，并连续两次在党的十九大和二十大总书记的报告中得到体现。

党的十九大报告中关于科技创新战略的阐述

在"贯彻新发展理念，建设现代化经济体系"这一主题下，党的十九大报告提出：

- ◆ 加快建设创新型国家。创新是引领发展的第一动力，是建设现代化经济体系的战略支撑。要瞄准世界科技前沿，强化基础研究，实现前瞻性基础研究、引领性原创成果重大突破。
- ◆ 在中高端消费、创新引领、绿色低碳、共享经济、现代供应链、人力资本服务等领域培育新增长点、形成新动能。
- ◆ 培育若干世界级先进制造业集群。

党的二十大报告中关于科技创新战略的阐述

在"加快实施创新驱动发展战略"这一主题下，党的二十大报告提出：

- ◆ 坚持面向世界科技前沿、面向经济主战场、面向国家重大需求、面向人民生命健康，加快实现高水平科技自立自强。

> ◆ 加快实施一批具有战略性全局性前瞻性的国家重大科技项目，增强自主创新能力。
>
> ◆ 加强企业主导的产学研深度融合，强化目标导向，提高科技成果转化和产业化水平。

我国的科技创新投入

我国科学技术部发布的数据显示，进入 2010 年后，我国全社会科技研发经费不断增加。从 2012 年全社会科技研发经费突破 1 万亿元，到 2022 年已达到 3.09 万亿元，研发投入从占国内生产总值的 1.91% 提升到 2.55%；基础研究投入从 2012 年的 499 亿元增长到 2022 年的 1951 亿元，平均每年增加近 15%，比例连续 4 年超过 6%。我国成为仅次于美国的第二大科技经费投入大国。研发人员总人数从 2012 年的 325 万人年增加到 2022 年超过 600 万人年，多年保持在世界首位。图绪-1 为我国 2012—2022 年全社会科技研发经费投入变化情况。

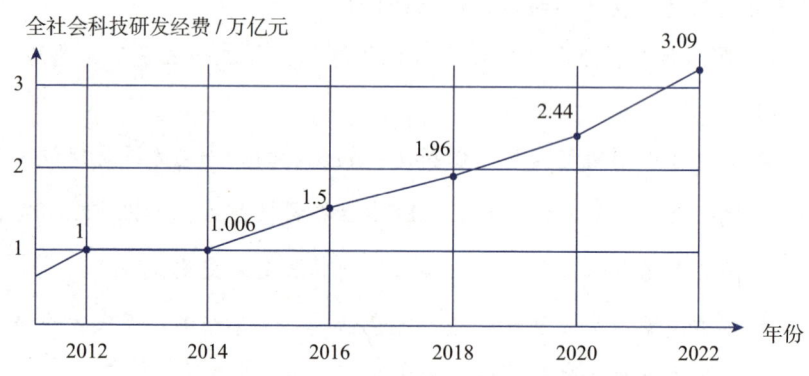

图绪-1 我国 2012—2022 年全社会科技研发经费投入变化情况

我国的科技创新成果

伴随着相关政策的贯彻以及科研经费的大量投入，我国在各个领域（包括基础领域）的科研成果开始涌现。

根据媒体报道，目前我国已建成 FAST、稳态强磁场、散裂中子源一批国之重器，量子信息、干细胞、脑科学、合成生物学等领域也部署了一批重点项目。2022年，我国天和、问天、梦天三舱齐聚天宇，夸父探日等一批重大创新成果竞相涌现。（长江商报消息·长江商报记者徐靓丽。2023.2.27）

此外，我国科研人员的高质量国际论文贡献量位居世界第二，数学、物理学、化学、材料科学、工程技术等12个学科SCI（科学引文索引）论文被引次数进入世界前二。

我国的科技创新能力

更能说明情况的是：**随着全社会对科技研发的关注和重视，我国的科技创新能力逐年提高**。我国在世界知识产权组织发布的《2022年全球创新指数报告》中排名提升至全球第11位。而在2010年，我国的排名是全球第43位。图绪-2是我国2010—2022年全球创新能力排名变化情况。由图绪-2可知，自2013年以来我国的全球创新能力就呈现持续递增的态势。

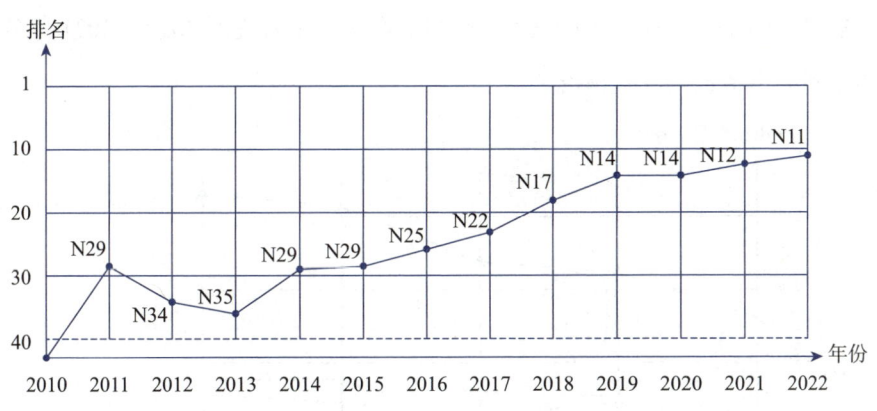

图绪-2　我国2010—2022年全球创新能力排名变化情况

我国的专利申请规模

随着我国科技研发投入的持续大幅增加，**除了科技论文，我国科研人员和科研机构的专利申请也呈现显著递增态势，这是我国科技成果大量涌现的集中体现**。表绪-1是我国2017—2021年各类专利的申请数量情况。

表绪–1　我国2017—2021年各类专利的申请数量情况　　单位：万件

年份 项目	2017	2018	2019	2020	2021
发明专利	138.15	154.20	144.06	149.70	158.60
实用新型专利	168.70	207.20	226.80	292.60	285.20
外观设计专利	62.80	70.80	71.20	77.00	80.60
合　计	369.65	432.20	442.06	519.30	524.40

数据来源：https://www.cnipa.gov.cn/col/col61/index.html#mark

从整体来看，这五年来中国专利申请数量持续增长，2021年与2017年申请总数量相比增加了41.8%。

据中国国家知识产权局有关人员介绍，2022年我国科技人员的高价值专利数量同比增长24.2%，达到132万件。其中，与战略性新兴产业相关的高价值专利共计95.2万件，同比增长18.7%，占总量的72.1%。从技术领域来看，中国信息技术管理和计算机等数字技术领域的有效发明专利增长最快，同比分别增长59.6%和28.8%。图绪–3为我国2017—2021年各类专利的申请数量变化情况。

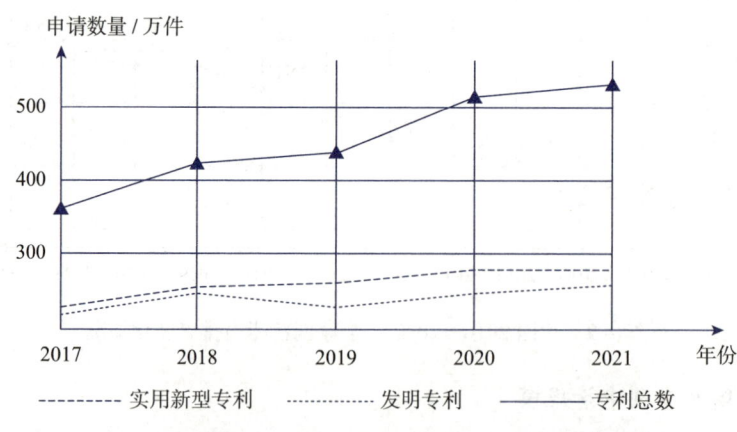

图绪–3　我国2017—2021年各类专利的申请数量变化情况

2. "生地"：基于科技创新成果的进化型企业及其市场创新

科技促进生产力，生产力发展推动社会进步，社会进步产生科技发展的能量。生产力发展通过两个基本途径推动社会进步：一是提高效率扩张现有市场的产出规模，实现经济增长；二是通过市场创新为社会提高经济效益，实现经济发展。两种途径均需要在市场端实现科技的价值，并为科技水平发展提供新的保障。

有人将这样的过程概括为"科学—技术—工程—管理—市场"。市场繁荣就是经济繁荣，后者则是社会进步的最根本基础，社会进步则为科技发展提供了充分与必要的条件。因此，**扩张和创造市场是科技事业持续发展的"生地"**。

在治学严谨的经济学家眼里，"经济增长"和"经济发展"是有本质区别的。前者是指全社会在技术、商业模式不变的情况下生产规模的扩大；后者则是指技术更新、商业模式创新催生出的新兴市场。新兴市场的出现与发展一方面促使全社会经济规模扩大；另一方面是经济运行的代价（副作用）更低，社会也更加健康。

经济的存量与增量

任何经济都是由存量部分和增量部分所组成。从生产角度看，从事生产的企业组织包含在位企业和新进入企业或新创企业，前者构成了存量部分，后者则为增量部分。从消费角度看，对既有商品（包括实物产品和无形服务等）的消费构成存量市场，而对新型产品／服务的消费则构成增量市场。存量企业和存量市场构成经济的存量部分；新兴企业和新兴市场则构成经济的增量部分。随着时间的流逝，存量经济将逐步被增量经济替代，后者则转化为存量经济。

增量与"生地"

任何一个经济的结构转化，或者说供给侧结构性改革，均由两个方面的措施共同促进：一是压缩乃至消除落后产能；二是培育和促进新兴产能。后者（经济的增量部分）是结构转化／升级的主要动力。经济结构的优化、升级是确保宏观经济持续健康发展的必要与关键条件，也是社会科技发展的必要条件。

对此，党的十九大和二十大报告分别作出明确阐释：

> ◆ 建设现代化经济体系，在中高端消费、创新引领、绿色低碳、共享经济、现代供应链、人力资本服务等领域培育新增长点、形成新动能。　　　　　　　　　　　　　　（十九大报告节选）
>
> ◆ 加快实施创新驱动发展战略。强化目标导向，提高科技成果转化和产业化水平。　　　　　　　　　　　（二十大报告节选）

开辟与推动增量经济的核心动力来自科技创新成果的创造性应用过程，这个过程包含前沿/高新技术产业化过程以及一般意义的科技创业过程。本书将这两类基本相同但略有差异的过程结合起来表述为"科技创业/高新技术产业化"过程（图绪-4），将负责实施这个过程的组织统一表述为"科技创业/高新技术产业化"过程的载体。

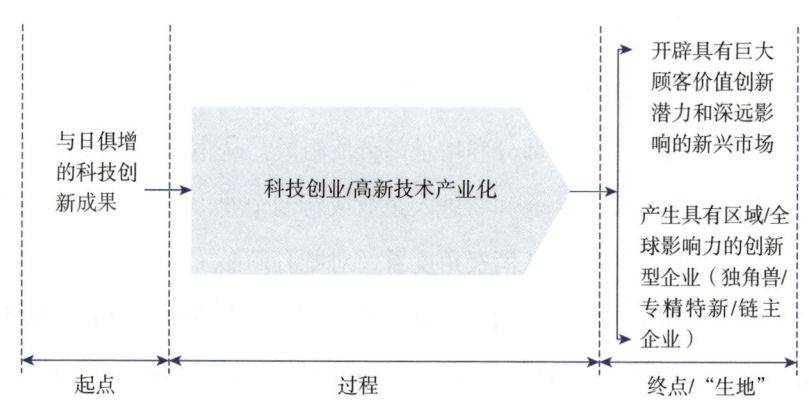

图绪-4　科技创新及其成果应用的"生地"——开辟新兴市场与打造创新型企业

科技创业

科技创业就是以某个科技成果为起点，通过样品、量产、市场选择与试探、规模化运营，使创立企业形成可持续发展能力的过程。这里的"科技成果"泛指所有经由科技研发产生、具有一定科技含量的科技成果，这些科技成果可以是前沿科技领域的成果，也可以是传统领域的成果。

高新技术产业化

高新技术产业化与科技创业基本相似，就是通过研究、开发、应用高新技术而形成具有可持续发展能力以及较高产业影响力的企业组织的过程。它以高新技术研究成果为起点，以企业化组织为支撑，以可持续的市场服务并能产生盈利为终点。

美国商务部提出的判定高新技术产业的主要指标有两个：一是研发与开发强度，即研究与开发费用在销售收入中所占比重；二是研发人员（包括科学家、工程师、技术工人）占总员工数的比重。此外，产品的主导技术必须属于所确定的高新技术领域，而且必须包括高新技术领域中处于技术前沿的工艺或技术突破。

与一般意义上的科技创业不同的是：高新技术产业化的起点，通常特指一些前沿领域的科技成果，如空间技术、新材料技术、人工智能技术、生物医疗技术等。最为典型的是数字技术，我国政府将基于数字科技成果的产业化专指为"数字产业化"。从国际经济的格局演化、国家战略角度出发，政府往往会提出战略性新兴产业发展规划。

党的二十大报告"建设现代化产业体系"中提出：

推动战略性新兴产业融合集群发展，构建新一代信息技术、人工智能、生物技术、新能源、新材料、高端装备、绿色环保等一批新的增长引擎。

这里的"增长引擎"就是建立在新一代信息技术等基础上的高新技术产业化目标。图绪-5显示了科技创业与高新技术产业化之间的关系。

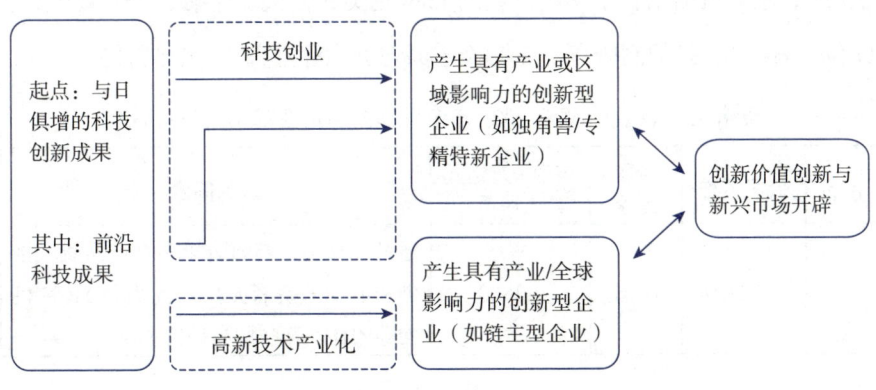

图绪-5 科技创业与高新技术产业化的关系

创新型企业

独角兽企业

"独角兽"最初由美国著名投资人 Aileen Lee 于 2013 年提出，是指那些发展迅速且被投资者青睐的具有高成长潜力的科技创业企业。目前，**全球投资界对独角兽企业的认定有两个基本标准：一是成立 10 年内、获得过私募投资且未上市的创业企业；二是市场估值超过 10 亿美元**。对于估值超过 100 亿美元的企业，人们又称之为"超级独角兽"企业。

我国的字节跳动、滴滴出行、大众点评、美国企业家埃隆·马斯克（Elon Musk）创办的 Space X（太空探索技术公司）等企业均入选过独角兽企业。独角兽企业之所以被社会关注，不仅仅是其出色的经营业绩，而是这类企业在促进新技术应用、导入全新商业模式、推动新兴产业形成方面所展现出来的突出成就与能力，这些成就对引领科技变革、增量经济发展和社会变革都具有重大意义。

2023 年 4 月 18 日，胡润研究院发布《2023 全球独角兽榜》（Global Unicorn Index 2023），列出了全球成立于 2000 年之后，价值 10 亿美元以上的非上市公司。本次榜单估值计算的截止日期为 2022 年 12 月 31 日，在发布之前更新了估值的重大变化。特别要说明的是：美国 ChatGPT（Chat Generative Pre-trained Transformer）的研发公司 OpenAI 是 2022 年全球表现最好的独角兽企业之一，企业价值增长了 7 倍，达到 1380 亿美元，从全球第 272 位飙升至第 17 位。表绪 –2 是胡润研究院 2023 年全球独角兽企业前 10 名排行榜。

表绪 –2　胡润研究院 2023 年全球独角兽企业前 10 名排行榜

排名	公司名称	所属国家	市值/万亿元人民币	业务简介
1	字节跳动	中国	1.3800	通过今日头条与抖音等多个产品线联接创作者、消费者及广告商家与 MCN 机构等的移动互联网高科技企业

续表

排名	公司名称	所属国家	市值/万亿元人民币	业务简介
2	Space X	美国	0.9450	太空设备制造和空间运输服务的太空运输公司
3	蚂蚁集团	中国	0.8300	中国最大的移动支付平台支付宝的母公司，是全球领先的金融科技开放平台
4	Shein	中国	0.4500	以创新的柔性供应链系统，满足零售行业消费的个性化、多元化趋势的国际B2C快时尚电子商务公司
5	Stripe	美国	0.3800	提供互联网支付与金融解决方案的全球一站式支付平台
6	微众银行	中国	0.2300	为小微企业和大众提供更为优质、便捷的金融服务的国内首家互联网银行
7	Databricks	美国	0.2150	致力于提供基于Spark云服务的Data+AI企业
8	Telegram	阿联酋	0.2070	跨平台的即时通信软件
9	Revolut	英国	0.1950	提供在线支付服务的金融科技公司
10	菜鸟网络	中国	0.1850	专注于搭建四通八达的物流网络，提供智慧供应链服务的互联网科技公司

CB Insights 是一家总部位于美国纽约的技术洞察与市场情报分析公司。该公司从全球各个领域的数据中提取有关创新、技术和市场趋势的信息，发布权威报告，它也发布了 2022 年全球独角兽企业排行榜，共有 214 家企业上榜，本文列举其中的前 10 名企业（见表绪 – 3）。

表绪 – 3　CB Insights 发布的 2022 年全球独角兽前 10 名企业榜

排名	公司名称	所属国家	市值/亿美元	业务简介
1	优步	美国	680	全球领先的移动互联网创业公司，通过创新科技为乘客和合作司机高效即时匹配，提供安全、高效、可靠、便利的出行选择

续表

排名	公司名称	所属国家	市值/亿美元	业务简介
2	滴滴出行	中国	500	全球领先的一站式移动出行平台
3	小米	中国	460	专注于智能硬件和电子产品研发、智能手机、智能电动汽车、互联网电视及智能家居生态链建设的全球化移动互联网企业
4	AirBnB	美国	293	一个旅行房屋租赁社区
5	Space X	美国	212	太空设备制造和空间运输服务的太空运输公司
6	Palantir	美国	200	基于知识图谱技术，提供数据集成、搜索、知识管理、协作、发现五大板块的大数据分析平台
7	WeWork	美国	200	在全球各地为独立工作者提供现实和虚拟工作场所、员工福利服务和社会活动组织服务的办公空间
8	陆金所	中国	185	为中小企业及个人客户提供专业、可信赖的投融资服务的互联网财富管理平台
9	美团点评	中国	180	美团点评是全球酒店预订、票务服务及其他O2O服务的领先提供商之一
10	Pinterest	美国	123	图片社交分享网站

专精特新企业

专精特新企业是我国工业和信息化部借鉴德国"隐形冠军"和日本"一町一品"计划等国外经验而提出的一类标杆企业概念。专精特新企业是指具有"专业化、精细化、特色化、新颖化"特征的中小企业，具有主营业务突出、专业能力强、聚焦细分市场、研发创新能力强、发展潜力大等优势。专精特新企业是我国制造类中小企业成长与发展的重要示范，在增强产业链与供应链韧性等方面发挥着重要作用。京东方、天津普林、江南化工等企业均入选过专精特新企业。

绪　论

链主企业

链主企业并不是一个学术概念，至少目前还不是。人们之所以关注这类企业，主要是出于对跨国供应链调整而导致的本国企业的安全运营问题的关注。**拥有更多的链主企业，可以增强本国相关企业运营的稳定性**。或者说，当某个供应链的链主企业是别国企业时，如果该企业作出不利于本国企业的调整决策，则将对本国企业造成不利影响。

目前，人们对这类企业的性质认识基本停留在"产业影响力"这个层面。其实，"产业影响力"仅仅是这类企业的结果属性，我们更应该关注的是什么因素或"前置性属性"导致这类企业具有高影响力。首先要明确的是，资产或产出规模不是这里提到的"前置性属性"，即资产或产出规模不能导致一个企业成为链主企业。

其实，判断一个企业对其上下游以及合作企业是否具有影响力也很简单，即看关联的各方谁更稀缺，也就是谁更离不开谁。一个能够被其他企业轻易替代的企业，其影响力就小；反之则大。而产能大小与一个企业的稀缺性和可替代性没有内在联系。在一个产业供应链上，最不可缺少的企业就具有最大的影响力，因此也是地位最高的链主企业。

价值创新与新兴市场

科技创新的种种成果可以用在企业发展的各个方面。从大的方面来讲，这种应用可以划分为两个方面。

一是改进现有的工艺或产品功能，有时这种改进是革命性的。例如，CT对传统检测技术如X光机的改进。这类应用不涉及创造新的顾客即市场创新，也不涉及向现有顾客提供新的利益即价值创新。

二是供给创新。这种新型供给创造出新的顾客，如e-Bay、淘宝这样的电子商务，将一些原来不常甚至从不购物的男性开发为较为固定的消费人群；或者，这样的新型供给向顾客提供新的利益，如埃隆·马斯克的星际火箭技术，将旅游爱好者从外太空欣赏地球的愿望变为现实，向他们提供前所未有的体验，即顾客的价值创新。

> 科技事业发展的"生地"是价值创新与新兴市场的开辟。其他类型的应用并不能真正体现科技创新成果的价值实现！

3. 对产业化终点的状况进行扫描：问题与挑战

国家对科技创新的政策支持、投入强度和持续的社会关注，使我国的科技创新在产出层面取得了显著成果。然而，与这个显著成果相比，以其为起点的产业化终点状况并不尽如人意。

独角兽企业的情况

风向标公司的全球报告显示：美国在独角兽公司榜单上占有最大份额，其中有 127 家位于美国的初创公司自 2013 年就达到"独角兽"的地位，而非美国国家的公司加起来也只占了 27%。胡润研究院发布的《2023 全球独角兽榜》显示，全球独角兽企业有 1361 家，美国企业有 666 家，占全球独角兽总数的 49%，中国上榜企业数量 316 家，不到美国企业的一半。

不仅如此，我国依托前沿科技（如 3D 打印技术、数字网络技术、人工智能技术、生物医学技术以及新材料技术）的独角兽企业数量远低于发达国家。科技成果转化为新型企业并以后者为载体实现价值创新的效率低下局面依然未能从根本上改变。

对链主企业的呼唤

在产业供应链层面，我国亟须依靠自己的链主企业来保障我国企业的运营稳定，这也从另一个侧面说明，我们在依托科技创新成果打造链主企业上还任重道远。

来自政府的行动

为弥补微观层次能力的不足，我国政府采取了极为坚决的行动来促进链主企业的打造。"链长制"就是这种行动的集中体现。这一制度的核心就是由主管机关领导亲自担任有关产业链的"链长",其主要职责就是聚焦产业链"建链、补链、延链、强链",在统筹协调企业复工复产方面促进产业链上下游大中小企业协同发展。

截至2021年,我国已有29个省份实施了"链长制"或者与"链长制"相关联的政策。2020年9月,国务院发布《中国(浙江)自由贸易试验区扩展区域方案》提出要建立产业链"链长制"责任体系,提升我国企业的"补链"和"强链"能力。这被认为是"链长制"在国家层面的首次正式确认。

来自财富500强企业的数据分析

美国《财富》全球同步发布的2022世界500强排行榜数据显示,2022年,共有145家中国企业上榜,多于美国的34家,继续稳居全球第一。然而,我国上榜企业的综合竞争力与发达国家尤其是美国企业相比依旧存在显著差距。

从体现企业经营水平的销售收益率、总资产收益率和净资产收益率3个重要指标来看,世界500强企业的平均值分别为8.2%、1.94%和14.8%,均显著高于145家上榜中国企业的均值。以平均利润为例,中国145家上榜企业平均年利润约41亿美元,而2022年,《财富》世界500强公司平均年利润为62亿美元,比中国上榜企业高出约51%。再以部分国家作为比较对象来看,2022年,上榜的美国企业平均年利润为100.5亿美元,德国企业为44亿美元,英国企业为69.6亿美元,法国企业为48.5亿美元,分别是中国企业的2.45倍、1.07倍、1.70倍、1.18倍。

残酷的"微笑曲线"

微笑曲线(Smiling Curve)模型最早由我国台湾地区科技企业家、宏碁集团创办人施振荣先生于1992年提出。他当初提出这一理论的目的是要为宏碁集团的战略发展寻求最佳方向,也就是产出附加值最大的发展方向。通过大量数据对比发现:**在产业供应链的上游、中游和下游三个阶段上,**

企业的产出附加值是不同的，**两端也就是上游企业和下游企业的产出附加值高于中游企业的产出附加值**。这就形成了一个两边翘起的附加值曲线，这个曲线的形状与一张微笑的嘴型相仿，故称之为微笑曲线，如图绪-6所示。

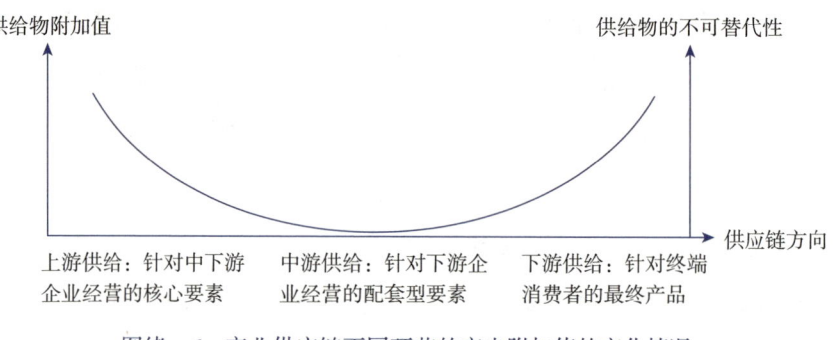

图绪-6　产业供应链不同环节的产出附加值的变化情况

（1）上游供给。上游供给是指向中下游企业提供其经营所需关键要素的企业。这里的"关键要素"主要有两个方面：一是核心设备，如光刻机、ERP系统、某些技术支持等；二是关键原材料、关键零部件，如芯片、柔性显示屏中的电子墨、航空发动机中的特种材料等。这些关键要素通常需要密集的科技研发成果支撑，甚至涉及基础领域的科技研发成果。

（2）中游供给。中游供给企业的供给主要是配套型产品，包括但不限于标准件、普通机电设备、医药中间体等。这样的配套型供给一方面需要获得来自上游的关键投入要素，另一方面需要将自己的产品提供给下游企业，供其生产某个最终产品。例如，中游企业应将从上游企业获得的芯片制作成发光管，作为配套件，这个发光管再由中游企业提供给下游的灯具生产企业，供其生产作为最终产品的各种灯具产品。

配套型产品制造受到上游和下游两个方向的影响：一方面这类企业需要上游企业提供设备、核心材料等关键要素；另一方面则依赖于下游企业提供的市场。这使位于中间环节的企业产出稀缺性较低，其产出附加值低于两端企业。

（3）下游供给。下游供给是企业向各类消费者提供可消费的各种产品/服务，如达·芬奇手术机器人、智能照明设备、新能源车、影视作品等。

从我国目前的供给侧结构布局看，我国企业分布的主要区域是微笑曲线的中部环节，即产出附加值的"洼地"区域。根据官方统计，我国近5年的出口商品中，配套型制造产品（如普通机电组件、太阳能电池等）始终占据较大比重（见图绪-7）。这可从侧面看出我国企业在微笑曲线上的分布特征。

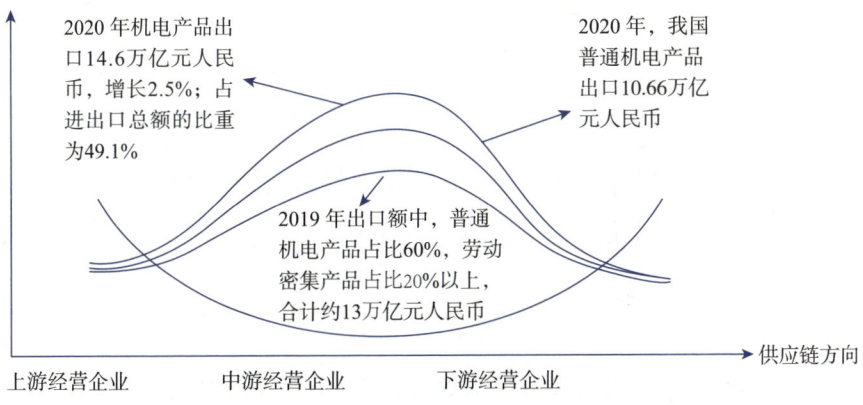

图绪-7 我国出口产品在微笑曲线上的位置

二、起点与"生地"之间的两大陷阱

1. 双创之间的"死亡之谷"

"死亡之谷"（Valley of Death）是创新领域一个较为重要的概念，最早出自美国国立标准技术研究所（National Institute of Standards and Technology，NIST）对美国科技成果转化所做的一项研究。该研究指出：在美国的**基础研究以及诸多应用科技成果和这些成果的商业化应用也就是转化之间，存在着一条难以逾越的沟谷。**

1998年12月，时任美国众议院科学委员会副主席弗农·艾勒斯（Vernon Ehlers）与时任众议院议长纽特·金里奇（Newt Gingrich）联合公布一项报告"开启我们的未来——走向新的国家科学政策"。该报告指出：政府与民间部门在科技活动上的分工体系将会造成基础研究和应用研究之间的间隙，艾勒斯将联邦政府重点资助的基础研究与产业领域推动的产品开发之间存在的沟谷形象地比喻为"死亡之谷"（见图绪-8），并强调科技研发所产生的成果如果不能跨越这条沟谷，就无法真正转化为生产力，从而真正实现这些科技成果的价值。

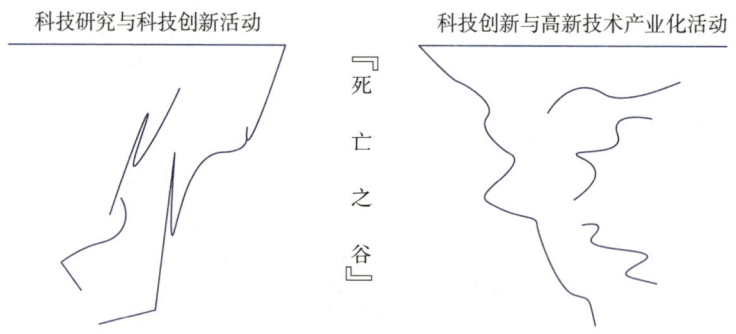

图绪-8 科技研发与科技创业/商业化应用之间的"死亡之谷"

与科技创新成果有关的三个"不等式"

科技成果的功能属性不能决定其最佳市场或应用场景定位

很多人会根据一项科技成果（如某个新检测设备、某个软件系统、某种新材料的独特功能等）来界定其未来商业化应用的目标市场或应用场景。实际上，新兴技术的独特功能虽然对于该技术的成果转化极为重要，这种重要性并不意味着这个功能就能独立决定最佳的市场定位或应用场景定位。任何一项功能既定的科技成果都具有多种应用方向选择，而最佳的应用方向与技术的功能属性之间没有确定的关系。

科技成果的先进性不能等同于可赢得市场竞争的供给方案

大多数人认为，科技成果的先进性将使应用这种科技成果的产品供给一定能使顾客满意，进而赢得市场竞争。事实上，技术成果要嵌入到产品或服务中，产品/服务又嵌入到企业的供给方案中，而决定顾客价值创造水平的是供给形态，科技成果只是这个供给体系的内部要素之一，二者不能等价。由于决定市场竞争的是供给形态，因此科技成果的先进性只有通过合理的供给方案才能对竞争优势形成支撑，它本身不能独立影响企业的竞争优势。

科技研发实力不能等同于或决定企业组织的总体竞争力

在很多人看来，对于高新技术企业或科创企业这类组织而言，科技研发实力包括科研人员的规模与质量、成果的规模与质量等，这就基本决定了这类企业组织的总体实力。实际上，科技研发实力不能等同于企业的总体竞争能力，更不能等同于企业的价值创造能力。决定后者的，是企业设计构建的商业模式。**商业模式成型取决于企业决策者的商业智慧和判断力，这种智慧和判断与科技研发实力没有内在关系**。我们将在第1章中集中阐述商业模式的相关问题。

2. 受控于先进商业模式的"价值洼地"

在任何一条指向某个最终产品的供应链上分布着不同的商业模式。上游企业通过密集的科技研发，向供应链其他环节的企业提供其运营所必需的关键要素。这些要素的稀缺性或不可替代性建立在上游企业的密集科技研发基础上，故其模式为研发模式。中游企业主要是传统的加工生产组装模式，为下游企业提供配套协作件，故其模式为制造模式。下游企业则通过不断深化与顾客互动共创，为最终消费者创造出独特的消费体验，也就是顾客的价值，并以此为基础，形成最终市场的影响力或控制力，故其模式为共创模式。

相比之下,中间环节的制造模式就被两端超越而陷入"价值洼地"。这种产业位置的消极后果不仅使其产出的附加值较低,更重要的是,在中间洼地难以产生链主企业,只能被其他企业所影响和控制。

由此可见,在作为起点的科技创新成果与作为这些成果应用的"生地"之间,至少横陈两大陷阱:"死亡之谷"与"价值洼地",如图绪-9所示。

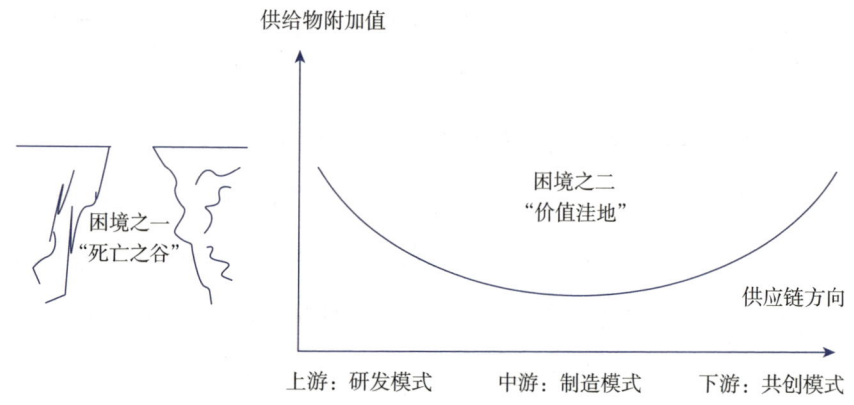

图绪-9 科技创新/高新技术产业化的起点与"生地"之间的困境组合

进口替代、填补空白与增量经济

在很多人心中,科技创新成果或高新技术成果可以且主要是通过让这些成果实现进口替代而体现其价值。所谓进口替代,就是用具有自主知识产权的国产产品替代进口产品。有时,人们也通过"填补空白"这样的成果应用来展现科技创新成果的价值实现。不可否认,建立在科技创新成果基础上的**进口替代、填补空白等是体现科技创新成果价值的重要应用,但这并不是科技创新的主要价值所在,或者说,科技创新成果应用的"生地"并不在这些方面。**

原因很简单:这些方面不涉及市场创新(顾客价值创新),也不涉及新兴产业的培育和促进,简言之,这些方面不涉及增量经济的培育和推动,而科技创新只是这一事业的主要动力来源。

三、试错与绝路

1. 项目视角的科技创业与高新技术产业化

无论是科技创业还是高新技术产业化，作为一个特定的过程，都有其起点、路径与终点。在这个终点之后，相关的运营管理问题则转变为在位企业组织的管理问题，包含竞争战略、组织变革、领导艺术、运营/物流管理、人力资源管理等，如图绪–10所示。

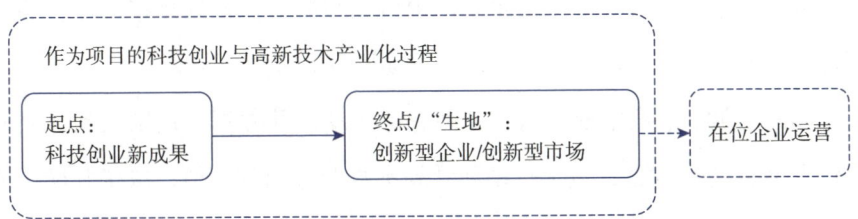

图绪–10 项目视角的科技创业与高新技术产业化过程

按照美国项目管理协会（Project Management Institute，PMI）《项目管理知识体系指南》（Project Management Body OF Knowledge，PMBOK）的定义，所谓"项目"，是指为创造独特的产品、服务或成果而进行的非永久性工作。其基本特征是：

- 非永久性工作：有明确的开始和结束时间；
- 任务导向：交付产品、服务或成果；
- 目标导向：实现预定的项目目标；
- 临时性组织载体：为实现任务组建组织，完成后解散；
- 需要有效的职能管理（如进度、成本控制等）来确保项目目标的实现。

从这个角度讲，**科技创业或高新技术产业化都可视为一类特定的"项目"**，我们不仅可以从项目的视角来审视这样的过程，而且可以应用项目管理的有关原则、方法、工具来分析、考察和推动科技创业与高新技术产业化进程。

为推动项目管理这一特定管理行为，美国项目管理协会和欧洲联盟开发出《项目管理知识体系指南》和 PM²。这些指南基本都认定一个项目周期包括四个阶段：

酝酿与发起：界定项目的预期成果，规划项目的范围、起点以及有关的资源条件。发起阶段还包括约定基本规则、协议等，为项目开启良好开端提供保障。

分析与规划：由项目执行团队负责协调与制订。规划将指出项目的发展方向、愿景、行动的总体路线以及行动原则等。

实施与调整：根据规划指南开展有关行动，并根据行动结果和计划节点信息进行迭代调整，包括行动和计划本身两方面的调整，取得并标明项目成果，安排交付等事项。

总结与关闭：包括项目的验收、进行各种主题的经验总结，并与有关方面（主要是发起人）沟通获得项目建议后，从而转入管理运营方式并关闭项目。

全部过程均需要管理层的状态感知、管理控制以及激励，如图绪–11所示。

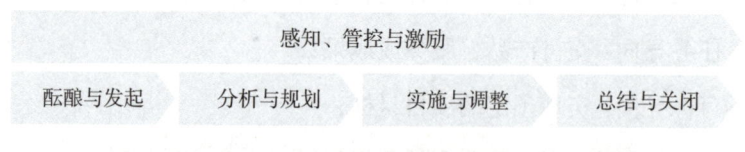

图绪–11 项目管理周期的构成

为提升项目管理水平，国际标准化组织（International Organization for Standardization, ISO）也发布了项目管理指南，这个指南包括 7 个核心概念：项目、项目管理、项目环境、项目治理、项目生命周期、项目组织与角色、项目人员的能力。

项目

项目是指组织承担实现特定目标的工作。其特点体现在以下几个方面：项目是临时的，侧重于增加价值；项目是独特的，项目之间的差别体现在目标、环境、产出、资源约束等方面。

项目管理

项目管理包括指导、启动、计划、监控、控制和结束项目，管理分配给项目的资源，并激励参与项目的个人实现项目目标。

项目环境

项目环境包括组织内部的影响因素和组织外部的影响因素。

项目治理

项目治理包括原则、政策和框架，通过这些原则、政策和框架，组织可以根据一个商定的业务案例来指导、授权和控制项目。

项目生命周期

项目生命周期包含项目前、项目中和项目后三个阶段。

项目组织与角色

项目组织是一个临时结构，它定义了项目中的角色、职责和权限。个人通过职责被分配到项目组织中的特定角色，如项目主席、项目发起者/资助者、项目管理者等。

项目人员的能力

项目人员的能力主要包括以结构化方式指导、管理、规划和交付项目的技术与管理能力。与个人相关的行为能力，包括但不限于领导力、团队建设、人员管理、辅导、谈判和冲突管理，组织企业、企业合同和外部环境中与项目管理相关的业务和其他能力。

《哈佛商业评论》2021年发表的一篇论文曾阐述，进入21世纪以来，以项目而不是在位组织运营方式创造的 GDP 规模一直在稳步增长，这已成为所有发达国家的普遍现象。以德国为例，2009—2019 年，以项目形式创造的 GDP 占比一直在稳步递增，2019 年，以项目形式创造的 GDP 已达该国 GDP 总额的 41%。这当中很可能就包含日益活跃的科技创业项目所做的贡献。

2. 科技创业 / 高新技术产业化项目的总体过程

按照国际通行的"项目"定义，**我们可以简洁清晰地将科技创业与高新技术产业化项目的起点、终点和过程进行总体描述**。在起点—终点 /"生地"之间，科技创业与高新技术产业化涉及三个基础环节：①环境分析与商业计划；②载体构建与迭代行动；③供给进化与跨越洼地，如图绪 – 12 所示。

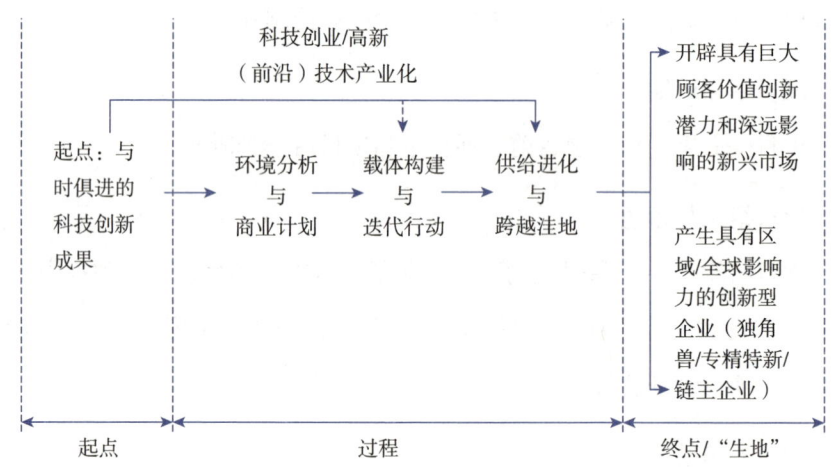

图绪 – 12　起点—终点 /"生地"明确的科技创业 / 高新（前沿）技术产业化的全周期构成

3. 行动试错与"绝路"的形成

图绪 – 12 中科技创业 / 高新（前沿）技术产业化过程的三个基础环节的工作，均需要科学的方法与工具来予以支撑，以保障相应的任务实施得到必要的支持。当这些环节上的任务实施缺乏必要的方法与工具支撑时，人们就只能采取试错方法来摸索前进，但**所有的试错都带有巨大的负面影响或试错成本。如果所有环节的工作都通过试错方法作为推动工作的动力，那么这样的科技创业/高新技术产业化过程将陷入"绝路"**（见图绪-13）。

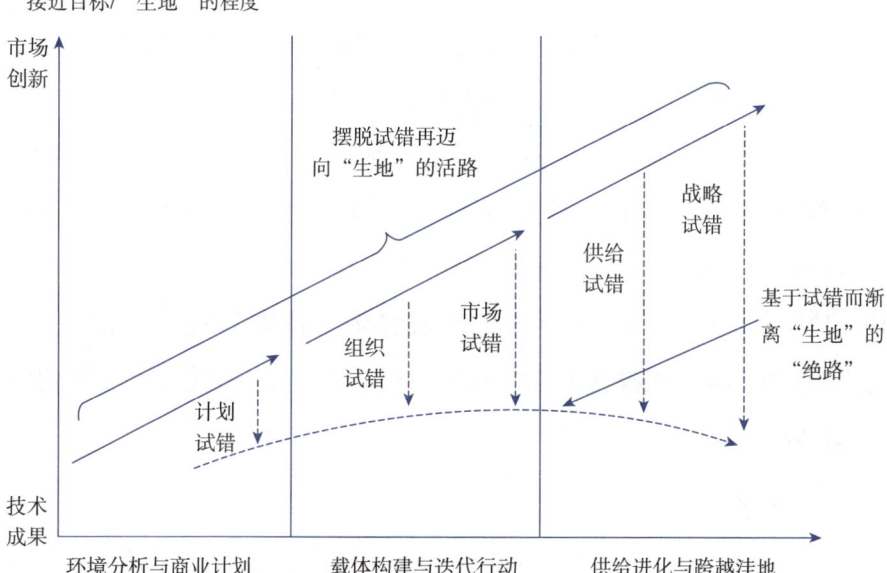

图绪-13　科技创业/高新技术产业化进程中的试错与"绝路"的形成

计划试错

计划试错是指以为拥有了创新科技成果、高科技人才、高规格研发资源等科技优势，就具备了科技创业/高新技术产业化的主要动力，企业就可以凭借产品功能或其他方面的优势平推/扫荡市场，自动取得市场支配权，甚至自动成为链主企业。这一过程并不复杂，因此不需要制订系统的计划来指导相应的行动。还有不少决策者认为计划调整没有成本，因此，可以降低对计划工作的要求，只要有一个很粗陋的计划即可，后续的工作可以在实施中不断调整。

实际上，仅仅为了克服科技创业/高新技术产业化过程必经的"死亡之谷"，就需要企业制订尽可能严谨的计划方案。不仅如此，计划调整不仅有成本，而且很多时候这种成本很高昂。一个高质量的初始计划不仅可以对随后的实施过程产生重大促进，而且可以降低计划调整的成本。但由于不了解市场规律甚至市场概念，不了解顾客价值创造的本质与逻辑，更不了解市场创新的逻辑与步骤，因此只能放弃科学的商业计划行动，采取十分危险的试错策略来解决行动指导问题。典型方式就是采用类似"原心法"的模式逐步拼搭计划，对不适用的部分采取局部修补的方法。

计划试错的结果是：一方面，形成的所谓计划完全缺乏应有的功能，使进程陷入"自由落体"轨道，致使这样的科技创业/高新技术产业化进程极易陷入"死亡之谷"，即便可以勉强跨过这一困境，也往往会陷入"价值洼地"中。另一方面，**这样的无计划运营往往较难获得企业外部的关注与支持，尤其是股权投资人的关注与支持，导致企业缺乏健康发展所需的外部资源**。

组织试错

组织试错是企业以为拥有高技术成果、高素质科技人才、高水平研发资源等科技要素，就自然能够组成高水平团队、高效率部门、高绩效组织。实际上，促使和保障一个团队、部门甚至整体组织具有高绩效创造能力的因素，涉及组织成员的高昂斗志、高度合作意愿与能力、合理与明确的分工、科学精确的行动计划等。所有这些都与拥有高水平科技研发资源无关。但由于不了解如何形成明确的目标与行动路线、开展高水平激励与管理控制、导入与培育健康的组织文化、构思与制订科学合理的制度体系等，企业在组织建设方面只能采取试错方式。

典型方式就是简单模仿甚至抄袭别人的做法，然后进行试错调整。很多科技型企业在部门设置、职能定位、流程管控规则、制度设计、文化建设等方面就是以此方式逐步摸索。这种试错方式的后果，往往是这类企业的组织肌体滋生形形色色的隐形疾病，导致企业在不知不觉中陷入亚健康状态。企业内的合作、沟通等出现诸多掣肘，使整体效率不断下降，最终导致企业在市场上的竞争力不可遏制地衰落直至整体失败。

市场试错

市场试错是以高新技术＝高竞争力，将供给侧的技术优势等价于需求侧的服务优势。但实际上，这是两种完全不同的概念。实际上，**技术优势就像人们拥有了一把锋利的斧子，但这把握在手中的斧子再锋利，也不可能决定它砍下的树木是否具有高价值**。这棵树木可能很值钱，但也可能就是一根枯木，这并不重要，问题的关键是：斧子与它砍下的物体的价值之间没有内在联系。如果不了解市场概念的本质、市场变化的影响因素、顾客价值与市场潜力的关系等，那么企业在选择市场（像选择用斧子砍什么树这个问题）上只能采取试错。

典型行为就是以技术思维简单跟风：我们的同行就是这么干的，我们也这么干。而对于真正有巨大前景的市场，则会由于不懂得有关的知识、不掌握有关的信息而产生恐惧与抵触。这种"我们不在这里（高潜力市场）创新"的思维模式称为"非此处创新综合症（Not Innovate Here，NIH）"。这种试错的后果将极大损耗技术研发与科技创新成果的科技优势，严重时将导致科技创业或高新技术产业化进程夭折。

供给试错

供给试错是指在推动供给进化过程中，企业以为凭借高新技术就可以自动产生高水平供给方案，或者说，直接将高新技术或其他具有一定先进性的科技创新成果等同于具有市场开辟能力直接面向顾客消费的供给方案。实际上，所有的高新技术或前沿科技成果都不是直接面对消费者，而是嵌入在一个供给组合之中。科技成果的价值创造能力必须通过供给组合这种形式释放出来。当供给组合不合理甚至不科学时，再先进的科技成果也无法释放其内在价值。

但企业不了解顾客价值的实质与影响因素，也不懂得顾客消费旅程的分析方法，特别是作为顾客待办任务支持工具的产品概念，因此无法按科学逻辑构思创新性供给方案，只能采取试错方式摸索供给优化方案，典型行为就是"摊大饼"，在现有供给要素的基础上，采取拼拼补补的方式试图摸索出最佳供给组合。这在我国众多传统企业的"制造业服务化"过程中尤为明显。这种试错的后果就是败给那些已经超越试错方式推动供给进化的企业，并且企业很难摆脱被动局面。

战略试错

战略试错是指在摆脱"价值洼地"过程中，以为凭借高新技术就可以自动实现在微笑曲线中部向上或向两侧的跳跃。尤其是以为凭借优势的科技成果，如样机水平以及雄厚的研发资源，就获得了从配套制造向下游最终产品运营的能力。或者，凭借中下游产品经营的资源实力就可以无障碍或低障碍地向上游的研发模式跳跃。实际上，**在微笑曲线横轴体现的产业供应链体系中，其上中下游不同环节企业面对的市场、运营所需的核心能力与关键资源完全不同**。

由于不了解这种差异性，或者不承认这种差异性，决策者主动或被动地采取战略试错方式来推动跨越行动。其典型行为有：一是对跨产业的盲目投资；二是开展未经系统论证的所谓联合行动，以期在目标领域快速形成产能并开辟市场。这种试错的后果是：企业往往会付出巨大的资源损耗，不仅如此，这样的战略试错还可能导致机会窗口的浪费，产生难以纠正或挽回的路径扭曲。

我们需要摆脱对上面提到以及未提到的试错方式的依赖吗？毫无疑问，必须摆脱！我们能够成功摆脱这种依赖吗？有可能。本书就是为实现这种摆脱而提出的系统化行动指南。

第一部分

沙盘谈兵——商业计划的构思与编制指南

第 1 章　商业计划基础

一、困境解析：模板与智慧的混淆

随着科技创业实践的深化，商业计划（Business Planning，BP）也越来越多地进入人们的视野，在各种创业大赛、股权投融资实践的推动下，商业计划也越来越受到人们的重视。

然而，**除了名字，很多科技创业企业／高新技术产业化企业的决策者并不了解商业计划的功能、逻辑、结构以及计划分析与制订方法**。经常可以看到的状况是：人们用科研报告、产业规划、行业分析报告甚至财务分析报告等所谓的"计划模板"来代替或者作为商业计划的主要部分，这种用文不对题甚至滥竽充数的方法拼凑出来的"商业计划"，充其量是混到本系统上层的可批性，其他方面几乎毫无用处。当企业迫切需要通过这种计划来发挥其独特作用（如股权融资、制订总体发展路线）时，矛盾将尤为凸显！

二、商业计划概述

1. 商业计划的启动时机

当一个科技创业团队或高新技术产业化项目前期工作基本完成后，科技创业或高新技术产业化项目将进入新阶段。这时，制订一个系统全面的商业计划就成为一项不可回避的战略性工作。在什么情况或条件下，人们需要启动商业计划的系统研究与制订工作？总体来讲，当团队或项目准备要开展市场化运营时，这项计划工作就应启动。

> 当团队或项目从花钱转向准备挣钱时，商业计划的分析制订工作就必须摆上日程。

与一般意义的研发计划、新产品开发计划等需要花钱的单项行动计划不同，商业计划是一个综合行动计划。直观地讲，商业计划是以挣钱为目标的计划，特别是挣大钱、挣新兴市场的钱的计划。从这个意义上讲，商业计划是把科技创业团队、高新技术产业化项目从花钱状态推向赚钱状态的支撑计划。

具体地讲，影响启动商业计划的因素有基本条件和触发条件两大类。

启动商业计划的基本条件

商业计划的启动意味着科技创业团队或高新技术产业化项目的基础性工作基本完成，总体进程进入新的阶段，需要有新的计划指引。 这里的基础性工作主要有以下几个方面。

技术

团队或项目已经拥有了某项或某些自主技术，主要是产品技术，也可以是工艺技术、测试技术等。这是科技创业或高新技术产业化的独特基础，有时这些技术也被视为科技创业或高新技术产业化的"底牌"。这样的底牌决定了这样的产业化或科技创业项目具有其他类型创业项目不具有的先天优势。

团队与载体

这里的团队与载体是指已经形成一个拥有独立权限和法人地位的组织载体，并且组织载体的决策层已经形成或基本形成。后者对企业运营与发展负有直接责任。

方向构思

方向构思是指决策者对科技创业／高新技术产业化企业的发展方向有基本构想，但缺乏更为具体精确的定位与路径规划。虽然这个构想可能是原则性和粗线条的，但往往是商业计划编制的基本依据之一。

启动资金

已设立的运营载体拥有一定量的启动资金，可以用于这一阶段战略性工作的开展，包括但不限于商业计划的编制、核心人员招聘、办公系统的设立等。

上述条件或状况构成了启动商业计划的基础条件。也就是说，当这些条件、状况具备时，可以开始考虑商业计划编制的相关工作。而当下列情况或条件出现时，就意味着启动商业计划的时机已经完全成熟，或者说，当下列触发条件具备时，必须启动商业计划的编制工作。

启动商业计划的触发条件

各方面前期工作均已完成，决策团队与核心人员基本配置完成

所谓"前期工作"，最主要的就是技术研发工作已经完成，样品测试成功、批量生产工艺调试完成。此外，载体的组织体系基本搭建完成，决策团队与核心人员基本配备到岗或即将配备完成。在这样的情况下，科技创业或高新技术产业化载体迫切需要一个系统的行动蓝图来为全体人员指明方向，在决策层与核心人员群体中统一思想、统一认识、凝练意识。商业计划是实现这个目标不可缺少的工具之一。

拟开展股权融资特别是吸引战略投资人的支持

科技创业和高新技术产业化进程的首要环节往往就是市场创新，实现这个目标不仅需要严谨的计划，还需要资本以及其他资源的支持。这时股权融资将成为基本选择。当企业有股权融资需求特别希望吸引战略投资人的支持时，商业计划是必不可少的文件，这是投资人快速准确理解企业的

发展思路、策略、未来前景等重大问题的最重要的依据之一。

拟启动合作网络构建的工作，以获得利益相关者的最大支持

市场创新或者其他重大的商业化发展目标通常需要构建一个创新型的合作网络，当这项工作需要启动时，商业计划编制工作应提前启动，因为与潜在合作者的沟通、说服工作离不开一个高质量的商业计划。不仅如此，商业计划也是协调利益相关者各方资源、行动的关键工具。

2. 商业计划的总体功能：凝聚资源、协调行动

商业计划的独特价值和重要性来自它的功能。**总体来讲，商业计划的总体功能就是凝聚资源、协调行动**。具体地讲，这种功能体现在对内和对外两个方向上。所谓"对内"，就是对于企业内部人员，主要是决策层和关键岗位的核心人员。他们的思想、意志、注意力、合作与奉献精神等对企业的发展具有特别重要的作用，尤其是在艰难情况下，保障核心人员的意识、信心与向心力具有独特的作用。另外，商业计划也是企业其他专项工作计划的基本依据，如融资计划、研发计划、人力资源开发计划等。

所谓"对外"，是指针对股权投资者、合作者、政府等利益者。这些外部机构或个人拥有企业发展所需的资源，包括但不限于资金、关系、技术等。商业计划书对于有效吸引这些外部潜在支持者的注意力，触发他们的投资或参与意愿、强化其对企业的积极认同，进而做出企业期望的决策，都具有重要和不可替代的作用。

事实上，在初期阶段，商业计划书是企业与这些外部潜在合作者之间沟通的主要载体，这就是说，商业计划将在很大程度上决定企业能够获得外部支持的可能性以及支持的力度。商业计划的总体功能体系如图1-1所示。

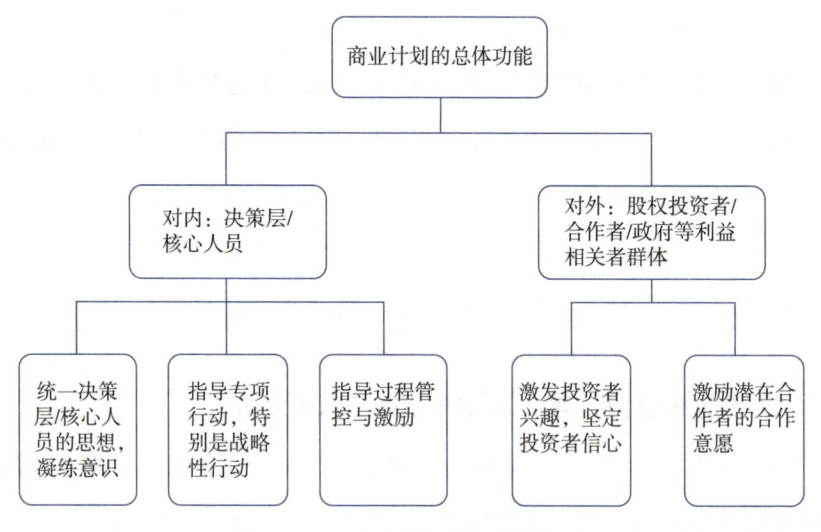

图 1-1　商业计划的总体功能体系

3. 商业计划的灵魂：讲述一个有生命力的商业模式

如果商业计划的编制仅仅涉及这类计划的功能结构、板块体系问题，那么商业计划的分析与制订将大为简单，以至于我们几乎没有必要谈论这个计划的制订方法。问题是，商业计划的研究分析与制订所涉及的问题，远远超出了结构如何安排、板块陈述怎样才能合理这样的简单技术问题。

商业计划的独特价值或者其独特功能的实现，建立在这个计划的灵魂之上，这个灵魂就是企业未来的商业模式，商业计划只是用结构化语言，包括符号体系，表达了一个有生命力的商业模式。缺乏对商业模式的思考、分析、设计以及创新，商业计划就成了一堆无意义的数字、目标、措施等内容的集合。即使商业计划的语言华丽，也不可能掩盖这个所谓"计划"的无效、扭曲甚至荒诞。

三、商业模式：面纱之后的真相

1. 从遮羞到炫耀：最后的终极因素

进入 21 世纪以来，市场竞争格局发生了深刻变化，许多传统的势力巨大的商业帝国被名不见经传的新型企业无情淘汰，当然也有传统巨人华丽转身进入全新的发展轨道。我们发现，在总结企业经营失败的教训或揭示成功的秘籍时，商业模式这个词被越来越多地提及，似乎这个事物是揭示一切问题和一切现象的终极因素，对此，很少有人予以否认。与此同时，对什么是商业模式这个问题，却有大量的企业人士、政府人士甚至学界人士不甚了了。

2. 撩开面纱：什么是商业模式

曾任全球著名管理期刊《哈佛商业评论》主编的玛格丽塔教授对什么是商业模式给出了一个极其简洁的定义：商业模式就是企业赚钱的方式。当然，她这里所指的企业都是具有持续发展能力的企业，因此，她对商业模式定义的完整说法应该是：**商业模式就是企业持续赚钱的方式**。

为了进一步探究商业模式的内涵，我们不妨沿着"持续赚钱"这个思路，将其分解为更加直接或更加基础的环节，由此探析商业模式的内部构成。

首先，在一个基本健康的市场体系中，作为供方的企业，能赚钱的前提是为顾客创造价值，这个价值就是顾客对供方企业提供的某种利益所产生的心理体验。

> 你能赚到我的钱，一定是你提供的东西让我产生了好感。好感越强烈，我愿意接受的价格就越高，你也就赚得越多。一切取决于你让我满足的程度。

其次，商业模式定义中的"持续赚钱"是企业赚到的净利润，也就是实际归属于企业股东的钱。这是企业销售收入抵扣掉全部成本后的经营利润，也就是企业经营给其自身创造的价值。

因此，商业模式就是两类价值创造方式的组合：一类是顾客价值创造方式；另一类则是企业价值获取方式，即

商业模式 = 企业持续赚钱方式

= 顾客价值创造方式 + 企业价值获取方式

在《商业模式构建》一书中，我将顾客价值和企业价值分别称为顾客蛋糕和企业蛋糕。无论对企业还是顾客而言，这两个蛋糕都不是对立事物，而是彼此相联的两个方面。商业模式就是企业把这两个方面黏合起来的方式。

3. 商业模式的结构

"结构"就是事物构成的要素或组成部分及其相关的关系。通过结构，我们可以更加清晰地审视事物的面貌，也将由此探究解决影响和改变事物的途径与策略。为了了解商业模式的结构，我们从上述两个蛋糕（两个价值）创造方式的分解入手。

顾客价值创造方式的再分解

从管理学的价值理论来看，**顾客价值是顾客在消费使用企业推送的供给物并与供方交互的过程中形成的心理体验**。为创造出这个体验，对于企业来说，首先需要明确顾客及其痛点；其次是通过勾画相应的供给物体系将其推送给顾客。因此，我们有：

顾客价值创造方式 = 顾客及其利益定位 + 迎合顾客利益的方式

顾客及其利益定位与"顾客价值模式"

顾客价值是由顾客体验决定的，也就是说，顾客是顾客价值的评价者。

因此，顾客价值创造首先涉及顾客定位，其次是如何为其创造所需的利益，我们将这两个方面的集合称为"顾客价值模式"。

迎合顾客利益的方式与"供给模式"

由于顾客利益的获取需要他们消费或使用企业提供的供给物，因此，供给模式刻画了企业迎合顾客利益的方式，如图 1-2 所示。

顾客价值模式	供给模式
顾客价值主张：解决谁的什么"痛点"，由此创造出何种顾客利益	以何种方式支持顾客消费或以何种方式支持顾客的待办任务顺利完成

图 1-2　基于"顾客价值创造方式"的分解

企业价值获取方式的再分解

企业价值或"企业蛋糕"制作环节的分解稍微复杂一点。但只要认清这个价值蛋糕的实质，这个分解是不难完成的。首先，我们不要忘记，所谓"企业蛋糕"，就是作为分析对象的企业（在下文中我们经常称之为"核心企业"，以区别于那些和它一起创造顾客价值的合作者企业）所获得的净收益，就像顾客获得的满足一样。因此，我们有：

企业价值（蛋糕）= 核心企业所获得的净收益
　　　　　　　= 总收入 − 总支出

由于总支出取决于成本控制，而企业的运营成本又是由内部成本和外部成本构成的，得出：

企业价值获取方式 = 以何种方式获取营收 + 以何种方式控制成本
　　　　　　　　= 以何种方式获取营收 + 内部成本结构 + 外部成本结构

营收问题与盈利模式

企业以何种方式获取营收就是狭义的如何赚钱，具体地讲，就是企业以什么为载体通过何种类型的交易实现持续的营收。在理论上，我们将这里提到的问题的解决方式称为"盈利模式"。因此，营收的规模及其可持续性等就由盈利模式影响和决定。

内部运营活动的结构与运营模式

企业供给方案的实现主要依赖于其内部运营体系的运转。这里所指的运转，其实质是内部运营活动的开展，任何活动都将导致成本发生。在产出规模既定的情况下，总体运营成本主要取决于内部成本结构，即发生在企业内部的运营活动所产生的各类成本的比例关系。

任何企业的内部经营活动及其价值链都有一个核心业务活动，其他职能活动就是关联价值活动均围绕此核心业务活动布局。这样的内部活动布局可以通过运营模式体现出来，因此，一方面运营模式确定了内部活动中的核心环节和核心资源，也就是决定企业供给的特色或竞争优势的环节与资源；另一方面，运营模式影响和决定内部成本结构，进而影响内部运营成本水平。

外部成本结构与合作模式

企业供给组合中可能包含由企业以外的机构或个人提供的要素，我们经常看见的由第三方机构向顾客提供的服务就属于此类情况。在这里，我们把配合企业一起向顾客推送供给组合要素的企业以外的机构或个人统称为合作者，**为了保障供给组合的正常供给，企业就需要对合作者群体进行协调与管理**，这样的活动将导致一定的成本发生，这个成本也称为"外部成本"。

上述协调与管理涉及的活动，一是与合作者的规模有关；二是与企业和各类合作者的合作方式有关。这两方面状况决定了合作模式，因此，外部成本结构与合作模式有关。

综合以上分析，我们可以得到商业模式中企业价值获取方式的再分解：

企业价值获取方式＝盈利模式＋运营模式＋合作模式

第 1 章　商业计划基础

也就是说,"企业价值获取方式的分解",可以分解为以下三个具体问题的处理方式,如图 1-3 所示。

| 合作模式
与谁、以何种方式开展高质高效的合作 | 盈利模式
以何种方式持续赚钱 | 运营模式
以何种方式高质高效地组织内部运营活动 |

图 1-3　企业价值获取方式的分解

至此,我们已经从"商业模式是企业持续赚钱的方式"这个带有公理性质的商业模式定义出发,从顾客蛋糕和企业蛋糕两个方面,逐渐分解出"赚钱方式"所涉及的全部基础行为方式。也就是说,这些基础行为方式共同决定和体现了"企业持续赚钱的方式"。

我们用"板块"这个结构理论中的常用概念,来表示上述基础行为方式,得到了关于商业模式的总体结构,如图 1-4 所示。

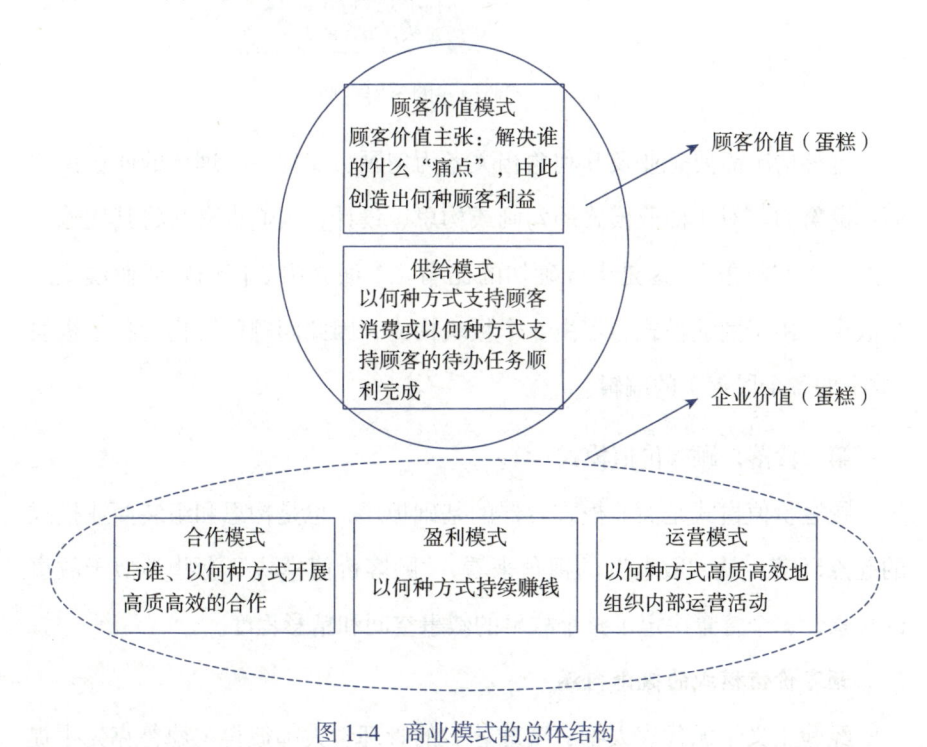

顾客价值模式
顾客价值主张:解决谁的什么"痛点",由此创造出何种顾客利益 → 顾客价值(蛋糕)

供给模式
以何种方式支持顾客消费或以何种方式支持顾客的待办任务顺利完成

→ 企业价值(蛋糕)

合作模式
与谁、以何种方式开展高质高效的合作

盈利模式
以何种方式持续赚钱

运营模式
以何种方式高质高效地组织内部运营活动

图 1-4　商业模式的总体结构

4. 如何编好商业模式故事

如果把商业模式的 5 个具体方面视为 5 个板块，那么商业模式可以呈现出一种矩形容器的形态，如图 1-5 所示。这个容器的体积越大，表明这个商业模式能够提供的顾客价值创造和企业价值获取潜力越大。从企业角度看，这个商业模式为企业未来运营提供的盈利潜力就越大。投资人会将拥有这样商业模式的企业划入"具有高成长潜力/空间"的投资对象行列。

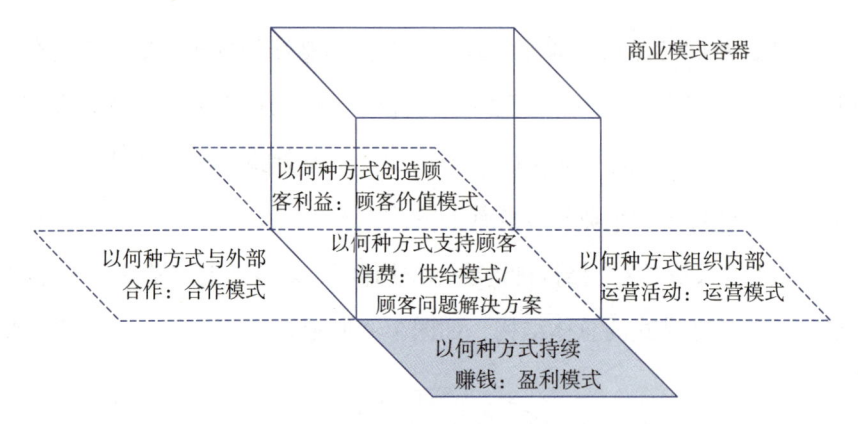

图 1-5 商业模式的容器模型

这种情况需要企业及其利益相关者为勾画、实现一个理想的商业模式而不懈努力。对于商业模式的勾画或构思、设计，人们也喜欢将其比喻为编好一个"故事"，这是十分确切的比喻。下面介绍如何编好商业模式这个故事。由于商业模式容器由 5 个板块构成，因此问题就转化为各个板块（故事的各个段落）的编辑。

第一段落：顾客价值模式

顾客价值模式是商业模式容器的基础板块，也是构思和组装商业模式的起点环节。从"故事"的视角来看，"顾客价值模式"有些类似于故事的背景，这个背景决定了整个故事的叙事空间和精彩程度。

顾客价值模式的概念内涵

经验主义学派代表人物、全球著名的管理学大师彼得·德鲁克先生提出"企业的本质在企业之外"。这个本质就是市场。市场是企业存在的理由，失去市场就意味着企业失去了生存的根本依据。因此，不论企业的决策者是否意识到，企业的生存与发展事实上都在以某种方式处理这样的问题，即如何维系企业与市场的关系。由于企业能够维系市场的根本原因，在于其创造顾客价值的能力，因此，**我们将这种维系企业与市场关系的方式称为"顾客价值模式"**。

顾客价值模式可以展开为针对更具体问题的处理方式，这些具体问题是：

我们选择什么样的群体作为基础服务对象即目标顾客？我们靠什么吸引目标顾客、靠什么维系他们对我们的好感，以至于他们持续购买我们的产品让我们持续赚钱？

企业针对上述问题的实际做法或解决问题的方式，不论这种做法／方式是深思熟虑的结果，还是随波逐流的下意识选择，都构成了商业模式的第一个板块"顾客价值模式"。

（1）目标顾客定位。**"定位（Position）"的实质是选择**，即在 N 个对象中选择一个或 k（k<N）个对象。这个选择同时意味着放弃了 N 个对象中未被选择的对象。定位的必要性来自于两个基本点：一是由 N 个对象构成的总体中的各个对象或者亚类之间存在差异性，以至于同样的供给无法同时满足所有对象；二是企业无法针对所有有差异的对象提供不同的供给，因为这无法有效利用企业的核心资源。

目标顾客定位有多种方法，根据动机的差异来选择目标顾客是一种特别值得重视的方法。更准确地说，动机是顾客定位的基础依据，如有必要，在此基础上，企业可以再以其他指标（如顾客的地理位置、价格偏好等）进行细分和选择。

（2）向目标顾客提供什么样的利益。通俗地讲，利益是指好处。"好处"是一个主观评价，产生于客观需要，包括生活、学习、工作与事业等方面产生的需要。一种东西，如企业产品，越满足顾客的需要，它为顾客创造的利益就越丰富。

营销学者一直坚持的一种说法是：顾客购买的不是产品或服务本身，而是通过消费产品或服务所获得的利益。例如，购买空调产品实际上是购买"舒适的空气温度"这种功能型利益。

营销学者将任何产品／服务给顾客带来的利益归纳为以下三种基本类型。

◆ 功能型利益：源自产品／服务功能的利益。例如，空调可以通过调节环境温度带来体感舒适，这就是功能型利益。专用机床可以为用户带来加工的高精度或高节能等，这些都是功能型利益。

◆ 情感型利益：产品／服务的外观、色彩、品牌、标识等非功能属性给顾客带来的心理上的满足或舒适感。例如，一架漂亮的钢琴，即使在顾客未使用其弹奏时也可能给顾客带来心理上的满足感，这就是情感型利益。

◆ 社会型利益：顾客拥有或消费产品／服务时，给自己带来的地位感或归属感。这种地位感或归属感通常给顾客带来不同于上述利益的新的满足感。例如，一辆豪车除了给顾客带来功能型利益、情感型利益以外，通常也会提供社会型利益。

全球著名的创新管理学者克里斯滕森曾精辟地定义企业的产品／服务，他说："**所谓产品，就是企业租用给顾客，帮助其顺利完成某项工作的'工具'。**"我们要把工具的功能和这个工具给使用者带来的利益区分开来。产品的功能是既定、客观的。但基于这种功能的利益，则取决于产品使用者的需要状况。当产品功能迎合了使用者的需要时，顾客的利益才获得实现。反之，即便产品功能客观存在，但顾客利益也并不存在。

在工具功能既定的情况下，除了基于功能的利益，这种工具还可以给使用者提供多种多样的其他利益，如使用简便、方便维护、价格便宜、使用安全等。有时，上面归纳的"其他利益"对目标顾客来说比功能型利益还要重要，换句话说，某些其他利益可能比产品提供的功能型利益更能吸引目标顾客。因此，对维系顾客好感并由此支持产品溢价发挥更加显著的作用，如图1-6所示。

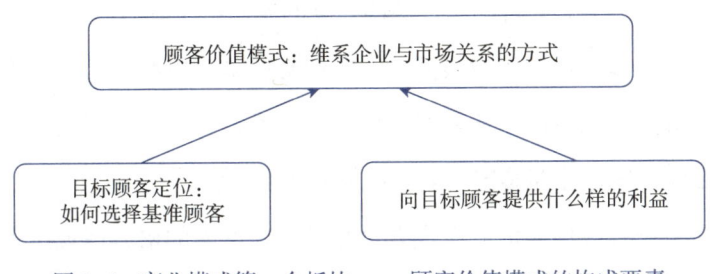

图1-6　商业模式第一个板块——顾客价值模式的构成要素

使情节精彩的基本思路

为使商业模式第一段落的情节精彩而不是平庸甚至扭曲，基本的思路当然不可缺少。总体来说，这个思路有三个逻辑步骤：目标顾客的待办任务分析—痛点定位—利益定位。

（1）目标顾客的待办任务分析。所谓"待办任务"，就是行为主体为追求某个目标、野心或欲望的实现而开展的有目的的活动。上述目标、野心或欲望是在某一动机驱使下形成的。任何一项顾客待办任务都会导致顾客对具有相应功能和其他属性的产品或工具的需求，因此，任何对产品/工具的需求都隐含于待办任务之中。本书第2章中还将进一步揭示待办任务的内涵与属性细节。

（2）痛点定位。顾名思义，"痛点"就是顾客的"痛苦之处"，重要的是：**真正的"痛点"一定埋藏于顾客待办任务之中**。对于给定的顾客待办任务存在两类导致其产生痛苦的基本原因：一是缺乏相应的工具；二是现有的工具存在这样那样的不足，使顾客在使用这样的工具时产生某种或某些不适甚至痛苦。

（3）利益定位。首先需要明确：单相思不仅发生在恋人之间，更会发生在企业与目标顾客之间。企业满怀诚意拟向其目标顾客提供的利益，可能并不是顾客感兴趣的利益。因此，并不是有一颗全心全意为顾客的心，就一定能赢得顾客的认可。企业需要认真斟酌：我想倾心为顾客提供的利益，真的是顾客需要和感兴趣的东西吗？我为顾客做的事情真的能够比我的竞争者创造出更大的价值吗？这些问题的实质就是利益定位。

真正为顾客所需的利益很简单，它们必然是可以减缓乃至消除其"痛点"的利益。换句话说，从顾客"痛点"出发，以缓解乃至消除顾客"痛点"为目标，这样才能确定出最有价值的顾客利益。

在很多场合，顾客价值模式需要通过清晰严谨的语言展现出来，以便在企业内部统一思想和认识，在外部获得利益相关者的认同与支持。这个"表达顾客价值模式的清晰严谨的语言"就是顾客价值主张。

导致情节扭曲的典型情况

（1）盲点症。"盲点症"是商业模式起点板块最为常见的一类故障。所谓"盲点"，就是看不到顾客"痛点"，甚至都意识不到需要分析、识别顾客"痛点"。这就使得企业不可能正确解决针对目标顾客的利益定位。其典型表现是：只关注产品或工艺技术、"业务定位"等表面问题，而忽视"痛点甄别"。

在很多企业家眼里，产品性能、"业务类型"决定能否挣到钱，他们总是不厌其烦地告诉别人"我们是做什么的"，几乎听不到他们说"我们解决了谁的什么问题"。事实上，他们不说很可能是因为他们根本就没想这件事，这就导致剧情构思失去了最根本的依据。

（2）近视症。"近视症"也是起点阶段较常见的一类行为障碍，是指企业决策者对目标顾客的身份识别不清甚至根本就回避识别。这种情况极易导致企业根本无从判断、评价顾客的待办任务。

有时，企业决策者会采取"大概差不多"的态度来识别顾客身份并据此大概想象顾客的待办任务，这种模糊不清的顾客画像，导致企业在确定顾客利益上极易出错。其外部表现则是顾客价值主张过于模糊。

第二段落：供给模式

供给模式的概念内涵

有点管理常识的人都知道，企业是通过向其顾客提供产品来维系它与顾客的关系，进而维持其自身生命的。实际上，从顾客角度看，他们从企业那里获得的东西远超人们通常所说的"产品"，也远超"产品＋服务"这个较为广义的产出。因而，**决定企业在顾客心目中的好感程度、市场地位的因素就绝不仅仅是企业研制生产和提供的产品，而是由企业推送给顾客的全部要素，这些要素的组合就构成了企业的"供给模式"。**

在图1-7中，某咖啡店的供给组合由若干项要素构成，而"产品"这个形态的要素只是全部供给要素中的一部分。也就是说，"产品"这个概念远远不能涵盖供给组合的范畴。

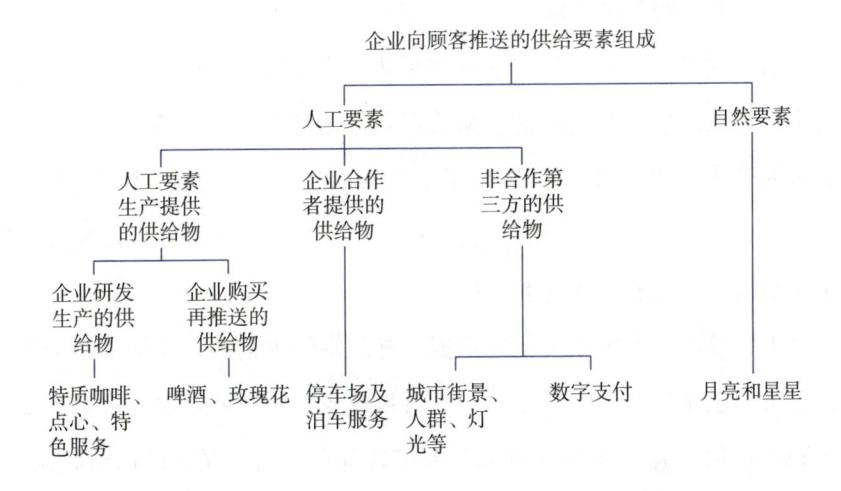

图1-7 供给模式：企业向顾客推送的全部要素/接触点组成

（1）供给物与接触点。在商业模式的"供给模式"板块中，我们用"供给物"这个概念来代表由企业生产、组织，使顾客可以接触、使用或消费的要素。供给物包括但不限于企业自己开发生产销售的产品和服务。

从顾客角度看，他们在接受企业服务的过程中，将在企业的帮助、支持、协调下接触到包括企业产品/服务在内的各种要素，这些经由企业生产、组织、协调提供的要素都成为顾客消费过程中顾客与供方的接触点。因此，"供给物"和"接触点"是同一事物的两个不同侧面。当我们考察企业等供方行为时，更多使用"供给物"，反之考察消费行为时则更多使用"接触点"这个概念。不论供给物还是接触点，都是顾客消费过程中在不同待办任务上顾客应用的工具。

（2）推送与销售。企业在向目标顾客服务的过程中，扮演的是供给组合的"推送者"角色，而不是人们想当然的"销售者"角色。在向顾客提供各类供给要素的过程中，只有一部分供应过程是以销售方式完成的。换句话说，"销售"这一行为只完成了全部供给要素中一部分要素的供应。因此，在供给方案中，企业的真正角色是"推送者"，而不是"销售者"。

使情节精彩的基本思路

供给模式是商业模式容器的支撑板块，或者说是中枢板块，发挥着承上启下、衔接左右的黏合功能。从故事创作角度看，供给模式可以说构成了故事的最核心情节，体现了故事最本质的主题。很多时候，人们是从"供给模式"这个板块入手抓住商业模式的本质属性和基本特点的。构思好这个板块的情节，需要注意以下原则。

（1）以顾客价值主张为基本依据。好的供给方案的首要标准，应该是对顾客价值主张具有继承关系并对后者形成支撑。也就是说，供给方案要紧扣顾客价值主张，在后者指引下形成具有紧密内在联系的供给物组合。而不是通过简单对标、模仿来形成自己的供给方案，然后基于市场反馈被动迭代而寻求改进。

具体地讲，就是对企业提供的供给物，也就是作为顾客工具的产品，要从顾客"痛点"出发定位供给物/产品的功能，以及能够为顾客提供其他利益的产品属性，如便于携带、便于操作、维护便利等。

（2）从待办任务扩张到消费旅程。供给模式的最基本形态就是企业产品，这个产品针对的是顾客的某个待办任务。比产品形态更为优化的供给方案通常是从扩张对顾客的服务面开启的。所谓"服务面"，就是从只针对顾客的单一待办任务，扩张为针对顾客的若干个待办任务。

顾客的消费行为和其他一切行为一样，均源自某个动机。动机在得到强化的情况下将促使消费者（行动主体）生成一个显性的总体目标——行动主体想要获得的东西。为促使行动得到开展，行动主体通常会自觉或不自觉地将这个总体目标分解为若干分目标，各个分目标通常将导致相应的主体待办任务，后者构成了顾客消费旅程（见图1-8）。

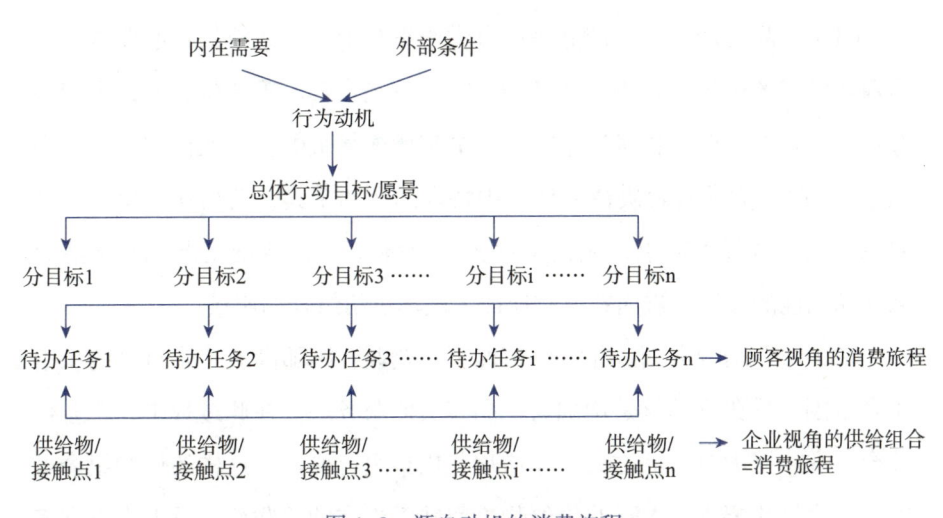

图1-8 源自动机的消费旅程

供给方案优化的一个基本思路就是：只要可能，应考虑将服务顾客的范围从单一待办任务扩张到某个顾客消费旅程，这意味着企业对顾客动机的支持程度从较低水平提升到较高水平，当某个供给组合能够对消费旅程大部分甚至全部环节均提供相应的供给物/接触点时，这意味着对顾客的价值创造进化到一个新的高度（见图1-9）。本书将在第7章进一步阐述供给进化的问题。

对消费动机的支撑水平

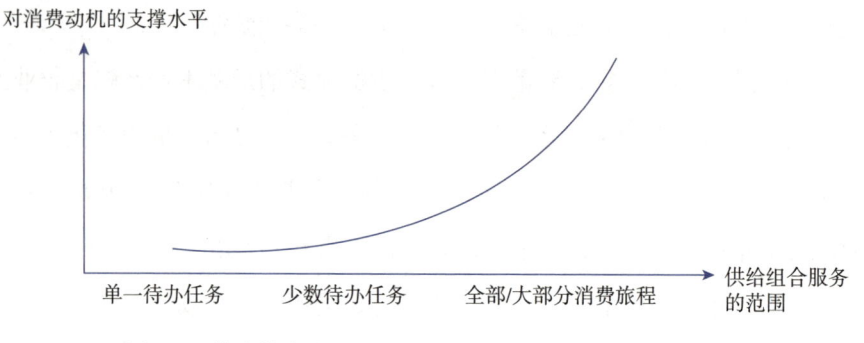

供给组合服务的范围
单一待办任务　少数待办任务　全部/大部分消费旅程

图1-9 供给模式进化的方向：提升对消费动机的支撑程度

导致情节扭曲的典型情况

供给模式板块的缺陷，或者说此部分情节的平庸甚至扭曲，主要因为两个层次的失调。

（1）产品功能失调。产品是所有供给组合中不可或缺的核心要素。**很多商业模式的供给组合中，产品的功能定位经常会出现错位。而这个问题并不是通过提升产品技术这个方向的措施所能解决的**。功能错位的原因很简单：产品作为顾客解决待办任务中特定问题的工具，其功能定位未能针对顾客的待办任务需求，尤其是顾客的"痛点"，这样的情况几乎必然导致产品功能的失调，进而在基础层面上破坏供给组合的质量。

（2）组合结构失调。在有些情况下，企业会跟随潮流扩张自己的供给组合范围，最典型的就是增加与产品有关的服务。但在此过程中，企业往往会采取"摊大饼"的方式无序增加其供给组合要素。这样的供给组合虽然包含多样化要素，但这些供给物之间缺乏内在的关联性。看上去丰富多彩，实际上杂乱无章，根本不可能有效提升顾客价值创造的能力。原因很清楚：供给组合未能针对某个明确的顾客消费旅程，因此无法提升供给组合对顾客消费动机的支撑水平。

第三段落：盈利模式

盈利模式的概念内涵

对于给定的供给组合，企业需要解决这样的问题：通过什么样的交易使自己能够持续获得溢价营收？直观地讲，就是企业拟通过销售什么东西来获取最大的可持续营收？企业选择什么样的供给物作为免费或低价的补贴物，以便支持上述交易实现其功能？企业对这些问题采取的做法就构成了"盈利模式"。

严谨地讲，企业需要在由自己研发生产制造的供给物中选择某个或某几个作为交易物，并构思基于这些交易物的交易类型，也就是权利转化类型，使得这样的交易可以为企业带来最大程度的销售收入。

具体地讲，盈利模式是由两个问题的解决方案构成的，这两个问题是：

第一，在可供销售的供给物组合中，哪一个或哪几个作为交易物？交易类型是什么？是出让交易物的所有权、使用权还是接触权？价格如何确定？我们把被确定为交易物的供给要素称为"盈利点"。

第二，为了支持上述盈利点的交易能够产生最大程度营收，或者盈利点交易价格达到最大，在企业可以支配的供给要素中，哪些要素免费提供？哪些要素以优惠价格提供？这些免费或以优惠价格提供的供给要素称为"补贴物"。显然，补贴物的作用是向顾客示好以获取顾客满意，后者可以为盈利点交易提供支持。

（1）盈利点

任何通过市场买卖实现的交易都以某种交易物为基础，从企业角度看，这个交易物就是其提供给买方的供给物。这个交易物/供给物可以是有形产品，如机床、手机、家具、奶茶等，也可以是证券化资产，如股权（票）、货币等，或者无形的要素，如数据、科技成果、软件系统、设计方案等，还可以是人的知识、技能、劳动等。这四个方面构成了迄今为止现代市场体系所支持的全部交易物类型。

"盈利点"就是企业主打的交易物。在这个交易物或供给物上，企业具有或者准备依据其独有资源能力打造出独特的竞争优势，使企业可以凭借这样的交易物获取最大销售收入。

有人可能会认为：企业能够销售的不就是其生产的产品或服务吗？这里再次强调，企业向目标顾客推送的供给物组合所包含的要素，要大于传统意义的产品或服务。当归属于企业可由其控制的供给要素不仅仅是企业的基础产品和配套服务时，就需要通过选择来确定某一个或某几个要素作为盈利点。

（2）核心交易的类型

盈利点只是交易的载体，同一交易载体可以实现不同类型的权利转化。例如，对于实物产品，交易可以是所有权转移，即卖方将该实体产品的所有权让渡给买方。后者获得实体产品的所有权后，可以对其进行法律允许的各种处理，包括将这个实体产品转卖；对同一交易物，交易也可以只涉及使用权转让，即将产品租赁给顾客，后者购买的是实体产品的使用权而不是所有权。

除了所有权、使用权外，交易还可涉及接触权，即只将该实体产品的信息（而不是实体本身）卖给顾客。中介业务提供的就是关于交易物的接触权。这里的交易物包括但不限于有形的房产、机器设备、车辆等，还有无形的工作岗位、服务等。

核心交易就是建立在盈利点之上的交易。以盈利点为基础，核心交易涉及的权利转化有以下三种基本类型。

◆ 所有权让渡/交易。交易将支持或导致卖方将交易物所有权出让给买方。

◆ 使用权让渡/交易。交易将支持或导致卖方将交易物使用权（不是所有权）出让给买方。

◆ 接触权让渡/交易。交易将支持或导致卖方将交易物的接触权（不是所有权和使用权）出让给买方。

由不同的交易物形态和交易类型可组合出若干供给类型，每种供给类型代表经营一种业态。

（3）补贴物

为了支撑或掩护基于盈利点的核心交易，使之能够为企业带来最大收益，例如，通过最大程度的价格溢价以提高单位交易收入，或者提高交易频率实现单位时间中营收最大，**企业需要在盈利点之外选择部分供给物以优惠价格，包括免费提供给顾客，这部分供给物就是补贴物。**

这里的逻辑很简单，即以部分交易物的优惠补贴，赢得顾客好感或心理补偿，以便企业在核心交易上获得想要的利益。这个商业逻辑几乎体现在所有的市场领域。不同的是，有的补贴物是精心设计的结果，所以对应着较高水平的盈利模式。有的补贴物则是基于本能或模仿的结果，这种方式形成的盈利模式大概率存在缺陷。

盈利模式就是由盈利点、补贴物以及盈利点的交易类型这三个因素共同决定的，供给组合、盈利点和补贴物之间的关系见图1-10。交易类型是指盈利点的定价方式或价格决定因素和交易频率。

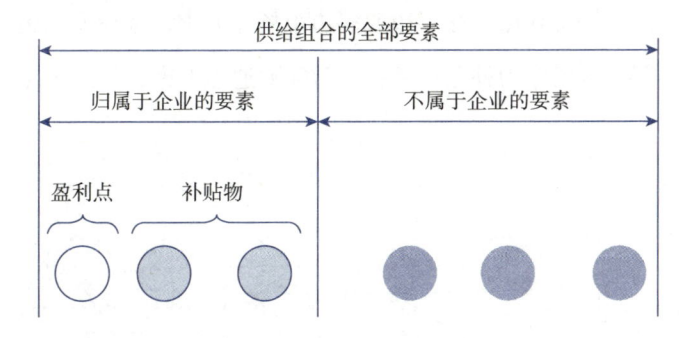

图1-10 供给组合、盈利点和补贴物之间的关系

使情节精彩的基本思路

（1）摆脱惯性，选择具有最大砍价能力或顾客依赖性最强的供给物作为盈利点。

当供给组合确定之后，大多数企业会在惯性思维作用下选择行业中约定俗成的供给物作为盈利点。例如，把企业的基础产品作为当然的盈利点，交易类型则为出让所有权，也就是传统意义上的产品销售。但实际上，这类盈利点和交易方式并不是最优的盈利模式，有时甚至连次优都不是。企业应该摆脱惯性，跳出固有框架选择最优盈利点。这样的盈利点应满足如下条件。

首先，作为盈利点的供给物应是针对顾客"痛点"最强烈的顾客待办任务。企业传统的主导产品并不一定针对的是这样的顾客待办任务，因此，并不能天然成为盈利点。

其次，作为盈利点的供给物在市场上要相对稀缺，或者顾客需求频率较高，这样可以保证交易频率，支持高水平销售。例如，吉列男士用品中的剃须刀，刀架的更换率较低，而刀片、剃须膏等供给物的购买／交易频率较高，因此，吉列选择刀片、剃须膏等作为盈利点。

（2）将盈利点、补贴物及交易类型作为整体通盘考虑，整体最优并不存在孤立的最优盈利点。

某个或某些供给物作为盈利点的合理性建立在其掩护物的补贴物组合基础上。如果初步选择的补贴物不能很好地对盈利点的交易形成掩护，那么也需要重新考虑选择盈利点。在双边或多边市场业务中，选择哪一边市场作为盈利来源，哪些市场作为补贴对象，通常需要通盘考虑，如图1–11所示。

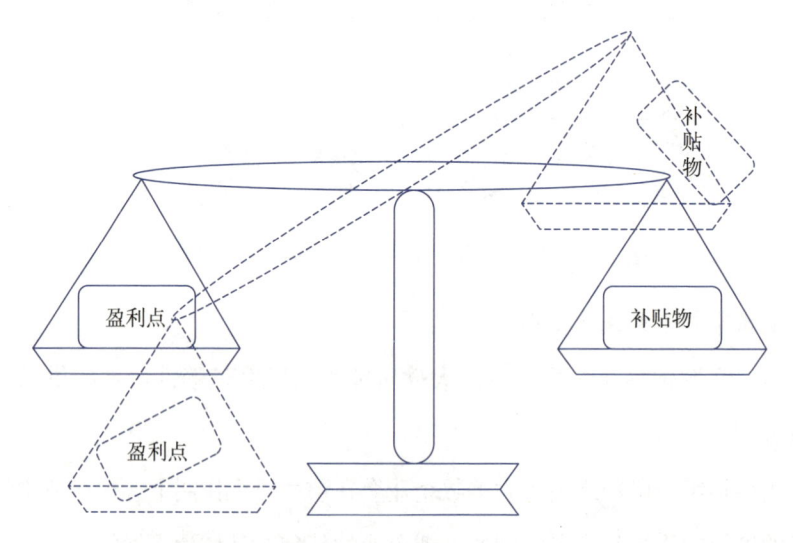

图1–11 盈利模式中盈利点与补贴物的平衡

导致情节扭曲的典型情况

（1）近视症

盈利来源构建中的**"近视症"是指这样的情况，企业家或创业者只知道卖他们制造的产品，不知道可以而且应该开发其他收费项目**。这种情况在传统实体企业尤其是制造企业中极为普遍。近视症的另一个典型表现就是对于给定的盈利点，只选择出让/销售所有权这一种交易类型，忽视其他更为有利可图的交易类型。

（2）贪婪症

这里的"贪婪症"是指这样的情况：企业只关注盈利点设计即收费项目设计，而对掩护面设计漠不关心，更谈不上对掩护面的设计创新，这在很多时候将导致严重的"因小失大"！

很多传统企业的销售赠品、消费积分折扣等都是这种病症的体现。虽然对企业来讲这也是一种实实在在的免费（低价）提供物，但这样的提供物并没有认真系统地思考设计掩护机制，往往是按行业惯例做出的简单跟风，由于成本压力，往往"偷工减料"，完全起不到对理想盈利点的支持。

第四段落：运营模式

运营模式的概念内涵

为了高质高效完成企业供给的推送，企业内部的核心业务活动是什么？这些核心业务活动依托的核心资源是什么？与核心业务活动配套的主要辅助活动是什么？开展相应活动的关键资源又有哪些？企业对这些问题采取的做法就构成了该企业的"运营模式"。

运营模式决定了企业运营所需的关键资源与关键能力，一方面，这些资源和能力的状况将影响企业的运营效率，进而影响企业的竞争优势；另一方面，运营模式也决定了企业运营的成本结构。当运营管理的效率确定时，成本结构将影响实际的运营成本水平，如图1-12所示。

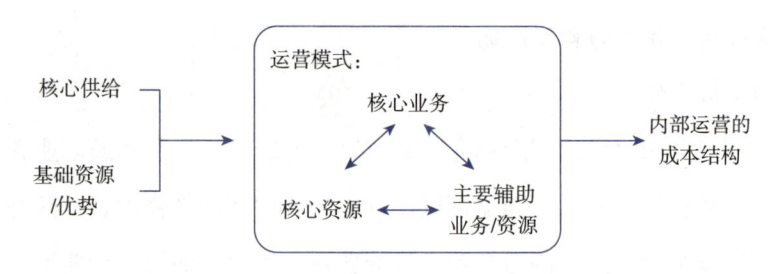

图 1-12　企业的运营模式与内部运营的成本结构

从运营模式的概念内涵可知，**其由三个要素共同决定：核心业务、核心资源、主要辅助业务及相应的支撑资源**。

核心业务

在面向核心供给的全部经营活动中，企业通过赖以创造和保持其差异性或竞争优势的业务活动的运营来力求形成并保持本企业的差异性/竞争优势。从大类上讲，核心业务有材料供应、产品制造和市场服务三种基本类型，分别对应价值链中基础价值活动的三种类型。

材料供应

材料供应是指对供给物制造环节所需的原材料、协作件、配套件等材料的供应活动，包括但不限于信息搜索、评估、沟通协商、定价、物流、仓储管理、物料分配/配送、供应商评估与关系维护等。对于一些领域的企业而言，供应环节对于高质高效地形成其核心供给至关重要。企业可通过对这一环节的重点关注创造和保持竞争优势。

产品制造

产品制造是指对核心供给物的创造过程，对于实体化供给物（实体产品）而言，这个环节包括但不限于零部件生产加工、组装、调试、包装环节等活动；对于供给物为无形的服务而言，这个环节主要由各种支撑服务的各类行为动作组成。

市场服务

市场服务是指企业开辟、优化、巩固市场的过程，包括但不限于市场开发与市场创新、营销推广、客户关系管理、企划宣传、渠道开发与维护等。对于部分日用消费品、标准件等领域的企业而言，这类业务的水平将决定整体绩效的水平。

核心供给

供给方案中针对目标顾客主要待办任务/"痛点"的供给物就是核心供给。核心供给通常就是盈利点，但也有例外的情况，即盈利点是其他供给物。

核心资源

核心资源是对核心业务的高质高效开展具有关键支撑且力图形成反模仿壁垒的资源。从大类上讲，核心资源有人力技能、硬件设备、软件系统三种基本类型。

人力技能

这里的人力技能包括人力的专业知识、技能、体能、经验等，是企业资源中最为基础的一类。在某些领域（如中医、工艺品创作、咨询等）的专业服务中，人力技能是最重要的资源。人力技能一般有采购型、工匠型和推销型三种类型。

硬件设备

这里的硬件设备主要指加工机器、检测装置、研发器材与设备等。很多企业通过开发具有特定功能的硬件设备，对本企业相关业务的竞争优势形成主要支撑。硬件设备一般有采运型、生产型和渠道型三种类型。

软件系统

软件系统是企业核心资源的第三类形态，主要是具有各种功能的软件系统，包括但不限于设计系统、测试系统、客户关系管理系统等。最为典型的是"企业资源管理系统ERP"。随着数字技术的高速发展，软件系统特别是智能制造系统、智能医疗系统等，在越来越多的业务中成为支撑业务竞争优势的核心资源。软件系统一般有搜抓型、智造型和数销型三种类型。

我们把上述核心业务的类型和核心资源的类型进行组合，就可以得到 9 种基本的运营模式，如表 1-1 所示。

表 1-1　9 种基本的运营模式

核心业务	核心资源		
	人力技能	硬件设备	软件系统
材料供应	采购型运营模式	采运型运营模式	搜抓型运营模式
产品制造	工匠型运营模式	生产型运营模式	智造型运营模式
市场服务	推销型运营模式	渠道型运营模式	数销型运营模式

采购型运营模式

采购型运营模式以人力技能为核心资源支撑材料供应这一核心业务。这里的人力技能主要包括人际关系、经验、品牌等资源。流通领域的烟酒公司、部分依赖上游特定供应的餐饮服务公司、传统新闻机构/自媒体等企业可能选择这种运营模式。

采运型运营模式

采运型运营模式的核心业务也是材料供应，核心资源则为硬件设备。部分重化工业企业、特色零售业（如生鲜食料供应的批发与零售企业）可能选择这种运营模式。从一定意义上讲，肯德基、麦当劳这样的连锁快餐服务企业通过标准化的供应体系为其服务网点提供材料，形成其特色服务，也属于此类运营模式。在军事领域，人们常听到的一句格言是："打仗打的不是前方而是后方（不间断高效为前方供应大批量特殊要素）。"在诸多产业领域中，采运型运营模式同样体现了这样的要求。

搜抓型运营模式

搜抓型运营模式的关键运营环节也是投入要素的收集与处理，完成这一关键活动的核心资源则是软件系统。软件系统通常通过搜索与信息抓取来完成有关的材料供应，故称为"搜抓型"运营模式。可能采取这类运营模式的企业组织包括利用数字软件系统进行数据分析的公司、市场调研机构、网络众创机构、人工智能系统开发与运营公司等。谷歌的全球地图业务亦可视为这类运营模式的典型代表。该业务的供给是各种地理信息，但支撑或保障这一供给的则是该公司的投入要素——各类地理原始信息。

谷歌虽然需要通过有关的硬件设施（如传感设备、摄像设备等）完成对这些原始信息的收集/采集，但完成这些原始信息传递的核心要素可能是谷歌研发的特定软件系统。如果谷歌完成上述原始信息采集、传输的核心要素是卫星、摄像系统、传感系统等硬件系统，那么该公司地图业务的运营模式就可能是"采运型"。

工匠型运营模式

工匠型运营模式是以产品制造为核心业务，人力技能为核心资源的运营模式，也可以说是一种存续时间最长的运营模式。不仅医院、大部分零售、金融服务、法律服务、咨询顾问等大众化运营的业务模式属于此类，工艺品/奢侈品制作、书画作品、服装定制等小众化业务更是带有显著的"工匠"色彩。此外，像盲人按摩、钢琴调音、家庭装潢、部分市政服务等也属于此类运营模式。

生产型运营模式

生产型运营模式是以产品制造为核心业务，硬件设备为核心资源的运营模式。这类运营模式是现实中使用最为广泛的一类运营模式。几乎所有的传统制造业、现代化农业、新零售领域的自动化售货/无人售货业务等都是这类运营模式。由此可见，**人们在传统的产业理论或政府的产业目录中所看到的"制造业""服务业""金融业"等并不能作为运营模式的识别依据**。

智造型运营模式

智造型运营模式是以产品制造为核心业务，软件系统为核心资源的运营模式。这类运营模式是从生产型模式中分离出来的新型运营模式。在数字软件特别是人工智能技术迅速发展的情况下，这类运营模式在迅速成长，最为典型的例子就是3D打印业务（应用3D打印技术开展的制造业务）。

有人可能会说，这样的业务依托的重要资产不是诸如3D打印机或智能化加工设备吗？这些设备当然是重要的资源，但作为创造和保障业务差异化的核心资源，还是嵌入在这些硬件设备中的软件系统。否则，相应的业务模式需要归入生产型运营模式。

推销型运营模式

推销型运营模式是以市场服务为核心业务，人力技能为核心资源的运营模式。这类运营模式主要分布于供给物差异化难以维持的产业领域，主要是标准化产品/服务，或其功能难以在消费端通过技术手段加以区分的产品/服务。例如，普通配套件、通用原材料、日化用品、酒类、饮料等。这些供给物的经营业绩常常取决于企业对市场端的开发与掌控。

有些企业将供给物的市场推广交予第三方机构，包括但不限于广告公司、商业流通企业等，自己则专注于供应或制造环节，这种情况下企业的运营模式就不是推销型。但也有企业通过开发、运维自己的渠道网络、品牌形象等有形与无形资源，为其市场创新与服务业务的竞争优势提供支撑，这就是推销型运营模式。这类运营模式中较为典型的表现就是企业会构建一个发达的分支机构网络，如分公司、办事处等。

渠道型运营模式

渠道型运营模式是以市场服务为核心业务，硬件设备为核心资源的运营模式。这类企业的业务重点依然是市场开发与服务。但所依赖的核心资源不是人力技能而是硬件设备。**企业可依托其物流供应系统打造、强化和巩固其产品供应网络，据此获取、扩大和巩固市场**。这个网络的主要要素包括但不限于物流基地、储存设施、运载装置、监控设施等。一些化工产品企业、大宗材料经营企业等有可能采取这类运营模式。从事生鲜产品捕捞、养殖、销售的企业也可能采取这种运营模式。

上文已提到，采运型运营模式也可适用于生鲜产品经营。这里的经营主要是流通环节的商业服务经营。如果商业服务企业的上游也就是生鲜产品供应方采取的是渠道型运营模式，那么商业服务企业没有必要采取采运型运营模式，而可将自己的经营重点配置于生产或市场服务环节。反之，对于确定采取采运型运营模式的下游生鲜产品经营企业，上游采用渠道型运营模式的企业则无法将前者作为自己的客户，而需选择其他下游企业作为服务对象。

数销型运营模式

采取数销型运营模式的企业的业务重点同样是开辟、拓展、优化和巩固顾客群体，核心业务是市场服务，核心资源则为软件系统，通常为数字化平台。从理论上讲，借助这样的虚拟平台资源，企业可以无限吸纳用户资源。一些传统制造企业通过所谓"哑铃型"发展，借助数字化平台扩张其销售网络就可能发展为这种运营模式。请注意，大部分电商企业通过第三方专业平台（如淘宝、京东等）销售自己的产品，由于这里的数字化平台资源不属于电商企业，因此后者的运营模式就不属于数销型。

主要辅助业务资源的活动结构

为了配合核心业务活动，企业需要开展与之有关的其他职能活动。这些活动也被称为"辅助价值活动"。这些活动的内容及其运作方式就构成了内部关联活动的结构，如采购管理、人力资源开发、后勤保障等。

使情节精彩的基本思路

（1）盯住核心供给，确定核心业务

企业运营模式的基本因素是核心业务，首先，这个核心业务的类型，需要盯住核心供给，也就是说，要从外向内地界定出本企业的核心业务。其次，在面向核心供给的业务活动中，选择"我们最擅长什么"的活动作为核心业务活动，或者我们根据企业内外部情况，拟选择作为未来核心环节的活动作为核心业务。选择的基本依据或原则，是什么样的业务活动可以对本企业的核心供给的竞争优势提供最大程度的支撑。

（2）借助数字魔棒，绘出独特业务边界

关于支撑核心业务的辅助价值活动体系的勾画，决策者应高度关注数字技术的发展与应用，通过数字手段不断改进乃至创新内部关联活动体系的构成。对此，"企业解绑理论"进行了较有代表性的总体解释。

交互成本、数字技术与企业边界解绑

20世纪70年代后期，类似于国际机器商业公司（International Business Machines Corporation，IBM）这样的巨型企业是产业界的统治者，但十多年后，经济魔法的风向急剧转变，小型的、快速灵活的企业成为产业佼佼者。究其原因，交互成本（Interaction Cost）成了决定行业和企业形态的关键因素。按交互成本最小化原则组织的企业可获得新的竞争优势，而技术发展为此提供了历史性的机遇。由于数字技术发展而导致的交互成本的变化将导致整个行业结构的剧烈变动——当交互成本下降时，企业将会把自己原来从事的某项业务剥离出去，即进行一次解绑。

资料来源：Ohn Hagel Ⅲ and Marc Singer. Unbounding The Corporation[J].Harvard Business Review, 1999.

从管理学角度看，企业内部经营活动也划分为三大类，即：客户关系维护活动（customer relationship）、后勤支持活动（infrastructure）和产品创新活动（product innovation）。这三类活动各有其不同的职能，因此无法彼此替代。另外，不同类型活动所需的核心资源各有不同，其业绩因素更有所不同。因此，企业实际上不可能同时从事好这三类活动。问题是，如果企业不是自己开展这些活动，就需要从其外部购买这些活动的成果。通过市场交易的方式获得这些成果的过程中，企业还需承担所谓"交互成本"，即搜索、评估、谈判、沟通、砍价等行为所需付出的时间、精力以及金钱。当这种交互成本过高时，企业就不得不将三类活动同时纳入组织边界之内。前不能放弃这些活动，后不能使这些活动同时达到最优，这就是传统企业共同面临的窘境，企业不得不忍受巨大的资源浪费。

但互联网改变了这种窘境。互联网作为一种革命性的沟通平台，极大地降低了企业与外界的交互成本（在很多时候，甚至是消除了这一成本），在这种情况下，企业完全有条件通过互联网的沟通效率和低成本属性，在其外部获得优质资源，形成新商业模式中的资源板块。

企业中三类活动的经济驱动因素、企业文化及竞争重点的差异如表 1-2 所示。

表 1-2　企业中三类活动的经济驱动因素、企业文化及竞争重点的差异

	新产品开发/创新活动	客户关系维护活动	基础设施维护活动
经济驱动因素	速度是最重要的。成为市场的最早进入者，可以定高价，并获得更大的市场份额	范围经济是最重要的。赢得顾客需要高成本，这就促使企业想尽各种办法从顾客那里赚更多的钱	规模经济是最重要的。由于基础设施的固定成本很高，所以大规模的使用可以降低单位成本
企业文化	员工导向型：努力留住有创造才能的天才	服务导向型：顾客优先	成本导向型：倾向于标准化和增加可预测性，并提高效率
竞争重点	才智之争：进入壁垒低，许多小企业通过从事该业务从而获得成长	范围之争：竞争很快就固化，少数几个大型企业在该项业务中处于统治地位	规模之争：竞争很快就固化。少数几个大型企业在该项业务中处于统治地位

导致情节扭曲的典型情况

（1）一叶遮目，不见泰山

在很多管理者眼里，企业核心业务只有"制造"这一项，似乎除了制造过程就不存在其他对企业生存与发展有价值的核心业务活动。而"制造"活动又被他们理解为应用机器设备开展实物产品的生产组装活动。事实上，"制造"一词的普适含义是：应用特定的技术手段、经验或知识等创造出特定的人工要素的过程。

这里的"人工要素"包括但不限于实物产品、服务、信息、知识、数据或软件系统等。即便将核心业务与"制造"画等号，也可以看出核心业务具有多种类型，而不仅仅是传统意义上的机器——产品制造。

对核心业务的误判导致的直接后果，就是企业难以明确有效的核心资源与能力的开发方向与路径，这极易导致企业陷入低竞争能力陷阱。

（2）业态模式模糊不定

在现实中，很多企业的决策者会将其资源包括货币资源分散在不同的业务活动中，想在多个业务活动链上培育自己的能力。只要条件允许，他们似乎总是在追求"事事都要抓，事事都要强"的境界。这其实就是不明确自己的业态模式。

业态模式模糊不定的实质，是企业未能明确自己经营的"胜负手"是什么。这对企业发展来讲，往往意味着重大隐患，当外部环境出现某种特定状况时，这种隐患将触发现实危机。因此，一般意义上讲，形成本企业的活动能力是件好事，但如果这些能力的构建影响到本企业核心业务能力的开发与更新，就成为一件得不偿失的事情。

第五段落：合作模式

合作模式的概念内涵

当企业的供给方案和业态模式确定后，供给方案除核心供给物之外的供给要素随之确定。这些供给要素与核心供给物之间具有互补关系，因此称为互补要素。**互补要素的存在可以使企业提供的核心交易物对目标顾客产生更好的价值体验。**

例如，在万达广场，万达酒店或影院是万达集团的核心供给物，那么，集聚于万达广场的餐饮、休闲、购物等服务就是酒店和影院的互补产品，这些服务使万达广场作为一个商业集合体更具吸引力，这种吸引力将使万达酒店或影院的顾客价值创造能力得到提升。

如果上述餐饮、休闲、购物等互补服务不是由万达集团提供，那么万达广场要想集聚这样的互补性服务就需要开展合作，吸引企业机构或个人进入万达广场提供服务。因此，为了实现向目标顾客推送企业规划的供给组合，企业需要有一个合作者群体。这时，选择与谁合作，如何合作，以便为目标顾客创造出最大价值，就成为必须解决的问题。

合作的意图将产生相应的专项行动，包括但不限于搜寻、谈判、关系维护、规则制定与行为管控、风险管控等，这些行动都将产生成本。这种为创立和维系合作的成本称为外部成本。外部成本的结构取决于合作模式，后者受两类基本因素影响：一是合作群体的规模与构成；二是企业与各类合作对象的合作方式。这两者的集合就是合作模式。

（1）合作对象网络

合作对象越多越复杂，有关的合作成本将越高。但不一定是线性关系。在合作者规模同等的情况下，合作者的性质将对合作成本产生极大影响。在互联网时代，有些可以提供企业所需互补要素的机构或个人，其供给物可能是价格极低甚至免费的。例如，互联网上可以获得诸多免费信息、知识、数据等。ChatGPT这种新型智能系统就是低成本互补要素的典型代表。这样的合作者占比越高，合作成本就越低。

（2）合作方式

合作方式是指建立和维护与合作方关系的方式。当合作者群体确定后，企业选择或设计的合作方式也将对企业为建立、维系合作关系而开展的治理与服务行动产生重大影响，进而对合作成本产生重大影响。**有些依托新型数字技术的合作方式将极大简化企业对合作过程的管理，进而显著降低合作成本**。最典型的例子是：企业可以通过构建数字化平台的方式，为合作者参与合作提供便利条件，借助这样的平台可以为吸引和维系合作关系过程的成本控制提供有力的支持。

因此，企业可以在互补要素定位的基础上，通过有意识地选择、优化合作对象群体，以及设计、优化乃至创新与合作者的合作方式来改进和优化外部成本结构，实现成本控制目标，如图1-13所示。

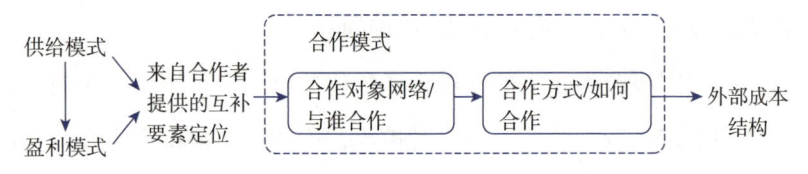

```
供给模式 ──→ 来自合作者      合作模式
     ↓      提供的互补   ┌─────────────────┐
     ↓      要素定位 ──→ │ 合作对象网络/ → 合作方式/如何 │ ──→ 外部成本
盈利模式 ──→             │ 与谁合作      合作          │     结构
                         └─────────────────┘
```

图 1–13　企业的合作模式与外部成本结构

使情节精彩的基本思路

（1）盯住供给模式与盈利模式，确定合作范围

合作模式板块的勾画要盯住供给模式和盈利模式这两个前置因素，供给模式中扣除掉企业自主提供的供给要素外，其余要素就需要由合作者群体来承担相应的供给任务。因此，需要通过这两个前置因素来综合确定企业的最佳合作范围。后者是进一步勾画合作模式的基础。

（2）应用平台思维构筑高效合作基础

合作模式的核心在于与合作者的合作方式。这个合作方式优化的总体方向，就是尽可能降低合作成本，不论是进入合作还是退出合作。开发一个特定的平台是实现这种优化的重要手段。这里的平台可以是实体平台，如主题园区、某个功能综合体，还可以是数字化平台。这类虚拟化平台不仅可实现高效的合作行为协调，而且也可高效推动合作者搜索、沟通、评价以及达成合作的行动过程。

导致情节扭曲的典型情况

（1）有合作无纽带

有许多企业客观上利用了诸多合作者的供给作为本企业供给模式的构成要素。但对于这些事实上的合作行为却忽视或回避客观存在的合作关系，因此也就未能开展有意识的合作纽带设计、构建与优化。这不仅导致合作行为的低效低质量，而且随时都有合作关系断裂的危险，这种情况进一步恶化为供给模式的低质低效。

（2）纽带功能老化

与上述问题类似，有些合作关系虽然具有一定的纽带支撑，如利益分享、信息贡献等。但维系合作关系的纽带功能老化，尤其是未能充分利用数字技术和互联网的特殊功能，优化乃至创新企业间的合作纽带。

5. 商业模式标签：故事的"名字"与故事的兴起

进入 21 世纪以来，随着人们对商业模式问题关注的加强，人们陆续发现和揭示了许许多多成功的商业模式，如 O2O 模式、平台模式、共享模式等。这些商业模式有的的确具有强大生命力，这些模式的"容积"都远超其他模式。有的则仅仅是昙花一现。这里解释一个重要问题：上述商业模式的名称怎么来的，代表什么。

事实上，**我们见到的任何一个商业模式的名称，大多数都不是其总体属性的综合与体现，相反，这些名称通常都仅仅是商业模式容器的某个板块的特征体现**。这些名称是人们对既有商业模式的某个板块实现或导入了全新的模式之后，根据创新板块的属性而添加的。

例如，O2O 模式实际上体现的是在供给模式的构成要素上，从相对单纯的线下要素，包括有形产品和无形服务，扩展为包含线下与线上要素，后者主要包括有关的产品信息、线上服务（如下单、结算、评价等）。如果我们对表 1-3 中的各个商业模式多扫描几次就可以发现，其中诸多商业模式标签，是对商业模式相应板块创新的属性概括。

而通过对这些板块创新的性质观察可以发现：它们都具有数字技术应用的影子或痕迹，如"共享模式""生态模式""平台模式""新零售模式""电商模式"等。这再次表明：商业模式本身并不是一个新生事物。与企业文化一样，即使一个企业的管理者完全放任不管，该企业一样会形成一个特有的组织文化，只不过这样放任自产的文化大概率是一种消极文化。

表 1-3　根据板块特征而产生的商业模式标签或故事的名称

	顾客价值模式	供给模式	盈利模式	业态模式	合作模式
顾客价值模式	金字塔底模式，颠覆型模式				
供给模式	（制造业）服务模式	O2O 模式		共享模式	
盈利模式			免费模式（补贴物），广告模式	双边市场模式	
业态模式			新零售模式	平台模式，电商模式	3D 打印模式
合作模式					生态模式

商业模式同样如此，只要存在企业和企业经营，不论管理者是否主动思考、构建，企业总会在所开展的业务上形成一个商业模式，至于这个商业模式的优劣就难说了。因此，**无论在理论还是实践上，商业模式都不是新生事物，也基本没有神秘之处。构成新生事物的，是商业模式的创新或变轨，而数字技术为商业模式创新乃至进化提供了前所未有的机遇**。当人们发现，这种机遇可以转化为企业发展的新动力时，商业模式问题才引起了人们的普遍关注。

6. 赵钱孙李……：关于商业模式的其他若干传说

在商业模式理论研究与企业实践领域有一个较为奇特的现象，这就是对于"什么是商业模式"这个问题的看法极为分散。我们可以在各种各样的研究论文、行业分析报告、财经报道、专著等资料中看到关于这个问题的不同定义或解释。尽管对一些基础概念的定义存在不一致是众多科学领域常见的现象，但在商业模式这个概念的定义上呈现出的认知或表述多样化是不多见的。

如果情况真的如此，那么不论对理论研究还是企业实践都不是一个积极的现象。但如果仔细观察，就不难发现：**人们对"什么是商业模式"这个问题所做的解释具有多个角度，或者说，人们对这个问题的解答是出于多种不同的目的做出的，这意味着，尽管从字面上看商业模式的定义不同，但真实的差异或分歧并没有表面看到的那么大。**关键是我们需要认清各种定义是在何种角度或出于何种目的做出的。

事实上，人们对不同维度上形成的商业模式定义，至少有 5 种角度或 5 种不同的目的，如图 1-14 所示。

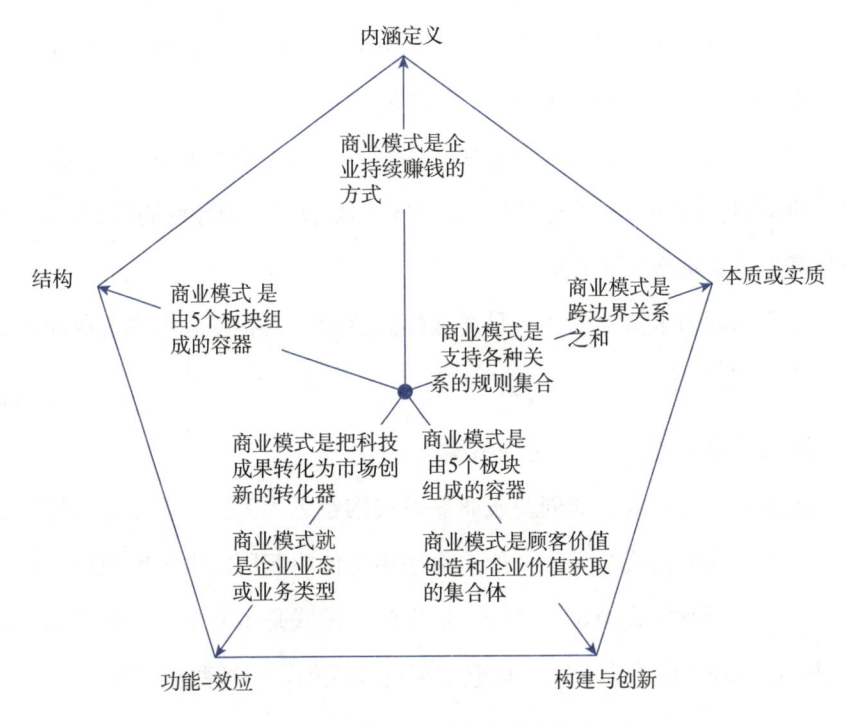

图 1-14　不同维度上形成的商业模式定义

揭示商业模式的内涵定义

这类研究就是给出"商业模式是什么"的直接定义。最具代表性的结论就是前《哈佛商业评论》主编玛格丽塔教授的观点："商业模式就是企业赚钱的方式。"无论从事物本源还是从逻辑演绎角度讲，这都是一个简明、准确的定义。因为"模式"这个词的本义就是"方式"，而"赚钱"则是企业所开展的全部价值创造活动的高度概括，因此，这个定义是对商业模式内涵的高度概括。

揭示商业模式的本质或实质

玛格丽塔教授的定义揭示了商业模式的内涵。还有一些学者更关心商业模式的本质是什么，他们看到的是：任何企业的经营都是在各种关系的支持下实现的。这里的关系，首先是企业与市场的关系；其次是企业与供应商的关系，此外还有与政府等利益相关者的关系，因此，商业模式的实质是支撑经营的关系总和。商业模式研究著名美国学者祖特、中国学者魏威、朱武祥等均从这个角度解答了什么是商业模式。

本书作者李东则认为，商业模式的确可以视为各种关系，包括跨企业关系的总和。但任何关系都是由相应的规则来支撑、引导或制约的。因此，**商业模式的实质是规则的集合**。

这些见解力求揭示的其实是商业模式背后的内容，或者说商业模式的"底层"要素是什么。

揭示商业模式的构建与创新策略

诸多学者对商业模式创新或商业模式构建更为关注，因此他们特别关心对商业模式的直观画像。例如，前些年有位叫亚历山大·奥斯特瓦德的人提出的"商业模式画布"理论，指出商业模式是由9个部分组成的策略拼图。这一理论的指向，就是探索如何构建或创新一种商业模式。

揭示商业模式的功能或效应

揭示商业模式的特有功能是大量研究关注的主题，由此出发也产生了诸多关于什么是商业模式的看法。例如，麻省理工学院的马龙教授等为揭示商业模式是否对企业绩效具有影响，就提出了一种不同的商业模式概念，他们认为商业模式就是企业的业态，也就是核心业务的类型，为此他们从两个维度分解出若干种企业业务的类型。

再比如，研究科技创新管理的著名学者切斯布若夫就提出：商业模式是将科技成果转化为市场创新的"转换器"或转换机制。这样的商业模式认知是出于考察分析商业模式特有功能而产生的。

揭示商业模式的结构

揭示商业模式的结构也是诸多学者感兴趣的问题，当然这个问题的研究也具有重要的实践价值。在这个方向上，人们也得出了有别于其他维度/方向上关于商业模式含义的看法。例如，本书作者李东就提出：商业模式是一个由5个板块构成的"容器"。从探究其结构的角度，人们还提出了其他一些关于什么是商业模式这个问题的看法。

严格来讲，只有在同一纬度也就是同一方向，关于商业模式的不同定义或定义的差异性才需要人们加以关注和分析，以便得出更为科学、准确的判断。但在不同纬度的定义差异，则并不属于认知差异，事实上，这些不同的认知可能会起到补充视角、完善认知的效果，当然，这需要在系统比较的基础上进行认真综合。

四、商业计划的总体结构

1. 结构的层次：板块、主题与要点

作为一类重要而正式的企业计划，商业计划必须具备清晰的层次体系。下面从三个层次揭示商业计划的结构组成。

板块

这里的"板块"是指商业计划的基础议题。每个议题的陈述都对商业计划的总体目标形成具有互补关系的支撑，组合起来，这些议题的陈述完成了对某一个商业愿景，特别是创新性愿景的必要性、合理性、可行性的完整论证。

商业计划，尤其是高新技术产业化业务的商业计划，都是对从起点（某个或某些独特资源的获得）到实现了某个发展愿景的过程指引文件。这个过程的必要性、合理性、可行性的论证可由四个方面的陈述予以支撑，分别是为什么要启动产业化/科技创业？如何实现高质高效的商业运营？企业的终点/发展愿景是什么？如何避免失败？这四个方面的规划与陈述就是商业计划的四大主题。

主题

商业计划中的主题，是指由各个板块所包含的专项规划内容，主题体现了商业计划的主要构成。由于板块功能的不同，各个板块所包含的主题构成亦有所不同。从正交、简明的原则出发，我们归纳出各个板块所包含的基础主题共有十个方面。每个计划主题都有其特定的目标，包括对内和对外所要实现的目标。

要点

每个主题之下，包含若干要点。要点就是针对主题所涉及的问题进行的方案陈述，是商业计划的基础内容。

有许多人把制订和阐述商业计划比喻为"编故事"和"讲故事"。从一定意义上讲这是一种确切的比喻。管理学意义的计划虽然必须要落实到现实的行动，但计划必然包含关于未来的局势判断、环境分析与目标定位，这部分内容需要预测、判断甚至想象，此外，商业计划也涉及对从当前到未来的行动进行规划。这些建立在"预判""分析""想象"等思维活动基础上的内容当然也可以称为"编故事"。

2. 故事的段落：商业计划的总体结构——四大板块

从商业计划的总体目标和功能出发，根据上述商业计划的层次结构，我们给出商业计划的总体结构，也就是体系构成，如图 1-15 所示。

第 1 章 商业计划基础

商业计划板块/章节	主题/段落	板块功能解决的问题（对内、对外）
1. 我们的"底牌"	我们有什么"独特资源"	厘清创业基础 对内: 明确机会所在以及市场抓手 对外: 揭示业务的合法性与成长空间
2. 我们的商业模式	（1）目标市场出现顾客价值主张	对内: 明确核心产品，凝聚注意力 对外: 明确产出方案，提升企业价值认知
	（2）供给方案	对内: 明确企业属性，聚焦核心能力 对外: 明确业务实质，提升企业能力认知
	（3）业务定位	
	（4）盈利模式	对内: 明确收入来源，理解生存逻辑 对外: 明确赚钱机制，正确估值企业
3. 我们的愿景与行动路线	（1）愿景定位与路径规划	对内: 明确目标与路径，支持战略管控 对外: 明确目标与路径，坚定信心与推动合作
	（2）载体公司组建	对内: 明确分工体系，推动角色定位 对外: 明确公司架构，深化项目认知
	（3）股权融资方案	对内: 沟通重大决策信息，坚定信心 对外: 明确资本需求，触发投资意愿
4. 我们未来面临的不确定性	（1）我们可能有什么风险	对内: 统一思想和认识，激活注意力 对外: 信心沟通与服务，强化投资意愿
	（2）我们如何控制风险	对内: 统一思想和认识，强化重点工作 对外: 明确资本需求，坚定投资意愿

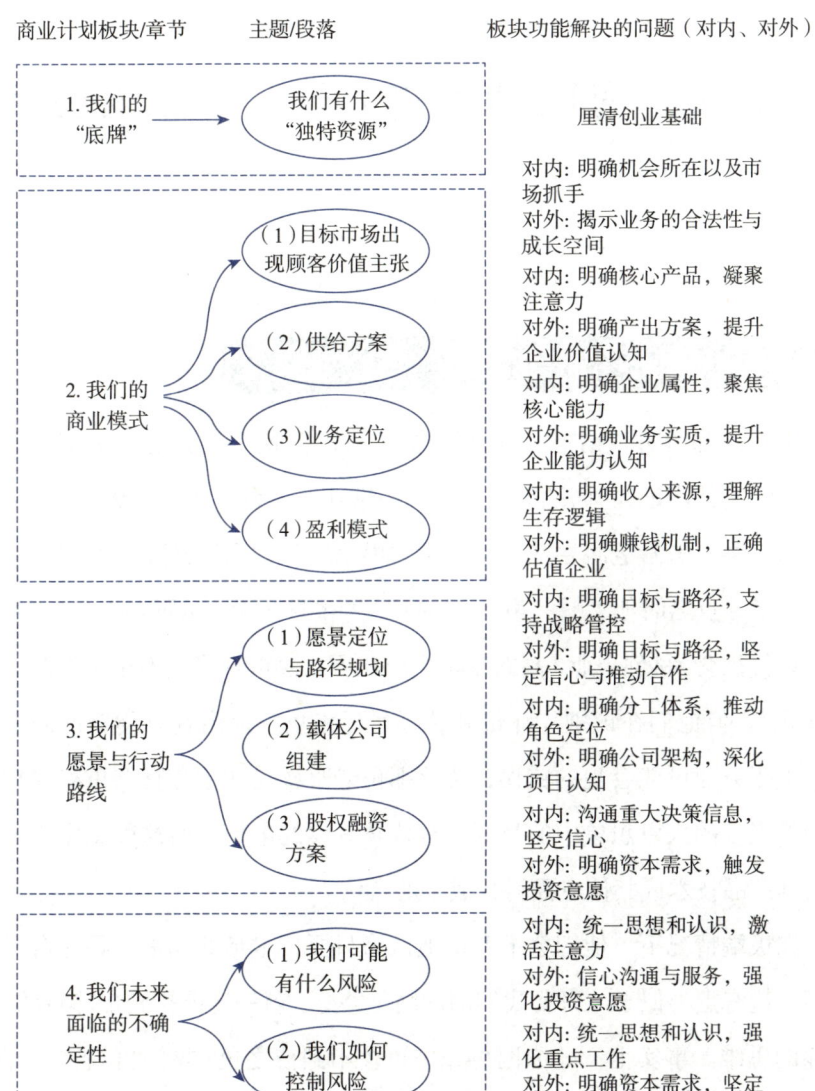

图 1-15 商业计划的板块、主题及其功能

第2章　商业计划指南（上）：价值创造蓝图

一、困境解析：错把"冯京"当"马凉"

很多人都听过"错把'冯京'当'马凉'"这个笑话吧。这个幽默故事出自《笑林广记》。据说历史上确有冯京其人，为宋朝人。故事说道：一次乡试，某主考官老眼昏花，把考生"冯京"的"冯"姓左边两点落到名字上去了，点名时他大喊三声："马凉！"考生自然无一人回应。

现代社会，科创企业/高新技术产业化项目决策者当然不至于如此"老眼昏花"。但他们在识别、评价和选择目标市场、提出具有创新性的顾客价值主张方面可能会犯的错误，要比那位老眼昏花的主考官严重得多！他们中相当多的人以想象中的目标顾客代替真实的市场。而这种想象主要来自对其产品技术或其他方面科技成果的自信。

在极端情况下，他们会下意识地认为只要技术足够先进，顾客会自动上门。这有点类似于"只要我们的渔网足够好，就一定能捞到最珍贵的鱼"这样的思维。事实上，此渔网再先进也捕不到彼之鱼；嗓门再高，也呼唤不到纠结的"冯京"。

由于只在意自己这一端的状况，企业既缺乏意识，又缺乏能力去识别那些隐含着顾客"痛点"的待办任务、潜在的顾客需求，**那些代表着市场的"冯京"们、珍贵的鱼儿等将永远游离在企业的视野之外，等待着别人的发现与利用。**

二、市场定位

1. 总体说明

什么是"市场"

市场是我们分析、谈论管理、企业经营、创业、科技产业化等问题的最基本概念。这里所说的"分析、谈论"不仅仅是发生在大学课堂、学者办公室里的教学、研讨，更包括企业家、创业者、形形色色的财经界人士制定和调整企业竞争战略、探索市场创新、制订和实施研发规划等重要的经营实践活动。

尽管市场是一个极其重要的概念，奇怪的是，这也是一个极为容易被误解甚至曲解的概念。最常见的误解是：市场就是一个交易场所，如大卖场、商场甚至菜场，随着电子商务的流行，市场又有了新成员，如淘宝、京东这样的线上交易平台。此外，还有人习惯把供销售的产品也视为市场，如汽车市场、家电市场、房地产市场等。

全球著名的管理学大师**彼得·德鲁克提出："企业的本质在企业之外。"**他的逻辑其实十分简洁：企业之所以能够持续存在，最根本的理由是因为有人需要它存在。这里的"人"不是企业家、不是投资人，更不是企业员工，而是外在于企业的顾客。顾客才是企业生存发展的根本理由。

市场的定义本身非常简单：

> "市场"就是有意愿购买企业产品或服务的顾客总和，也就是说：
> 市场 = $\sum$ 顾客 或 $\sum$ 有购买意愿的群体

从这个定义看，市场的计量单位似乎就是顾客的人数，如果顾客是以家庭或机构为单位，就是家庭总数或机构总数。现实中，也的确有这样统计市场规模的。一般情况下，人们倾向于使用顾客购买的产品/服务量，或为满足其需求所支付的费用总额来衡量市场规模。

我们看到，市场就是顾客/顾客购买数额的总和，而"顾客"又是购买某个企业供给的个人或机构。那么到底是先有顾客还是先有企业供给？这里就涉及"需要""向往""需求"等与市场有关的概念，理解它们的含义及其关系，可以帮助我们更准确地理解什么是市场。

需要

需要是指个体想要获得某种东西的心理状态或心理倾向。著名的管理心理学家马斯洛提出了一个"需要层次理论"，这个理论指出：正常人的需要可以划分为5个层次，分别是生理、安全、社交、尊重和自我实现5个层次需要。当前一层次的需要未被满足时，后一层次的需要不会成为主导需要，也就是对个体当前的行为产生直接影响的需要（见图2-1）。

需要体现的是一种人性本能，它既不能人为创造，也无法被压抑。

图2-1 需要是指个体想要获得某种东西的心理状态或心理倾向
（图片取自百度图片）

向往

现代营销学之父菲利普·科特勒（Philip Kotler）在其代表作《营销管理》中，把"向往/念想"作为解释市场的第二个概念。所谓"向往/念想"，就是能够满足或者迎合了个体某个需要的"体现物"/"实现物"。例如，面包是生理需要的一个体现物/向往物；保险产品是安全需要的一个体现物/向往物；会员证或一辆名贵车由于能够折射出身份，因此也可以归属需要的一个体现物/向往物等。

管理学家认为：**虽然"需要"本身作为一种源自人性的本能无法创造、删除或施加其他影响，但可在一定程度上满足这种需要的体现物/向往物，则是可以人为创造的**。在经济学家眼里，真正的"企业家"就是那些专门琢磨各种各样体现物/向往物的人，而上面提到的"创造"则包括观察、构思、设计、样品制造、试销、改进以及宣传等，如图2-2所示。

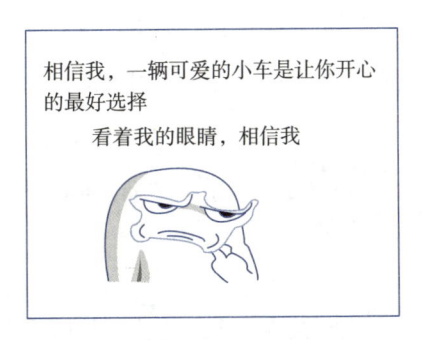

图2-2　向往物是某个需要的外在体现物

（图片取自百度图片）

需求

一个体现物/向往物即便能够真实地满足某类需要，也未必能够刺激有这类需要的人的现实购买，原因很简单，人们要能够买得起这个体现物。所以，这里的"需求"是指人们买得起的体现物/向往物。

回到关于市场的定义，"市场"就是有意愿购买企业产品或服务的顾客总和。

现实市场与潜在市场

现实市场是指对一个已经由企业生产、组装、组织出来的产品/供给方案具有购买意愿的顾客总和。

潜在市场则是指某个需要未被满足，但社会上尚未出现可以满足这样的需要的供给物或体现物的群体总和。

什么是"市场定位"

市场定位（market position）就是对目标顾客及其"痛点"的界定。有时为了突出这种界定的针对性，人们甚至会用"锁定"这个词来表达市场定位。

由图2-3可知，不论是现实市场还是潜在市场，都是由对某个现实或潜在供给有购买意愿的群体构成。虽然这个群体的每个人都具有一个共同点——购买同一个产品/供给方案的意愿，但他们也会在关于这个产品/供给方案的具体偏好上存在差异。因此，任何一个市场也是顾客总体都可以根据具体偏好的差异而划分为若干个子集，管理学称这些子集为"亚市场"。每个亚市场都由在具体偏好上相同或相似的（子）群体构成。

现实市场 ← ∑ 对某个已出现的产品/供给方案具有购买意愿的顾客总和

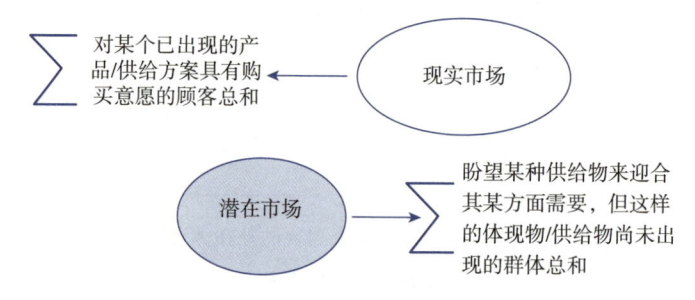

潜在市场 → ∑ 盼望某种供给物来迎合其某方面需要，但这样的体现物/供给物尚未出现的群体总和

图2-3 现实市场与潜在市场

什么是"目标顾客"呢？所谓目标顾客就是上述亚市场中的一个或若干个。显然，目标顾客是针对某个现实需求或潜在需求具有相同偏好的顾客群体，包括个人、家庭和机构。也就是说，目标顾客可以存在于现实市场中，也可以存在于潜在市场中。市场定位就是对总体中的一个或若干个子集的识别与确定。

> 综合起来，所谓市场定位就是企业对现实市场或潜在市场中一个或若干个子集或亚群体的界定。

"市场定位"有用还是无用

市场定位不仅有用，而且不可缺少！既然如此，为什么还要提出这个问题？那是因为现实中人们经常看到一些"未经定位"的创业取得了成功，因此，这一说法得到一些人的赞同，当然，尤其是那些没有能力开展市场定位的人的赞同。

现实中真有未经定位而取得创业成功的情况吗？我们可以明确地说，没有！跳过市场定位的一切产品开发、产品创新努力，都是一种近乎于新手与高手之间的赌博，能否成功只能寄托于上天的恩赐。

如果有人说，市场定位存在不同的方法，那是完全可以接受的。事实上，在产品投放市场之前，甚至在产品设计之前就能够完成市场定位的，仅仅是一小部分企业家。**大部分创业者的市场定位是通过"投石问路"式的市场试验，经过若干次迭代调整而完成的。**

至于连这种试验式市场定位也没有开展并能取得经营成功的，只有一种可能，就是这个经营者"抄袭"了别人的市场定位，然后向目标市场提供具有某种优越性的产品，谋求一定的市场份额因而取得市场立足的位置。管理学将此行为称为"替代战略"。如果抄袭的对象是境外企业，那么这种替代就是大名鼎鼎的"进口替代"。这种战略的确促成了一些企业的市场成功，但不能说这些企业绕过了市场定位，恰恰相反，这样的成功是建立在别人所做的市场定位的基础之上。

如果连抄袭也没有，就取得了市场成功的话，那就只剩下面两种情况：一种情况是极为显著的市场，以至于不需要经过有意识的识别就能断定其需求的存在，艳阳之下，即使视力很差，也能察觉到太阳的存在。另一种情况就是碰运气。不作任何瞄准，对着隐藏在黑暗空间里的目标随意开枪，正好击中某个目标的概率虽然极低，但也不能说一定为零。显然，这两种情况都不能否定市场定位的必要性。

市场定位的特殊作用

从抽象意义上讲，既然顾客是企业存在的理由所在，因此市场定位的意义就在于揭示企业存在的理由是什么。一个企业对凭什么存在于社会之中都不清晰，那么它的命运可想而知。

从运营层面讲，市场定位至少具有以下三个方面的特殊作用。

支持产品/服务设计、改进与创新

很多人认为，产品/服务设计、改进与创新是一个技术问题，这方面工作的基本原则是最大程度释放自己的技术优势。但实际上，所有成功的产品/服务设计、改进与创新都必须以正确的功能定位为前提，而产品/服务的功能定位不可能脱离对顾客的需求，也就是顾客喜好的透彻理解，后者正是市场定位的主要成果。

> 只有坚持"投其所好"，才能真正实现"光大自我"。

支持企业/团队的高效高质的市场企划推广

在现代市场中，再先进领先的产品/服务都需要高质高效的宣传推广。从苹果手机、特斯拉电动车、淘宝平台等产品或服务在市场脱颖而出的过程，都可以看到这些企业高调张扬、极具渗透力的宣传推广。但高调不一定成功，事实上，我们经常看到一些企业的新品宣传不仅远离其预期目标，而且常常显得十分可笑。

关键在于：高质量的宣传一定要分清重点受众是谁？只有明确了受众（目标顾客），才可能做对一系列必须完成的工作，例如，搞清这些受众的思维特点、偏好，进一步设计话题与话术，再进一步构思合理内容并设计内容呈现方式，最后选择合理的渠道以及发布时机，这样才能达到宣传推介的目标。所有这一切都建立在目标市场定位完成的基础之上！

支持合作联盟构建

科技创业也就是高新技术产业化的推进，离不开资本、技术、渠道等方面的合作者参与。其中最关键的是两类合作者：第一类合作者是股权投资人。按照其投资的时机阶段，股权投资人又可大致划分为天使投资人（早期投资）、风险投资人。这其中，战略投资人又是更加重要的一类股权投资者。这类投资人不仅提供资本，而且提供技术创业或高新技术产业化过程所需的其他关键资源，包括但不限于人才、政府资源、合作者资源等。

第二类合作者是企业的水平合作者和垂直合作者。所谓水平合作者，通常是指提供与企业的产品具有互补性质的产品/服务的机构。例如，由于个人电脑的应用需要有关培训，如操作系统或专门应用软件应用培训，此外还需要相应的外设，如打印机。因此，培训机构、电脑外设提供商就是电脑销售企业的水平合作者。垂直合作者包括上游供应者和下游渠道商。

无论是上述哪一类合作者，要想使其积极参与到企业运营中来，和企业一起摸索创新之路、共担不确定性风险，其首要前提必须是其确信企业的市场前景是客观且光明的。显然，没有明确的市场定位，企业很难提供这个前提。

简要归纳，如果没有市场定位，那么技术创业项目的命运会受到哪些影响？

首先，以产品为核心的供给形态将大概率偏离客观需求。这一点不会因为这些产品的设计建立在高新技术基础之上而有任何改变。

其次，供给方案的其他维度设计将无从开展。即使强行推动，也是一种近乎于赌博的行为。

最后，无论是股权投资人，还是水平合作者与垂直合作者都不大可能与企业共进退。毕竟，任何有理智的企业决策者都不会在一个前景模糊的项目上下注。很多时候，合作者的参与对技术创业者来讲关乎其生死存亡。

2. 如何定位市场

相当多的科技创业/高新技术产业化团队决策者并不了解市场定位的基本逻辑、核心问题以及针对这些核心问题的处理方法。他们中的一些人只是模糊地认识到市场定位的必要性，但对这个工作的起点、目标、过程并不了解，这使现实中绝大多数公司组织、科创团队主要领导对此战略性工作要不就是"敬而远之"，要不就用简单的口号或局部性的工作来代替完整的任务过程，使市场定位这件对企业发展至关重要的工作常常悬在空中。只有在发生重大失败或挫折时，才会体验一下这种状况导致的痛苦。

总体而言，**市场定位涉及三个环节，分别是顾客身份与动机识别、顾客待办任务界定、顾客痛点分析与确认**，如图2-4所示。

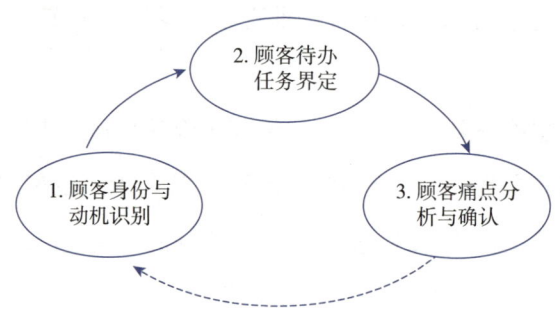

图2-4 市场定位的三个环节

市场定位的总体程序

市场定位的三个环节不是简单的线性传递关系，而是彼此嵌套、相互影响的闭环过程。市场定位的总体程序如图2-5所示。

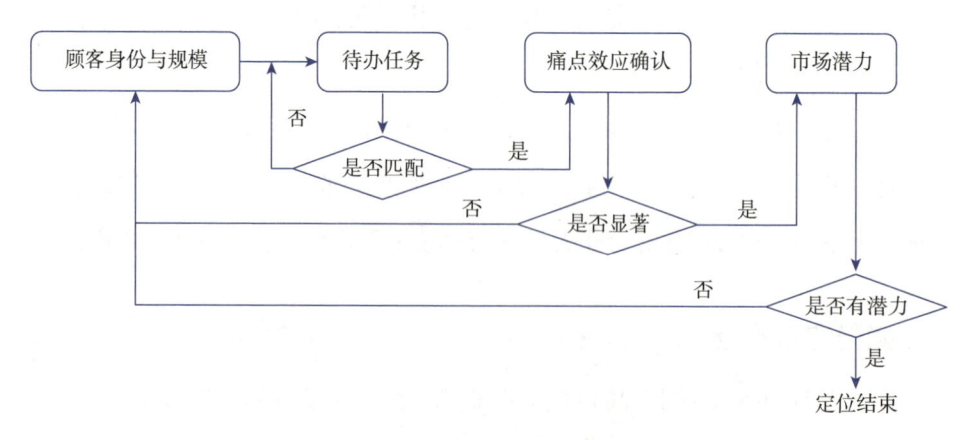

图2-5 市场定位的总体程序

顾客身份与动机识别

市场的出现与演化

对于任何一个产业或市场来说,随着时间的变化,顾客方面均在发生结构和规模方面的演化。了解这种演化行为对于市场类型定位是必不可少的。以手机为例,图 2-6 显示了这个产业和相应的市场演化过程。

	阶段1D 意愿积累	阶段2D 初始市场成型	阶段3D 大众市场成型
需求侧	"人在哪儿啊?"	创造出早期的"大哥大"市场,企业获利丰厚	大众市场成型:对供方提供的手机功能基本认可,愿意接受厂家的价格
供给侧	阶段1S 察觉准备	最早的产品出现,该产品可以作为特定工作,如即时方便通信的工具 阶段2S 工具创新	较高的回报刺激更多的企业投入,供给规模和产品性能得到提升,企业能够盈利 阶段3S 供给扩张

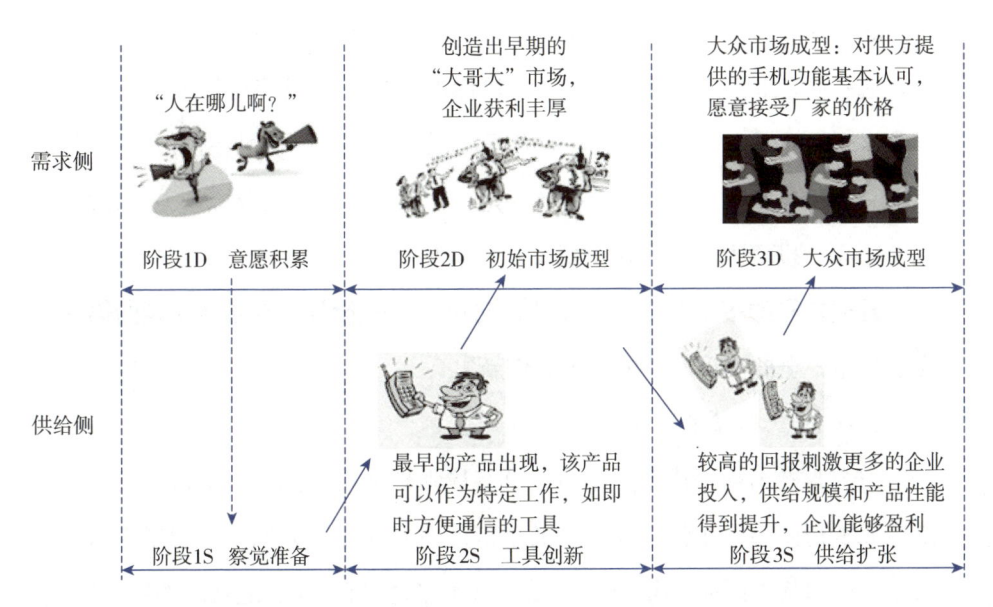

图 2-6 从动机积累到主流市场形成(图中图片取自百度图片)

阶段1D 意愿积累

任何市场的形成都起源于某种消费意愿,即起源于人们购买某种东西以服务于某种动机实现的意愿。 例如,手机市场的形成就起始于人们对可随身携带、使用方便的通信工具的愿望。随着生活方式、社会交流频率的提升,获得这种工具的意愿会逐步提升、积累。

阶段1S 察觉准备

伴随上述意愿的积累,有些企业家会察觉到这种意愿。卓越的企业家会进一步考察判断这种意愿的背景、强烈程度以及持有这种意愿的人群规模。同时,一旦他们接触到无线通话技术,或者他们自己就有这方面的知识，就会认真思考利用相关技术制造新产品的可能性，再探索推出样机，考察和评价其性能，进行技术迭代升级等。当这些活动都取得进展后，供给方将进入"工具创新"阶段。

阶段 2S　工具创新

在前一阶段察觉准备基础上，优秀企业家/创业者会基本明确有消费意愿的潜在顾客的任务环境，并将其产品定位为服务于特定任务的新型工具。这一阶段他们携带新产品——目标顾客用作完成特定任务的新工具开展多方面互动：一方面，与使用者互动以考察新产品的潜在价值。同时，他们又会与合作者互动以寻求生产工艺、互补服务所需的资源。另一方面，他们还会与投资人互动，探求资本介入以便为新产品的商品化获得资金资源。**通过这样的多维互动，企业开始向市场正式投放具有创新功能的第一代新产品，至此实现所谓的"工具创新"。**

阶段 2D　初始市场成型

当企业推出第一代新产品后，具有最强烈消费意愿且有支付能力的人便构成了初始市场主体。在中国的手机产业发展中，人们不难回忆起这个初始市场的基本画面：戴金项链、随身携带名片、胳膊夹着老板包的男人们。他们的确是这个产品最有购买欲望的人群之一。

当然，满足初始市场特征的不只是这样的人。他们为供给方的新产品提供了最初的回报，使之获得进一步发展的基本条件，也给其他潜在供给者释放出"此处有利可图"的明确信号。这将触发阶段 3S 的供给扩张。较高的回报刺激更多的企业投入，供给规模和产品性能得到提升，企业能够盈利。

阶段 3S　供给扩张

手机产品供给的市场回报，尤其是这种回报的预期增长，必然刺激更多企业在此产品供给上的投入，供给规模随之提升。第一代企业开始优化其关键工艺、完善供应链体系。综合起来，经过多维度迭代，新产品在功能、价格、服务、渠道等方面基本定型。

阶段 3D　大众市场成型

随着价格降低、质量性能方面的稳定以及销售渠道的系统化，接受新产品并有购买意愿的群体逐步扩大。手机产品不再是少数精英人群的玩具，而是更为广泛的人群的消费选择。这些人认同手机产品的功能及其定价，愿意为获得这个工具及相关服务而付费购买。手机便成为一种大众消费用品。图 2-7 是主流市场形成之后到出现市场分化的过程。

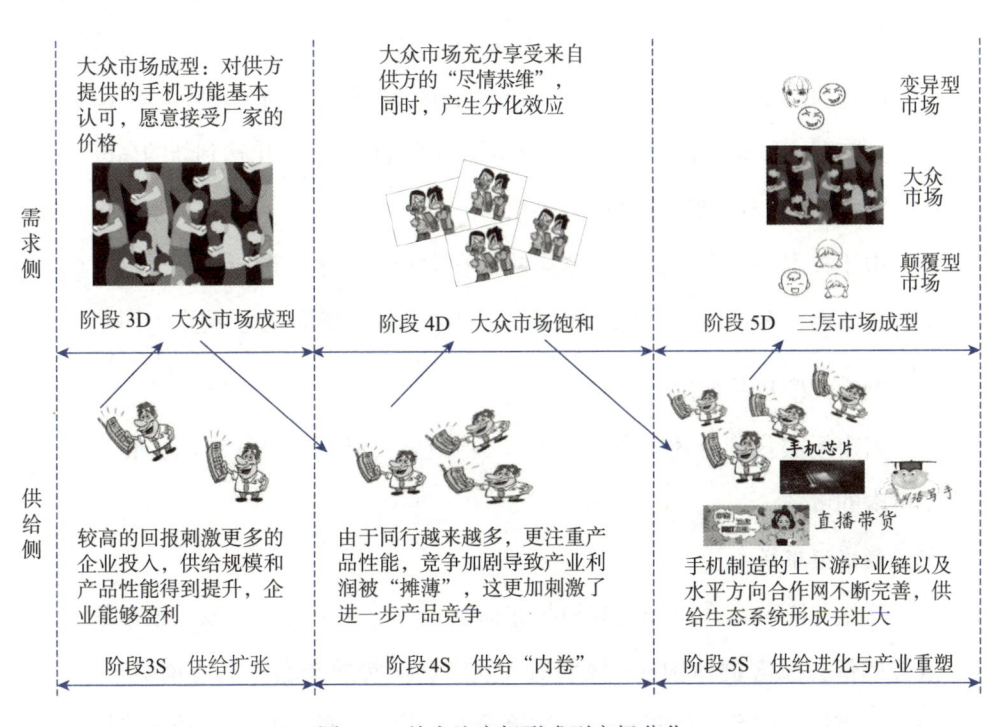

图 2-7　从主流市场形成到市场分化

阶段 4S　供给"内卷"

大众市场的规模吸引了更多的企业加入供给者行列。**供给规模增加导致产业利润被"摊薄"，这更加刺激了进一步的市场份额竞争。**同行间的竞争开始刺激企业在产品性能上寻求各种改进。供给方案的其他要素，如造型款式、颜色、附加产品或服务等，开始得到重视，同时供给规模增加，溢价能力进一步下降。

阶段 4D　大众市场饱和

大众市场充分享受来自供方的"尽情恭维",消费意愿得到充分满足,对供给的总需求趋于稳定。供方企业则为了扩大或保持市场份额,不断改进产品技术,丰富产品的功能,越来越多的产品出现功能冗余现象——一些产品功能,顾客直到淘汰产品都未使用。

阶段 5S　供给进化与产业重塑

规模巨大且稳定的大众市场一方面支撑了现有手机制造企业和相关机构的发展,同时也刺激手机制造的上下游产业链以及水平方向合作网不断完善,供给生态系统形成并壮大。针对大众市场的手机供给性价比达到新的高度。

阶段 5D　三层市场成型

由于技术和社会等方面因素影响,在大众市场之外形成了与之具有根本差异的新顾客群体,使得此前单一层次的大众市场演化为多层次市场。

顾客类型及其定位

当市场演化到上述阶段 5D 时,其构成就由最初的单一市场分裂为三个层次的市场。

颠覆型市场

这是伴随着大众市场的规模扩张而逐步产生和扩大的市场。**该市场由这样的潜在顾客群体构成:他们对大众市场消费的产品也具有消费意愿,但大众市场的产品价格是他们无法接受的。他们需要一种核心功能能够与大众市场产品相同或接近(方便地通话),但价格要低得多的"东西"。**这也是这个市场被很多人称为"低端市场"或"次端市场"的原因。

颠覆型市场的形成与大众市场的发展密切相关。具体地讲,随着大众市场的扩张,两种效应也随之显著,在其作用下,颠覆型市场形成并积累扩大直至爆发。

首先,是示范效应。这是指大众市场的消费行为"向下"对社会层次较低、支付能力较低的人群会产生示范效应。现代社会中，一个群体的生活方式、消费偏好对另一些阶层的群体产生影响，进而带动其行为，这是一个显著的事实。为了刺激或激活一些潜在市场，很多企业会精心选择所谓"意见领导者"作为其产品或品牌代言人，就是利用这些意见领导者的影响而强化示范效应。

大众市场的示范效应影响更广。以手机为例，随着大众市场规模的扩张，大众市场顾客的示范效应日趋强烈，于是一些对方便沟通工具具有使用意愿但支付能力不足以购买大众市场产品的人群，将滋生出对具有手机核心功能但价格低于大众市场的产品的消费意愿。

其次，是攀比效应。与示范效应类似，随着大众市场的扩张，支付能力较低的阶层中一部分群体会对大众市场的顾客产生攀比心理。从心理学角度看，这种心理主要来自马斯洛需求层次理论中的自尊与归属需要，通过看其上一阶层的消费方式，从而满足对更高地位的向往。

如图 2-8 所示，伴随大众市场扩张的两个效应将刺激社会中一些群体的潜在需求，当企业针对这样的特殊需求推出相应的新型供给时，具有上述潜在意愿或特殊需求的群体将转化为颠覆型市场的主体。这种情况并不仅仅限于消费品领域，在其他领域，如生产领域存在完全相同的机制推动着颠覆型市场的产生。

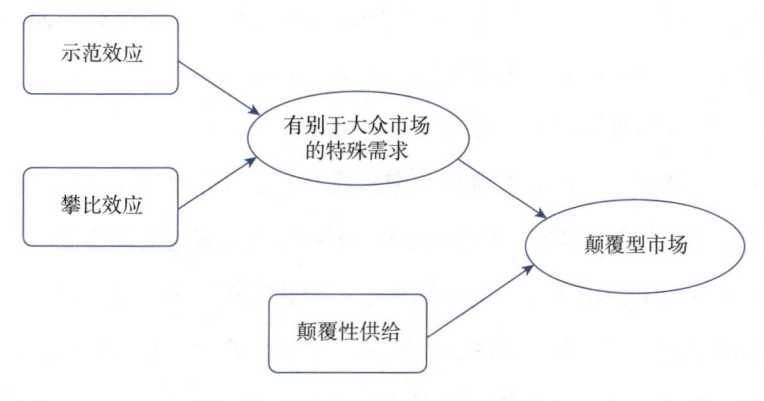

图 2-8 推动颠覆型市场的两种效应

变异型市场

变异型市场也与大众市场密切相关。这个市场由这样的主体构成，即便企业不断改进产品（手机）的性能，包括产品造型以及品牌提升措施等，均无法给这些顾客带来满意度提升。尽管他们有能力支付任何豪华款式的手机，但单纯的手机本身已无法提升其满意感。

变异型市场的"变异"二字是相对于大众市场顾客而言的。"变异"的本质是顾客的满意感基础或来源发生了变异。对大众市场顾客而言，单一环节的积极体验就可能使其产生满足感，而这里的单一环节体验来自该环节上顾客使用企业提供的产品——具有特定功能且使用成本合理的工具。

我们把这种在单一环节消费中由于使用单一产品/工具而获得的体验，称为静态体验，因此可以得出结论：大众顾客的满意感基本建立在静态体验基础之上。然而，**对变异型顾客来讲，经由单一环节产品消费而产生的静态体验已不足以使其产生满意感，他们需要在多个环节的消费过程中获得支持**，由此产生的总体验——动态体验，才可能使其满意。

从心理学角度看，变异型顾客是那些具有强烈的心理自主欲望的群体。在多环节消费中提升对不同环节上所使用工具或其他资源的调取、控制和使用的能力将满足这种心理欲望。归纳起来讲，变异型顾客与大众型顾客的基本区别就在于：前者在体验形成中期望在多环节获得支持，而后者则可通过在某个单一环节上获得理想工具而产生满意感。

上面的阐述可以归纳为两点：

第一，**任何一个产业发展到一定阶段时，都会出现三个不同层次的市场，即分别由大众型顾客、颠覆型顾客和变异型顾客组成的市场**。不同类型顾客也就是不同层次市场的区别在于，导致其产生满意或者顾客认同的供给条件组合各不相同。如图2-9所示，手机大众型顾客认同的核心条件组合为主流厂家的定价水平 p_0 以及手机产品的性能（作为沟通联络或娱乐环节工具的功能水平）；颠覆型顾客的认同条件则是价格显著低于 p_0 但保有手机核心功能的产品；变异型顾客的认同条件与大众型顾客的差异在于，他们的满意感产生于多环节服务而无法由单一环节产品服务来支撑。这意味着服务于不同市场的基本思路和具体策略组合各不相同。

p_0—主流厂家价格　　p_0^-—显著低于 p_0 的价格
☺—满意区域：顾客可产生满意感的条件组合
☹—失望或无感区域：顾客感到失望或者无兴趣的条件组合

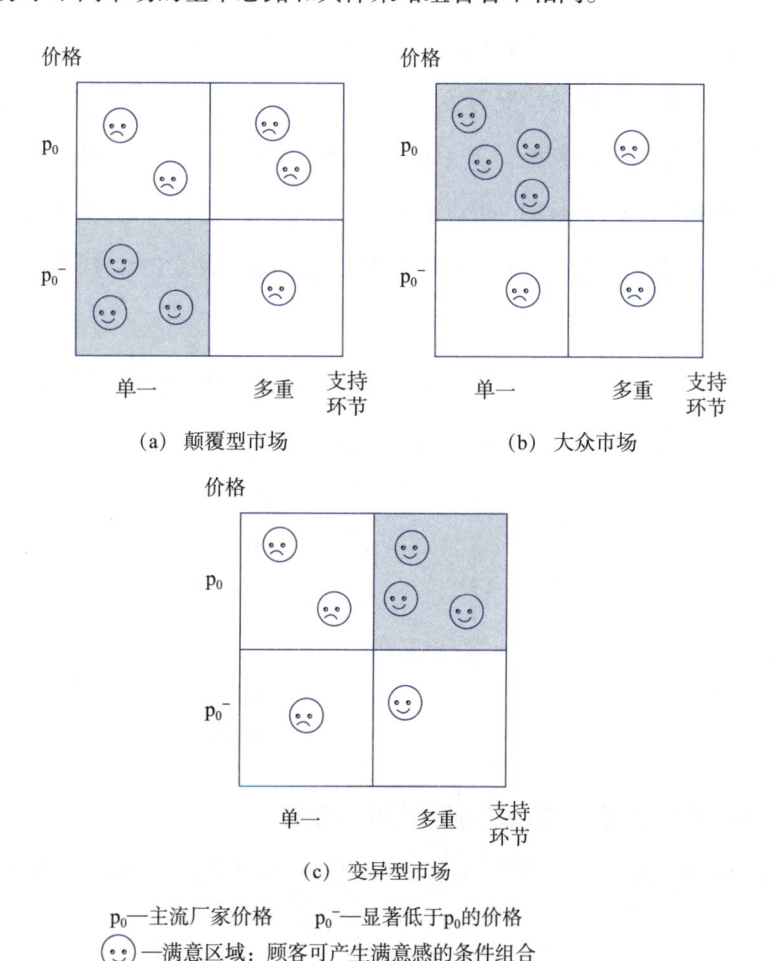

图 2-9　三个层次的市场是顾客不同认同条件（满意基础）的组合

第二，在图 2-7 中，阶段 5D 中的大众市场下部的颠覆型市场和上部的变异型市场均可视为由大众市场派生出来，这意味着，从逻辑上讲，这两类市场的出现有其必然性。

尽管颠覆型市场和变异型市场衍生于大众市场，但出现的时间以及演化的影响因素各不相同。例如，颠覆型市场的出现与演化主要与低收入阶层的收入水平、产品工艺技术优化乃至创新的潜力，以及示范效应和攀比效应的强弱等因素有关；而变异型市场的形成和发展则与人们对更高层次体验的渴望、对心理自主和过程控制的欲望，以及与手机产品互补的其他环节产品或服务的发展情况等因素有关，它们各自的演化周期需要结合产品技术特征具体分析判断。就手机产品而言（图2-10），其颠覆型市场的萌发和规模集聚（T3时刻）相对于变异型市场的出现（T4时刻）似乎更早。从其发展规模看，变异型市场又具有更大的发展潜力（T5时刻以后）。

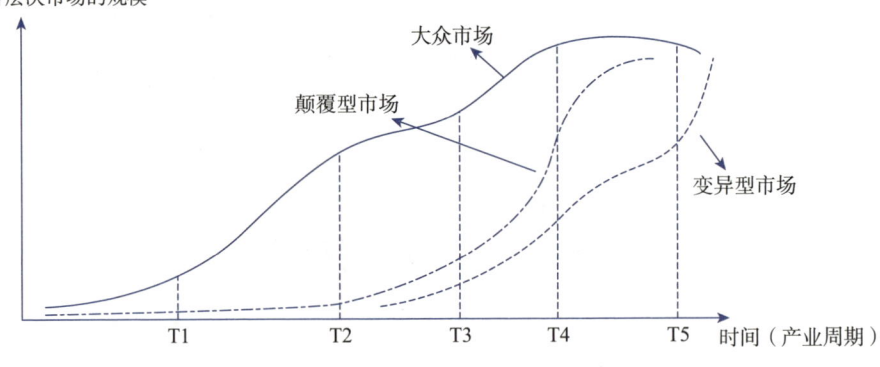

图2-10 三类手机市场的演化趋势

市场类型定位、"赛道"选择与项目路径

市场类型定位就是在上述三个不同层次的市场中明确一个作为主攻方向。

由于三个市场的性质完全不一样，这就决定了针对不同层次市场的供给方案、市场开发策略以及运营体系完全不同。这种市场类型选择加上盈利模式就构成了商业模式的主要模块。一个合理的商业模式将决定高新技术产业化的前途与命运。

在高新技术创业领域有个词语经常被人们提起，这就是"选择赛道"。

财经评论者、股权投资行业从业者等经常将这样的选择作为解释高新技术产业化项目或项目投资成败的主要原因。例如,"A 项目比 B 项目成功,是因为他们选择了不同赛道。"

这种形象化解释可以将一些复杂的因果关系分析直观化,易于人们理解。然而,许多评论或分析的"赛道解释"说法缺乏关于"赛道"性质、起源、演化的基本分析,因此,这类分析与评论只是应用了一个内涵不明至少不清晰的概念来解释一个未知的事实,对已有实践的调整改进或正在开展的实践的指导借鉴意义不大,甚至会干扰人们视线。

实际上,在高新技术产业化项目或者科技创业启动的时刻 n,项目决策者们的确面临若干"赛道"可以选择。这些赛道其实就是时刻 n 存在的三类市场。严格地讲,这三类市场是相应赛道的"入口",如图 2-11 所示。项目决策者实际上面临三类市场机会,也就是三个入口引出的赛道。他们需要根据这些赛道的参赛者数量(竞争者规模)、赛道宽度(市场机会大小)等因素综合决定进入哪个赛道,这种选择当然会对项目未来的前途和命运产生重大影响。

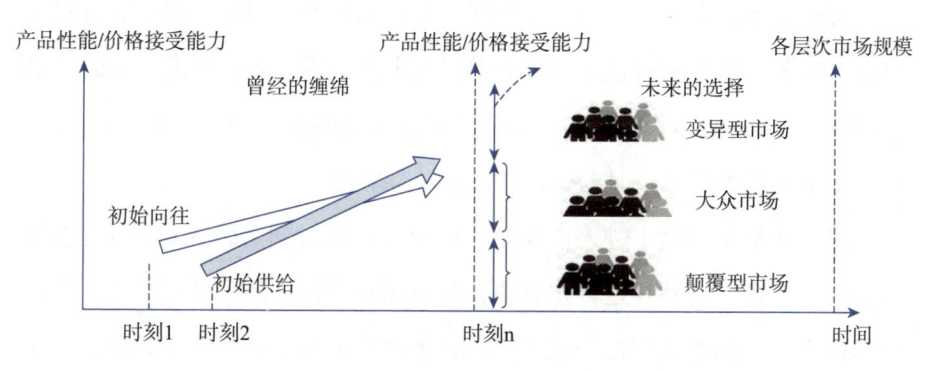

图 2-11 时刻 n 企业面对的三类市场(1)

对于在时刻 n 选择了某个赛道为起点的高新技术产业化/科创项目而言,它们可以沿着同一条赛道一直推进下去,也可以在项目推进过程中变换赛道,项目推进中实际选择的赛道组合构成了一个产业化项目的"路径"。

图 2-12 显示了以不同市场为入口的三个赛道和 5 条较为常见的高新技术产业化项目的演化路径。

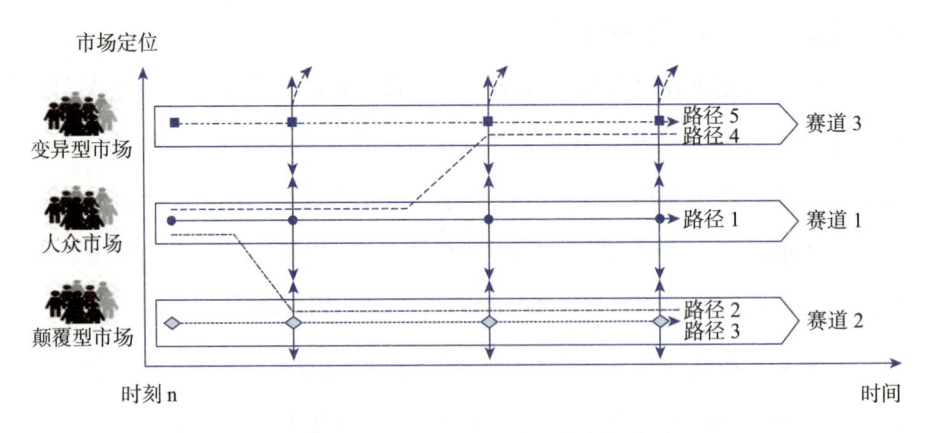

图 2-12　时刻 n 企业面对的三类市场（2）

路径 1 是全程沿着赛道 1，即始终定位于大众市场推进项目。这条路线是我国高新技术产业化项目最为常见的推进路径。产生这个现象的最大原因，是这个赛道的入口最为显著。事实上，在时刻 n，颠覆型市场和变异型市场很可能是隐蔽或不显著的。

相比之下，由于大众市场已经存在且规模较大，因此，这个赛道的入口最为显著，这意味着这个赛道对很多人来说是最有吸引力的。然而，正因如此，该赛道是最为拥挤的，"拥挤"代表着激烈甚至残酷的竞争。因此，路径 1 虽然最为常见，但也是失败率较高的路径。

路径 2 是从赛道 1 进入产业化，但经过一段时间后转入赛道 2，也就是颠覆型市场。这种赛道转化意味着对市场的重新定位，既可能是建立在市场探索之上的主动选择，也可能是处于赛道 1 的竞争压力而做出的被动调整。还有一种情况是跟随模仿别人的行动，就像有个山寨手机获得成功，大家一窝蜂模仿一样。

路径 3 是从一开始就选择赛道 2，这就是大名鼎鼎的"颠覆型创新"策略的具体体现。**如果颠覆型市场已经具有一定规模，并且由于其隐蔽性**

而导致被多数决策者忽视或回避，那么这个路径往往意味着巨大的成功。如果人们仔细审视那些取得巨大成功的科技创业就会发现，很多成功案例出自这条路径。

路径4与路径2类似，是从赛道1进入产业化，但在某个时点转向赛道3，也就是改变定位于变异型市场。在数字服务领域，这种情况是相对常见的。

路径5是指从一开始就选择从赛道3进入，也就是定位于变异型市场。这一路径合理的前提有两个：一是变异型市场已经具有一定规模；二是在技术上具备组织提供具有互补关系的产品/服务的能力。如果这些条件具备，那么这条路径也是取得巨大成功的重要通道。但与路径3一样，由于目标市场具有一定的隐蔽性、不确定性，这类路径经常被高新技术产业化项目决策者们忽视或回避。

顾客身份识别与行为画像

所谓顾客身份识别，就是对目标顾客进行重要属性画像。通过这样的画像可以更进一步明确目标顾客群体。顾客定位的主要目的是：一是为目标顾客的待办任务定位提供基础；二是为目标市场的规模核算提供基础。

从供给角度讲，**顾客身份识别就是确定：将企业的产品作为其解决某个问题的工具的顾客群体究竟是什么样的群体？他们的身份、动机、关注点究竟如何？**这个问题的必要性经常会由于认知惯性导致的判断误差或识别误差而更加显著。这也是市场定位中的一个重要问题：基于匹配互验的顾客身份识别。我们先看一个典型的事例。

励志与知识软件：谁是谁的菜

晓峰团队应用爬虫方法和人工智能模型，研制出一个可用于PAD和PC端的APP，该APP针对中小学生的学习主动性塑造，以及学习方法支持，推出海量的动态内容，并能实现前后台互动。研发团队认为，中小学生的学习主动性、理想塑造对中小学生极其重要。该应用可实现对顾客（中小学生）的需求推算，据此实现定制化内容推送，具有十分广阔的市场前景。经过研发团队的努力，该款 APP 的技术要求全部达到甚至超过设计目标。然而，市场试运营的效果远未达到团队的预期，也出乎天使投资人的预料。

奇怪吗？如果按照上面的匹配性逻辑来检验，问题就一目了然：提高中小学生的学习主动性、积极性，提高他们的学习能力，这不是此前研发团队所认定的目标顾客——学生们的待办任务。这件事的确重要，但完成这个任务的主体不是学生，而是家长或者学校的老师。

反过来说，此前被认定为是目标顾客的学生，他们有什么样的待办任务适合应用 APP 产品作为工具去解决呢？学过的知识重点推送。由于专注度、学习能力等方面的限制，学生对课堂知识的掌握很可能不完整、不牢固，因此他们需要帮助学生开发回忆、强化所学知识重点的专用工具。

因此，根据待办任务的性质反推顾客身份，并据此检验此前已经形成的顾客身份定位是否属实，以及根据顾客身份及其偏好，向前校验某个待办任务及对应的工具定位是否合适。这就是基于匹配互验的顾客身份定位，如图 2-13 所示。

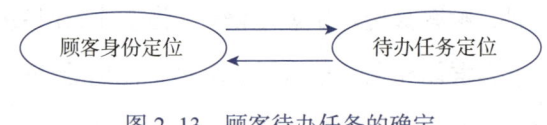

图 2-13 顾客待办任务的确定

顾客规模评估

顾客规模评估是高新技术产业化战略制订的最重要的基础工作。顾客规模是影响市场潜力的基本因素之一。而对市场潜力的判断将对企业的产品策略、供给方案设计、市场拓展策略、融资策略乃至商业模式构建等，均具有重要和不可替代的支撑作用。

> **特别提醒：**
>
> 市场规模估计就是"点人数"统计，如果不知道"人长啥模样"，市场规模评估就像失去对象的空中画符。

顾客待办任务界定

什么是"顾客待办任务"

按照这一概念提出者克里斯滕森教授的定义，顾客待办任务是指"目标顾客在特定环境下，为在某个方面取得进步或成长所确立的目标或具有的野心"。他强调：顾客待办任务是一个持续的努力的过程。这种追求进步的努力本身将影响该顾客对所需工具性能的需要。

克里斯滕森特别强调环境因素对待办任务的影响。因为环境因素将影响待办任务的具体目标和约束条件。

为什么要关心"顾客待办任务"

什么是有市场前景的好产品？大多数人的认识是：好产品就是技术先进的产品。不幸的是，这是个彻头彻尾的错误认知。产品好坏的衡量标准只有一个，即顾客使用该产品产生的体验如何。那些坚持技术决定论的人会进一步说，技术好的产品也会是顾客体验好的产品。

事实上，这仍然是一个站不住脚的结论。正确的认知是：技术先进性是创造顾客良好体验的一个驱动因素，但不是唯一因素，**究竟哪些因素能够导致顾客的积极体验取决于顾客的需求，后者又受到顾客的待办任务性质的影响。**

在《三国演义》中，关羽的任务决定了他需要的是一把锋利的大刀，而诸葛亮称手的则是羽扇。即便都是同类工具，关羽的副手周仓以及手下校刀手们使用的刀子也与青龙偃月刀有显著的差别。但它们都是好武器，原因是在不同的待办任务中，它们同样都称手。

因此，确定顾客待办任务是成功的产品开发的前提，而顾客身份定位为前者提供了坚实基础。

顾客动机辨识

无论是顾客成长目标还是影响约束条件的环境属性，都是与顾客的行为动机紧密联系在一起的。也就是说，为了系统澄清上面提到的目标顾客的成长目标以及在实现这个目标时遇到的特定条件，都需要从目标顾客的行为动机入手。

近年来，一些针对中高端消费的服务企业流行所谓的"顾客画像"，事实上，"顾客画像"的准确含义应该是"顾客动机画像"，或者说是顾客动机识别。澄清目标顾客的动机属性及由此形成的行动指向，也就是行动目标，是市场定位承前启后的关键环节。

动机的概念及其前因与后果

动机是指以一定方式引起并维持人们行为的心理意识状态，主要表现为追求某种目标的主观愿望或意向，是人们为追求某种预期目的的自觉意识。动机是由内外诱因导致的。最基本的内部诱因是指人的需要。当需要达到一定的强度，并且存在满足需要的对象时，需要才能够转化为动机；外部诱因即那些可能影响人的心理状态导致产生某种念头的外部因素。

需要说明的是，不论是内部诱因还是外部诱因，通常需要结合起来才能刺激人们形成动机。例如，生理需要（如饮食）是一种人类的基本需要。这类需要本身不能刺激某个具体动机的形成，但当一个外部因素出现，例如，招募士兵的情况，或者发现可食用的植物，想吃饱这个内部诱因和有工作机会或可食用物品出现这样的外部诱因结合起来，将大概率刺激出报名当兵或采摘这样的动机。图 2-14 是顾客待办任务的前置因素与后置影响的举例图。

动机或者"念头"是一种大脑意识波动。当这种意识强烈到一定程度，也就是动机强化到一定程度时，将刺激当事人的思维活动形成一个较为清晰的目标，后者将促成相应的行动。在上面提到的事例中，当事人在"当兵"这个动机下，将形成当什么兵（哪一方的兵）、何时当兵等具体目标，并由此推动相应的行动。所以，动机产生于内外部诱因，一旦形成，它将驱使当事人形成目标，并由此转化为有关行动，如图2-15所示。

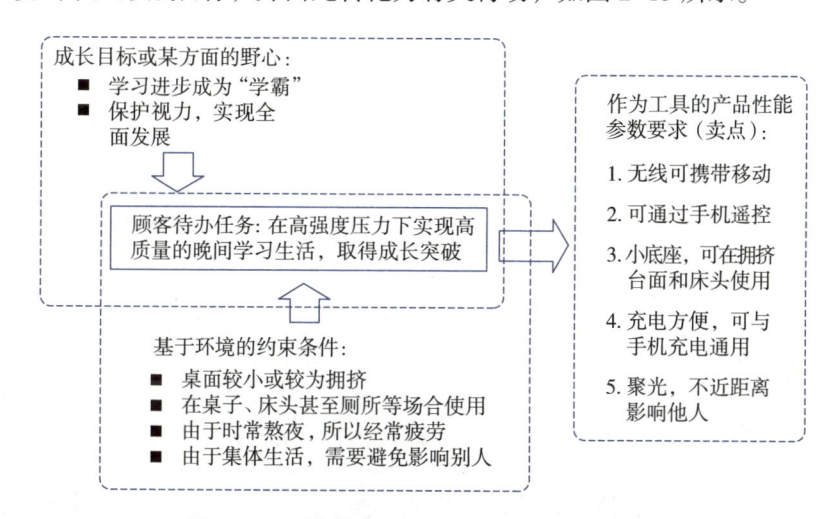

图2-14 顾客待办任务：前置因素与后置影响

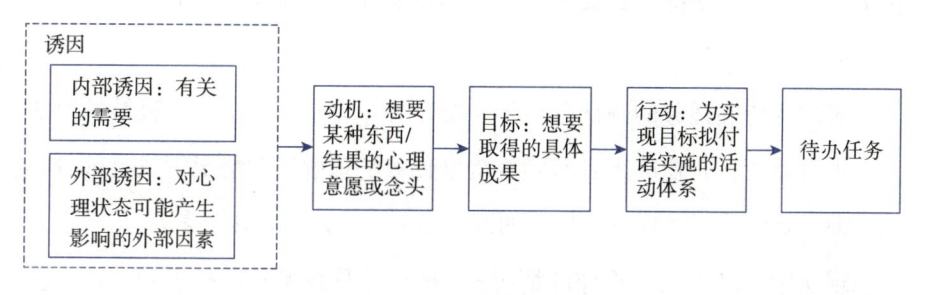

图2-15 动机的前因与后果

待办任务的确定

"任务"这个词是指在特定约束条件下开展的有目的的活动。在一个有意识的活动中，目的会转化为一个具体的目标，因此，**待办任务的确定就是澄清关于目标顾客行为的三个要素：①目标（源自动机）；②约束条件（源自环境）；③活动系列或者活动链，也就是待办任务本身**。三者的关系如图2-16所示。

目标就是在某项行动上所期望获得的结果，从宏观上讲，这个目标可以表述为在某些动机（如进步、成长、快乐、发展等）方面想达成的结果或状态。从市场角度看，这个宏观目标体现为各种特定场合下的结果优化，如"更好地……""更方便地……""更节省地……""更快地……"等。

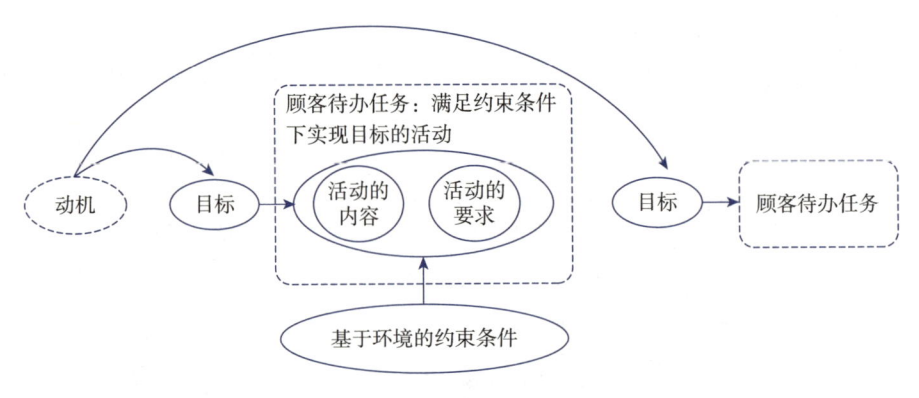

图 2-16 动机、目标与顾客待办任务

一个确定的顾客待办任务的完整表达是：在××情况下，为使某个目标更好（方便、快捷、高效……）地得以实现，因而需要完成的工作或开展的活动。

对顾客待办任务的确认分布于完全正确与完全错误这两个极端情况之间。也就是说，企业决策者对顾客待办任务的理解通常情况下只是部分正确，即只是澄清了顾客待办任务的部分活动内容及其特殊要素。

现实中，经常发生这样的情况：一些产品从技术角度找不到瑕疵，但就是无法打开市场。反过来讲，一些看似技术功能并不突出的产品的市场销路却很不错。两者的差异很可能产生于企业产品对于顾客待办任务的支持程度上的不同。

由于顾客待办任务是由不同层次上的一系列因素综合作用而形成，因此，对这些因素的识别、判断上的误差，都将导致对顾客待办任务的认知误差。

企业对每个层次问题判断的错误有两种类型：一是所谓"问题盲知"，是指决策者基本或完全不了解问题的存在。例如，从纯技术角度看待产品开发时，几乎不可能将目标顾客的动机作为一个有价值的问题加以分析判断。这种情况下，开发者拥有一个正确认知的可能性是极低的，正常情况可以忽略。二是"认知失误"，即对一个正确的问题得出错误判断。

全球著名的战略管理权威 M.波特通过企业价值链（九组相关联的活动体系），揭示了竞争战略的实质以及竞争优势的源泉。事实上，M.波特教授所归纳的九种价值活动就是九类企业级待办任务。因此价值链完全可以理解为九种待办任务组成的任务链。图 2-17 是基于动机—顾客待办任务分析的产品/服务开发逻辑图。

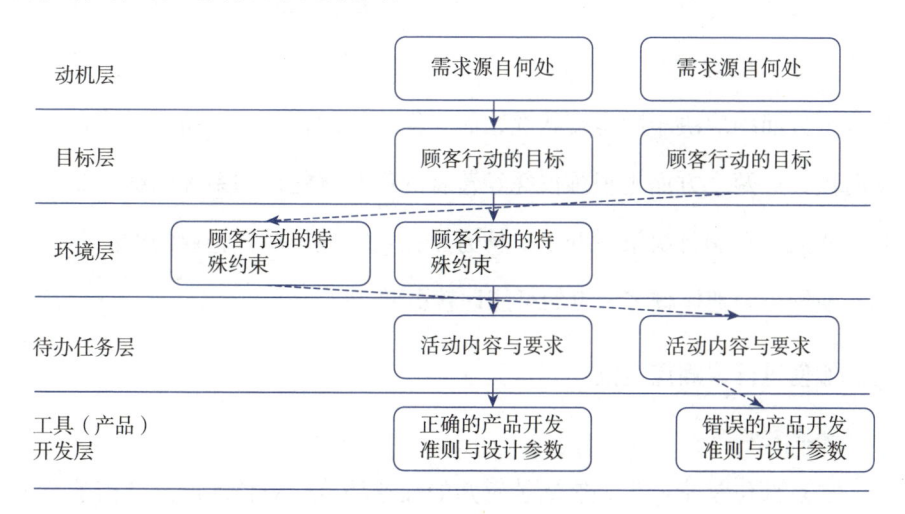

动机层	需求源自何处	需求源自何处
目标层	顾客行动的目标	顾客行动的目标
环境层	顾客行动的特殊约束	顾客行动的特殊约束
待办任务层	活动内容与要求	活动内容与要求
工具（产品）开发层	正确的产品开发准则与设计参数	错误的产品开发准则与设计参数

图 2-17 基于动机—顾客待办任务分析的产品/服务开发逻辑

顾客痛点定位与市场潜力评估

什么是痛点

"痛点"是指导致目标顾客在完成待办任务过程中产生负面或消极心理感知的特定障碍或特定问题。一旦某个待办任务中出现了这样的障碍或问题，我们就说该待办任务出现了"痛点"或"顾客痛点"。简要地说，**痛点是产生负面情绪的问题或障碍，这些问题或障碍在顾客实施某个待办任务时出现。**负面情绪（焦虑、纠结、恐惧、愤怒等）只是痛点导致的后果。

现实中，痛点导致的负面心理感知主要集中在对现有产品/工具的使用体验或者不满意上。然而，有利于产品开发、改进或者创新的认识无法从单纯的"不满意"中产生出来，"我们知道这个产品不行，不代表同时知道了什么样的改进是正确的"。

换句话说，即使是最理性的顾客也未必能够从其负面感知中清晰系统地归纳出导致负面情绪的原因，也就是痛点所在。因为绝大多数消费者既没有必要也缺乏相应的能力，来反思总结在某个消费行动上的目标和约束情况。对于那些信奉技术至上论的企业来讲，情况同样如此。

对顾客消费中的"痛点"分析，最根本的途径是系统剖析顾客待办任务，即系统分析梳理源自其动机的消费目标和由特定的消费环境决定的约束。这两个方面均取决于顾客端状况，而与供给侧的技术、产品等无关。在很多时候，这两个方面也很难仅凭经营者的经验就能得到系统归纳。如果项目核心人员在制订决策时的主要精力放在观察模仿标杆企业的做法上，那么，他们正确把握顾客痛点的可能性就更低。

如何进行"痛点定位"

痛点部位

痛点部位是指产生顾客痛苦感知的任务环节。对任何产品的需求产生于顾客完成某个任务的需要。例如，日常生活中，"行走"是一项基本任务，而鞋子则是支持人们高效完成这项任务的主要工具。

当然，"行走"是一项较为宽泛或抽象的任务。更接近生活的任务应该是"健身型行走""工作型行走（如特种工况环境中的行走）""享受型行走（居家行走）""炫耀型行走（影星的红地毯之行）"等。在这些更真实的任务中，鞋子作为工具将发挥更为具体的作用，如运动保护、健康保护、舒适、展现风采等。当一种具体工具不能支持一项任务顺利完成时，遇到阻碍的环节就构成痛点部位。

体验分布

痛点感知是指上述任务障碍导致的顾客主观感知中,对各种问题的"失望强度"分布。例如,在某个行走任务中,作为主要工具鞋子的问题按顾客失望程度降序排列,分别是保养不便、易开胶、不舒适。这种体验分布为痛点识别提供了重要信息。

3. 商业计划中关于市场定位的规划指南

板块功能定位

创造需求是任何科技产业化项目取得成功的根本前提,商业计划的市场定位部分就是对这一前提的严密论证。具体地讲,商业计划书中市场定位板块的功能有两个方面。

首先,板块的功能是为核心团队指明方向。**科技创业/高新技术产业化项目最常出现的一个致命性问题或隐患,就是在目标市场定位上的认识模糊与分歧**。这种致命性会随着问题的加剧或隐患的显著化而突然暴发。一个在充分沟通、论证基础上形成的清晰的市场定位,无疑将为核心团队成员统一思想、聚焦注意力以及形成坚定信念提供坚实和不可替代的基础。

其次,板块的功能是向外部人士或机构(如股权投资人,特别是战略投资者、重要的合作伙伴以及政府等)展现项目的合法性(legitimacy)。高新技术产业化项目的最重要价值在于其市场创新,并由此带动新兴产业的形成,由此推动供给侧结构性改革的前进。但真正的创新性方案由于其"离经叛道",也常常引起人们的各种质疑、否定甚至强烈反对。

所谓"合法性",其实就是"适合性"或"合理性"的学术表述。它是指特定人群,如以投资人为代表的金融界、媒体界、文化界等,对某一事物(通常是新生事物)是否合适、是否可以接受的群体认知。这里的"新生事物"可以是某个新产品/服务、某种理念、某个艺术作品等。

选择某个群体作为目标向其提供特定的产品/服务,这件事情本身就存在合法性判断。例如，向特定人群提供"安乐死"服务就存在合法性判断。对于高新技术产业化项目而言，通过商业计划中的市场定位论证，是获得投资者、合作者以及政府等方面的合法性认同的重要途径。一旦失去这些人士或机构的认同，后果将是灾难性的。

商业计划书的"市场定位"陈述，是通过回答"谁""为什么有价值""为什么机会可观"这三个问题完成合法性论证的。这里的"谁"是指目标顾客。从企业角度看，目标顾客就是价值获取的来源，或者说就是可挖掘的"矿藏"。因此，通过指明"谁"就可以证明"矿藏"的客观性，至少为证明这种客观性提供了最重要的基础。"为什么有价值"是指拟推送给顾客的供给方案为什么能够打动目标顾客并能产生虹吸效应，从而产生企业期望的营业收入。"为什么机会可观"则是指所规划的项目为什么值得关注、值得投资、值得支持。

中心议题与标题设计

中心议题

作为商业计划书的基础板块，"市场定位"部分的中心议题就是方向阐述与合法性证明。

"方向阐述"就是揭示基于高新技术的产业化，其供给方案所服务的目标顾客，这个（些）群体构成了产业化项目未来经营的方向。

"合法性证明"就是澄清上述目标顾客规模的客观性，对这个规模判断方法的科学性，由此证明：科技创业／高新技术产业化项目的市场机会具有客观性，利用这一机会具有合理性。

标题设计

在商业计划书中，"市场定位"板块的标题设计有两个基本思路或版本：

一是标准思路／标准版本，在这个版本中，本部分的标题通常就是"目标市场陈述"。这一设计主要用在商业计划的基础版本之中。其特点是严谨、朴实。这个版本的适合对象（目标阅读者）主要是：股权投资人、政府职能机构、关键合作者等。

二是扩展思路/扩展版本。这个版本可根据阅读者（受众）的特点进行针对性设计。基本思路是在标准版本基础上添加适当的定语，使标题更加具有"煽动性"或鲜明性。

思维导图与板块框架

为了将上述中心议题充分、有效地展开，商业计划在本部分需要进行四个方面的基本阐释，它们依次衔接、彼此支撑，共同完成了对中心议题的阐释与论证。市场定位部分的思维导图如图 2-18 所示。

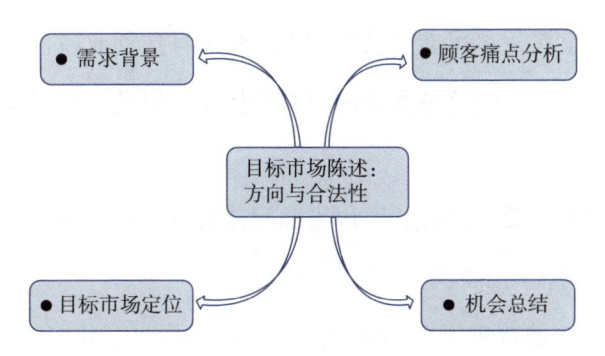

图 2-18　市场定位部分的思维导图

根据思维导图的指引，"市场定位"板块的计划书基本框架可归纳如下：

（标题）目标市场陈述

- ◆ 需求背景。
- ◆ 目标市场定位。
- ◆ 顾客痛点分析。
- ◆ 机会总结（或我们的机会）。

条目规划指南

需求背景

条目"需求背景"的要点有两个方面：一是背景概述；二是影响背景

现象的主要因素。这两个方面可以采用不同的标题加相应的内容陈述，也可以划分若干主题明确的自然段来进行陈述。

背景概述

市场定位的"背景"是指引发、刺激某个需求的宏观现象。这个需求的客观存在是开展市场定位乃至整个科技创业项目的前提。背景概述就是对这些现象进行总体意义上的披露、归纳和说明。例如，人口老龄化是引发养老服务、老龄人口专用产品、医养监护、家政服务甚至临终服务等方面需求的宏观背景；日益严峻的环保压力则是引发节能减排、新型清洁能源开发的宏观背景等。

背景概述就是用尽可能简洁的信息描绘出科技创业项目服务对象的需求为什么会产生，影响这种需求的因素是什么，以及为什么这个需求值得关注。

对需求背景的简洁阐述，可以帮助阅读者从根本上判断、理解科技创业项目的潜在价值与发展空间的大小。

消费性需求的背景通常与社会发展、居民收入变化、文化习俗变迁、家庭结构改变等因素有关，而政府政策往往是促使这些因素改变的动力之一。

中间性需求也就是生产要素需求，一般产生于特定的产业链或供应链。也就是说，要揭示这类需求背景，通常可以从供应链分析入手。例如，"污泥干化处理"是我国城镇环境保护政策派生出的一类重要需求。

图 2-19 为城镇污泥产生、初步处置、物流、干化处理等环节构成的产业链，这个链条中包含行为主体及其相互关系。从这个产业链中可以清楚地看到污泥处理的起点、过程和目标成果，由此揭示有关需求产生的完整背景。

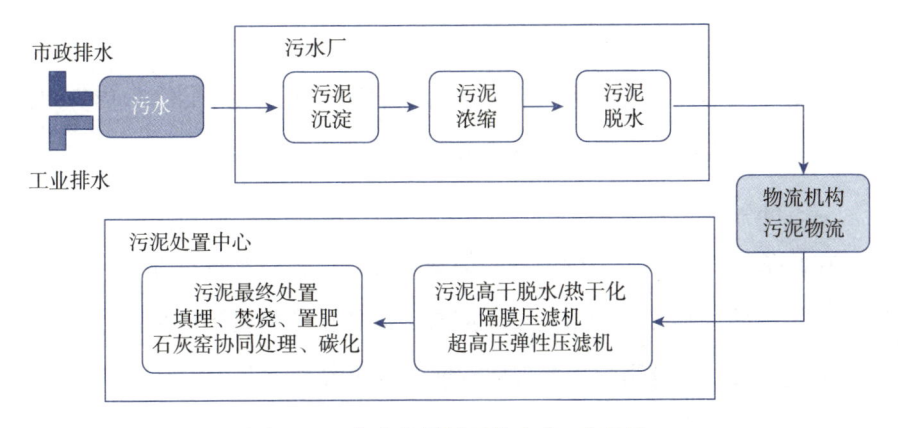

图 2-19　作为背景展示的产业/业务链

一个好的背景概述，应对引发或刺激需求产生的宏观现象进行简明和一致陈述。所谓"简明"，就是清晰地描述现象本身，最好辅之以客观或有引用来源的数据。例如，"种种迹象表明，我国已经进入老龄化社会。据××统计，截至 2021 年底，我国 60 岁以上老人人口数量已达××，占同期总人口的比例高达××%。"所谓"一致"，就是作为背景的多现象描述应前后一致。

影响背景现象的主要因素

引发或刺激需求的现象，如上述人口老龄化、环保压力、疫情防控等，都是受相应的宏观因素影响的，科技、文化、经济以及政策等都可以成为这些影响因素。对这些影响因素的归纳与分析，是商业计划书中需求背景陈述的重要内容。因为对这些因素的归纳和分析，可以帮助人们判断引发刺激某个需求的背景现象的变化趋势，进而形成关于需求演化的认知判断。

常见错误与特别提醒

背景概述对科技创业项目的机会来源、独特价值、发展潜力进行简要陈述，发挥从总体上俯瞰整体项目的作用。好的背景概述可以帮助阅读者快速理解项目的来龙去脉，这对高新技术产业化项目来讲尤其重要。

这个部分常见错误有以下两个方面。

（1）内容缺失

计划书根本没有安排此内容，或者虽然安排了此类条目，但内容单薄或过于宽泛，仅满足于形式上有此内容。

（2）准星失却

在此条目下充斥了不少内容，但缺乏针对性也就是没有准星。常把一些主观认为是"利好"的事物堆积起来，而忽视那些真正影响目标顾客需求的宏观现象，以及影响这些现象发展变化的重要因素。

> **特别提醒：**
>
> 1. 抓住最重要的那些（个）引发、刺激目标顾客需求的现象或事物。这些（个）现象或事物才是"背景"的核心。
>
> 2. 用数量表示上述现象或事物，以强化背景陈述效果。

目标顾客定位

无论是消费性需求（如养老服务），还是生产性需求（如污泥处置），都涉及或包含众多不同主体的具体需求。目标顾客定位就是在一个较为宽泛的需求背景中明确一类主体（个别情况下也可以是若干类主体），以之作为科技创业项目的服务对象或主要服务对象。条目"目标顾客定位"的要点有两个方面：①目标顾客界定；②目标市场构成。

目标顾客界定

所谓"目标顾客界定"，就是阐述一组特征，以便勾画出满足这些特征的顾客群体。简单说就是给出一组画像准则，以便界定出科技创业项目拟为之服务的首要顾客群体。

例如，后来成为全球著名连锁酒店，但当时名不见经传的法国企业雅高（Accor）就精心确立自己的目标顾客界定，该公司在几乎覆盖了全社会各个阶层的潜在顾客中，圈定了那些"花钱买几个小时，最多一个晚上高质量睡眠的人"。这使得该公司很早就专注于像从事长途货运的卡车司机，以及到异地从事商务活动的各色经理人员。

商业计划书中对目标顾客阐述的总体原则，是给出"身份指南"，即需要具体到目标顾客的身份特征界定。例如，在老龄化服务市场上，可以选择部分"失能型老人（行动不便、生活某些方面不能自理、空巢家庭等）""康养型老人（行动基本无碍、追求舒适生活或者某方面事业追求等）"作为目标顾客加以定位。

一个好的顾客定位陈述，需要注意以下事项或原则。

第一，清晰与灵活相统一。

目标顾客可以是一个组合，其中，作为核心的目标顾客是科技创业项目最为关心的顾客群体。所谓"清晰"，就是明确给出这类顾客的身份及其主要特征。所谓"灵活"，是指对目标顾客的定位不机械地局限于核心顾客。

在措辞上，可以表述成："本项目的基础顾客为我国大中城市中的康养型老人，即年龄在60~75岁、经济收入较高、有享受型消费需求的人口群体。同时，也时刻关注其他有关群体，视情况将其纳入目标顾客群体。"

第二，分段陈述。一般情况下分两段陈述。

第一段直接点出目标顾客的身份。基本格式为："本项目锁定的核心/基础顾客为……"或"本项目主要针对……的特殊需求"。第二段则简洁归纳目标顾客的主要特征。推荐采用条目式陈述，不需要过多展开。例如，关于目标特性的特别说明，可通过注释形式予以表述。这样做的目的是突出主次，在最短篇幅内提供最有价值的信息。

目标市场构成

按照某种指标对目标顾客群体再做进一步分类，目的是更加清晰地展现目标市场的构成状况。

这里提到的分类指标的设计是高水平阐述目标市场的关键。设计的基本依据有两类：

一类是地理位置、行为特征/消费偏好等客观特征，据此对目标市场进行划分。例如，将电力巡检市场划分为西部市场、华东市场和西北市场，或者城市市场、平原市场和山地市场。

二类是依据科技创业项目供给方案的优势所在，进而设计与此相关的指标进行市场细分。例如，很多科技创业项目采取的是低成本方案，进口替代战略挤入市场。因此，可以将顾客的价格敏感性/敏感程度设置为分类指标，进而将目标市场划分为若干更为细分的市场。

常见错误与特别提醒

目标市场定位是商业计划中最具实质性的内容，也是问题最多的内容，说这个部分是商业计划书的"重灾区"也不过分。就其内容本身而言，常见错误有以下三类。

（1）内容失却

第一类错误（最常见也最严重的错误）是商业计划书中根本缺失这一板块内容。由于目标市场的定位涉及大量信息的收集、分析、处理和判断，这又需要具备诸多专门知识以及对专用工具的科学应用，因此在其商业计划书中往往就干脆忽略这个部分。

（2）对象模糊

第二类错误是对目标顾客的界定模糊，主要表现为对目标顾客的描述口径不一、内涵不一。一会儿将目标顾客界定为宽泛的群体，一会儿又将其界定为较为具体的更小的群体。例如，无人机自动巡检服务，一会儿将其目标市场定义为电力输送、森林养护等产业概念层面，一会儿又压缩为交通运输行业内的隧道监护机构。由于市场研究工作的薄弱甚至空缺，很多商业计划书中关于目标市场的描述就只能凭空想象，简单堆积一些可能有关的信息数据。

（3）聚焦不够

第三类错误是对目标市场的定位未触及目标顾客的身份、属性等核心问题。有些商业计划书中对目标市场的定位具体到了某个顾客群体，但未能明确到顾客的身份界定、属性归纳，如空巢家庭老人、知识型青年、电力公司调度中心运管人员等。

只有这样界定目标顾客，才能有效开展顾客待办任务、痛点分析以及市场规模估计等工作，进而提出创新性顾客价值主张。回想一下雅高公司的决策者是如何定位其目标市场的，就更能理解这样完成市场定位的重要性。

顾客痛点分析

条目"顾客痛点"的要点有三个方面：①顾客待办任务；②顾客痛点归纳；③顾客价值主张（Customer Value Proposition，CVP）的独特性与壁垒简析。

顾客待办任务

在商业计划书中，对顾客待办任务的阐述应抓住两个关键点：一是顾客消费行动的特定目标。以污泥干化处置作业为例，这个生产性消费活动的目标包括但不限于：以最低成本完成污泥的干化处理、高质量完成特种污泥的干化处理、使污泥干化处置中心高质高效地运营等。二是这个消费行动的特殊约束。仍以污泥干化处置作业为例，其约束可以是一次性投资额受限、人力成本约束、运营成本受限等。

> **特别提醒：**
>
> 1. 市场定位一定要落实到目标顾客的身份和痛点，否则，任何描述都是文不对题。
>
> 2. 不要担心计划书的市场定位存在误差，计划书上任何一个定位都是可以调整的。如果一个科技创业项目写不出其市场定位，就证明该项目决策者还有重要的基础性工作没有完成！

顾客痛点归纳

好的痛点归纳，首先归纳条目化，即按照1、2、3…这样的数字化序列分别列出各个痛点。务必使阅读者形成关于痛点的完整认识。其次，对于每一个所列的痛点，只给出结论而不对其进行系统阐述。如果有解释的必要，可将这方面内容用注释或附件的方式进行补充说明。这样做的目的是突出关键的重要内容。最后，商业计划书所列的痛点之间应尽可能"正交化"，也就是A、B两个痛点在内容上避免重合。

顾客价值主张的独特性与壁垒简析

所谓顾客价值主张就是对"向谁、解决什么样的痛点、创造何种利益"这三要素问题的正式阐述。 价值主张差异独特性的核心含义是：科技创业项目拟创造的顾客价值有何独特性，这种独特性可以是以下三个方面差异性的叠加。

（1）对象差异性，即企业拟服务的对象与现有企业服务对象的差异性。当二者之间完全没有相同点时，就是完全的市场创新。

（2）痛点差异性，即便对象差异性不显著，企业也可以通过锁定顾客行动中的不同痛点来形成价值主张差异性。

（3）痛点独特性，即便针对相同顾客的相同痛点，企业还可以通过拟创造不同的利益感知，来打造差异化的价值主张。通过这样的独特性，科技创业项目界定了一个专属于自己的市场领地，而高新技术产业化的机会就建立在这个市场领地基础之上。

对于科技创业/高新技术产业化项目来讲，业绩的可持续性比短期的业绩水平重要得多。 而这个业绩的可持续性与市场领地的壁垒状况密切相关。通过差异化的顾客价值主张，引导企业开发创新性供给方案实现顾客价值创新并形成和强化独特的市场形象，将促成目标市场抵御竞争者抢夺市场份额的壁垒，为企业获取稳定业绩提供根本保障。

常见错误与特别提醒

（1）内容缺失

科技创业项目的商业计划书，很多时候会完全忽略顾客痛点分析这部分内容。原因有多种多样，但结果相同：其产品/供给方案的开发缺乏必要的依据，这方面创新的风险将无限放大。

（2）靶点偏离

顾客痛点的完整表达应该是"顾客行为痛点"，是导致顾客在消费过程中产生负面或消极感知的事物，而不是这些消极心理感知本身。换句话说，"痛点"揭示的是原因，而不是结果。但在痛点描述上，人们常会将描述重点放在痛苦感知本身，而不是引起这些感知的原因。

（3）机会总结

机会总结是对目标市场定位的关键结论概括。这部分的核心内容就是揭示市场规模及其演化趋势。市场规模是揭示未来的发展空间与盈利机会的基本前提和必要条件。对市场规模的测评与展示是商业计划书最重要的内容之一，同时这个部分也是出错最多的环节。

条目"市场规模及其演化趋势"的规划要点有两个方面：①市场规模估测；②市场变化的趋势。

市场规模估测

市场规模估测就是要用量化方法给出目标市场的体量大小。

首先，需要特别强调的是：这里的"市场规模"一定是指目标市场的规模。由于目标市场是由目标顾客组合而成，因此这个市场的规模测评一定要围绕目标顾客展开。

其次，商业计划书需要对市场规模的测量指标以及计算方法进行说明。最简单的测量指标就是目标顾客的人数/家庭数/企业等组织的数量。更有代表性的指标是期间购买额，最常见的是年度购买额。这就涉及目标顾客的购买/消费频率、产品价格等变量估计。当市场规模测量指标确定时，需要对测量或计算这一指标的模型进行必要的说明，尤其是对该模型中可能包含的各个系数的取值进行说明。

最后，对计算结果的"去风险"处理。不论应用什么样的计算模型都涉及对诸如价格、人均/户均消费频率等参数的估计，这种估计本身就存在不可抗拒的风险，因此，在通过上述模型估测出目标市场的规模后，最好再对这个结论进行"打折"处理，以便消除由于参数估计错误导致的高估市场规模。尽管这种处理本身可能会加重测评错误（更为保守地估测市场规模），但这样的处理总体而言是有益的。

市场变化的趋势

由于市场规模本身是一个动态变化的事物，一些市场从一个固定的时间段看，其规模具有商业价值，但这个规模可能是无法持续的，因此，针对这个市场的高新技术产业化就面临必须考虑的风险。另外，即使该市场规模长期维持不变，但如果服务于该市场的产业壁垒较低，导致供给端大量增加，摊薄每个企业的市场份额，同样意味着必须考虑的风险。因此，在商业计划书中需要对目标市场规模的变化趋势进行补充说明。

一般情况下，可以通过线性回归方式对市场规模的变化进行外推性预估。给出市场规模变化的基本趋势，如小幅增长、基本不变、S型变化等即可。这个部分的结论主要用作对市场规模估测的补充，二者共同构成一个完整的市场状况描述。

常见错误与特别提醒

（1）张冠李戴

这是商业计划中最常见的市场估测错误，指用无关数据来代替目标市场规模的估测。

一是用看上去有关但其实关联度不大，甚至无关的市场规模数据来代替目标市场规模估测，**最典型的就是用供方产能来衡量市场规模**。例如，用输电线路资产规模代替电路巡检的市场规模，用国家或地方政府在美丽乡村建设上的投入额来代替农村某种服务的市场规模等。

二是用相关产业的行业数据代替对目标市场的规模估测。例如，用全国老年大学在校学习人员规模代替某个老年人读物的市场规模、用新能源车销售额代替某种新型电机产品的市场规模等。

（2）估测失据

虽然估测本身就带有一定的估计、匡算的色彩，但不代表商业计划的市场估测就可以无依据地进行，这恰恰是商业计划在市场估测方面的常见错误。很多科技创业/高新技术产业化项目在其商业计划中估测目标市场规模时，无依据地堆积一些与目标市场关系不大甚至无关的统计数据、第三方报告数据等，以此代替对目标市场规模的估测，或者在一些数据基础上推测目标市场规模，但不解释数据处理的原则与模型。这就是估测失据的问题。

（3）笼统夸张

由于未能进行有效的目标市场定位，以及缺乏相应的知识信息和分析方法，就大致估测市场规模，并且使用笼统、定性方式来表示市场规模，如"巨大、广阔、无限"等。

> **特别提醒：**
>
> 1.目标市场的规模一定要建立在有效定位的基础上。如果不知道着手估测市场规模，就从市场定位开始。
>
> 2.市场规模估测一般要以量化的形式来表达主要结论，辅之以定性表达，但一定以定量表达为基础。
>
> 3.目标市场规模一定是目标顾客需求潜力之和，基本的量化单位是货币额。
>
> 4.市场规模估测最好将估测模型和数据来源列出，以证明其可靠性。

三、供给方案

1. 总体说明

什么是"供给方案"

所谓"供给方案",就是企业对提供给目标顾客供其选择和使用/消费的全部要素的总和。在较为传统的理论中,人们习惯地称之为"顾客问题解决方案"。二者在本质上相同,区别只是由于视角不同:"供给方案"强调的是企业(项目)向目标顾客提供了什么;"顾客问题解决方案"则着眼于目标顾客获得了什么供给物或供给要素,其关心的问题得到了解决。

由于规划的目的就在于指导企业的行动,而从企业角度看,供给方案是企业组织、协调提供给顾客的全部接触点的集合。**所谓"接触点",就是顾客在消费全程中所调集、接触和使用的要素**。通过与这些要素的互动,顾客形成了特定的心理体验。这些体验的总和就是顾客价值。

接触点的形态可以是有形的,如产品、人员、景观等;也可以是无形的,如信息、音乐、色彩等。在构成供给方案的全部接触点中,企业研发、生产、提供的产品或服务是供给方案中最核心的要素,称为"核心产品/服务"。

供给方案中的每个接触点都有其特定功能,如汽车的动力、安全性、经济性;灯具的亮度、节电性;机床的加工精度、材料的耐腐蚀性等。这些功能在顾客使用产品也就是与这类接触点交互时,将导致特定的顾客体验。然而,顾客体验的形成并不仅仅限于接触点功能的作用,接触点的其他属性,如造型、便利性、配套服务等,也将导致特定的顾客体验。

因此,供给方案的设计要素沿两个维度分布:一是价值途径维度;二是接触点组合维度。价值途径维度是指各个不同的接触点创造顾客体验的途径或方式，除了基于技术的特定功能以外，这些接触点创造顾客体验的途径或方式还包括上述诸如造型、使用便利性途径等非技术要素。接触点组合维度则是指与企业产品配套的其他接触点组合。关于供给方案的演化背景、必要性以及其构成原理，将在第 7 章中进一步系统阐述。

图 2-20 显示了由两个维度构成的供给方案平面，该平面各个板块方案的组合将决定该方案所能创造的顾客体验也就是顾客价值。在此给出结论：

供给方案各个板块的设计开发，都需要以顾客定位为基础或前提。或者说，缺乏了顾客定位，供给方案的各个部分开发，尤其是"产品功能技术"开发以外的部分，都将无法正常完成，这将严重影响供给方案所能创造的顾客价值，从而导致高新技术产业化项目的失败。

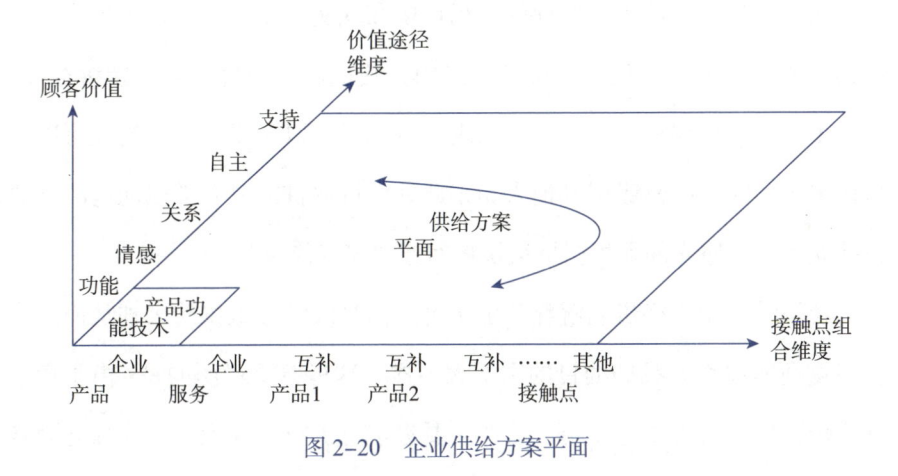

图 2-20 企业供给方案平面

为什么是"供给方案"而不是"产品或服务"

有人可能会说，**企业提供给顾客的不就是"产品"吗？为什么还要专门另设一个专用概念"供给方案"？二者难道不是一回事吗？事实是：二者绝不相同，它们针对的是完全不同的市场与竞争环境。**

"守株待兔"与"独株田野"

守株待兔这个成语相信本书的读者都已知晓。从文学意义上，这是个贬义词，形容保守不思进取的机会主义行为。但实际上，守株待兔并不完全是不合理的，如果下面两个条件具备，那么这种行为不仅可以接受，而且可以被视为是明智的。

第一，兔子很多。在一个区域中，有大量的兔子在到处乱窜；第二，千里独株。也就是说，在这个区域中，只有一根能够撞伤甚至撞死兔子的树桩。本书把这个奇怪但也不能排除其存在可能性的区域称为"独株田野"。如果把这根树桩视为产品技术，那么在独株田野中，拥有技术守着这根树干就是获取兔子的合理选择，"技术（树桩）决定论"在独株田野情境下可以成立。

然而，具有独株田野属性的市场环境在现实中只能视为一个理论上的特例，或者更准确地说，在市场经济中，独株田野情境不可能持续存在。当一个只有一根树桩的有限空间出现大量兔子，以至于守着该树桩可以收获诸多兔子时，必然吸引其他人跑来此处埋设树桩或具有类似功能的装置以捕获兔子。原先的那根树桩很快将回到"守株待兔"的窘境。

经济学家用价格机制解释了由于价格信号波动导致供给增加从而达成价格均衡的过程。我们的目的则不太一样。这里着重说明的是：由于竞争性模仿，单一树桩本身（单一的产品要素本身）将很快无法作为独立因素而完成收获兔子的任务，企业必须在树桩/产品以外，也就是新的维度或者在新的台阶上采取措施设法吸引并捕获兔子。

总体而言，人们从实践和理论两个方面归纳出来的可为顾客创造价值的途径或维度有以下几个层次，图 2-21 展示了由竞争推动的供给进化。

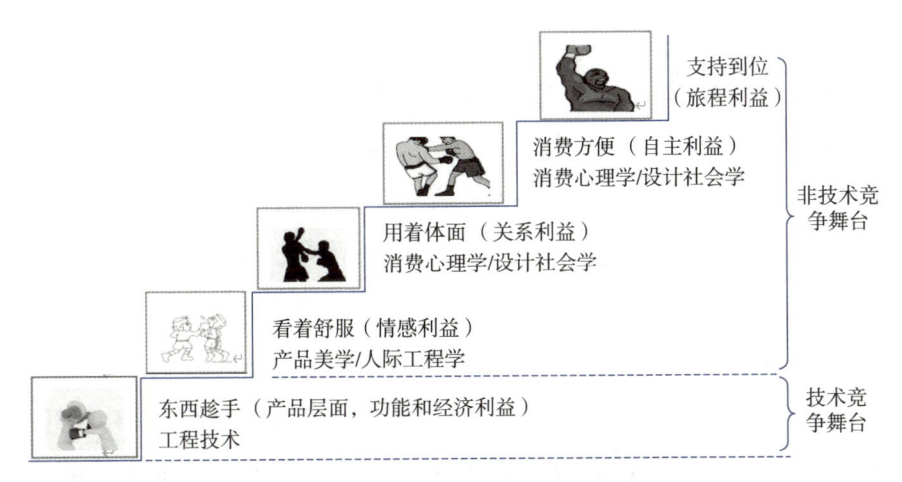

图 2-21　由竞争推动的供给进化

（图中内容，自下而上）
- 东西趁手（产品层面，功能和经济利益）　工程技术 ——技术竞争舞台
- 看着舒服（情感利益）　产品美学/人际工程学
- 用着体面（关系利益）　消费心理学/设计社会学
- 消费方便（自主利益）　消费心理学/设计社会学
- 支持到位（旅程利益） ——非技术竞争舞台

功能维度/台阶

在功能维度/台阶，企业通过功能创新确立产品的市场吸引力。这种吸引力建立在"东西好用"这个基础之上，由于能够解决顾客面临的某个问题/痛点，顾客形成了"东西好用/趁手"这样的利益体验，这种利益称为"功能型利益"。

情感维度/台阶

当有同等功能的产品出现时，仅仅依靠功能型利益就无法确保企业能够获取顾客了，这时，有进取心的企业将在情感维度/台阶寻求胜利的机会。在这个维度/台阶上，**企业可以在原有的产品功能基础上，通过产品造型、色彩等方面优化，促成顾客新的利益感知：情感利益感知。**

这种利益与产品的核心功能无关，而是它的造型、标识甚至色彩等给顾客带来的情感满足。与支撑核心功能的所谓"硬科技"不同，这种利益的创造是以诸如产品美学、人际工程学等技术来支撑的。

只知其一，不知其二：导致滑铁卢的一句名言

当通用汽车公司在产品性能、质量等方面与福特汽车并驾齐驱之后，率先跨越功能维度进入情感维度，针对不同性别、年龄、职业的顾客推出

不同形状、颜色的家用轿车并取得巨大市场成功。面对这一局势，应管理层强烈呼吁，老福特出席了福特公司的一个高层研讨会，主题就是讨论福特公司如何应对通用公司的"变维"优势。然而经过一天的激烈讨论，老福特说了他的总结语，这句话也奠定了他的公司在未来多年的被动局面，他说："先生们，不管别人生产什么颜色的车，我们只有一种，那就是黑色！"

关系维度/台阶

当情感维度/台阶上也出现竞争性模仿，以至于差异性或独特性再次消失时，企业需要再次寻求在新维度上的创新。这一次，企业可以通过强化其产品的价值内涵，来创造所谓"社会归属利益"。简单地说，就是将产品拥有与社会层级归属联系起来，"我们用的是 SAP 的 ERP 系统！"或不经意间展示自己的豪车钥匙，体现的都是"因为拥有某产品而带来的身份"自豪感，这种自豪感就是关系型利益的具体体现。

自主维度/台阶

当关系维度/台阶上又出现模仿者的竞争行为，导致企业的市场份额被侵蚀时，企业需要再次升级竞争维度，可以利用的新台阶是自主维度/台阶。顾客在获取企业供给后还希望消费过程简单方便。**企业存在通过提升顾客的行动自主性而实现价值创新的可能性**。这种顾客价值源自后工业时代人们对心理自主的渴望。在现代消费中，人们对"便利性"的高度追求就是这种心理渴望的典型体现。

支持维度/台阶

当自主型利益也被越来越多企业关注并采取措施迎合这种利益追求时，最富有进取精神的企业开始探索在新的维度——支持维度上开辟新的价值创造途径。在这一层次上，企业把它与顾客的关系从传统的"供求关系"，进化为"支持与被支持"的关系。

经济学家朱伯夫认为，在"后物质主义"时代，消费者普遍具有与其父辈截然不同的、以追求心理自主为核心的价值观，并称拥有这种价值观的人群为"新人类"。**对新人类来说，单纯的物质产品消费已经无法给他们带来满足、快乐，他们需要的是被支持。以提供支持为目标的供给措施将成为顾客价值创新的重要途径。**

在图 2-21 中，除了第一层次的功能维度／台阶，其他层次的维度措施开发，均需要以市场定位为基础。所有层次的措施设计构成了一类重要决策，即供给方案决策。

2. 如何规划供给方案

目标与基本步骤

供给方案的开发实质上是一个根据特定目标而拼搭或组合供给要素的问题，即以顾客价值和企业价值的交集最大化为目标，创造性组合以核心产品为基础的要素体系。

任何一个供给方案都会对上述目标产生相反的两种影响，而供给方案需要通过不断优化调整以实现其目标的最优化。供给方案优化的影响促进了顾客的价值提升，进而有利于目标顾客对供给价格的接受与购买意愿，包括重复购买意愿，促进企业营收增加，这有利于企业价值获取。这表明，供给方案优化有利于顾客价值创造和企业价值获取，由此推动其目标的实现。

这里再次简要归纳一下几个相关的概念及其内在关系。

所谓"顾客价值"，是指目标顾客在接触、使用（消费）有关供给要素过程中形成的积极体验。从顾客角度看，就是在与有关接触物的交互中产生的心理体验。这种积极体验越强烈，其对供方的满意度就越高，对供给物价格的接受以及购买意愿就越强烈，企业的销售收入／营收就越高，更重要的是，这种收入就越稳定。

所谓"企业价值",是指企业的出资人由于其投资目标的实现而产生的积极体验。一般地讲,企业投资人的投资目标实现是获得经济回报,这个回报的基本来源就是企业营收,因此,企业销售收入越高越稳定,就越有利于企业价值获取。

供给方案优化的另一个影响是将导致企业运营成本的上升,包括但不限于生产成本、服务成本、协调成本等,成本的增加将削弱企业价值获取,这意味着对总体目标的损害。因此,供给方案优化存在一个"均衡点",换句话说,作为要素组合的供给方案并不是内容越丰富越好,而是要存在一个最优的要素组合,如图 2-22 所示。

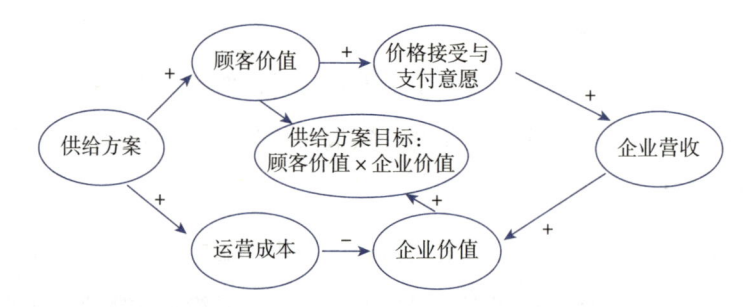

图 2-22 供给方案规划目标:使顾客价值 × 企业价值的最大化

无论"顾客价值创造"还是"企业价值获取",均涉及一个重要的条件或基础,这就是顾客独特体验的持续性。当供给方案无法提供或支撑这种持续性时,目标顾客选择企业供给作为消费对象的意愿就会被削弱,他们对企业供给的价格接受和购买意愿由此受到影响,进而使企业销售收入的可持续性以及企业供给方案的溢价能力都将受到根本性伤害,这两个方面尤其是后者,都将不利于两种价值的创造,也就是将对供给方案的目标造成严重不利影响。

因此,科创项目供给方案的开发,就是系统考虑总体目标的要求,据此规划以企业核心产品为基础的要素组合,使顾客价值与企业价值的乘积持续最大的过程,如图 2-23 所示。

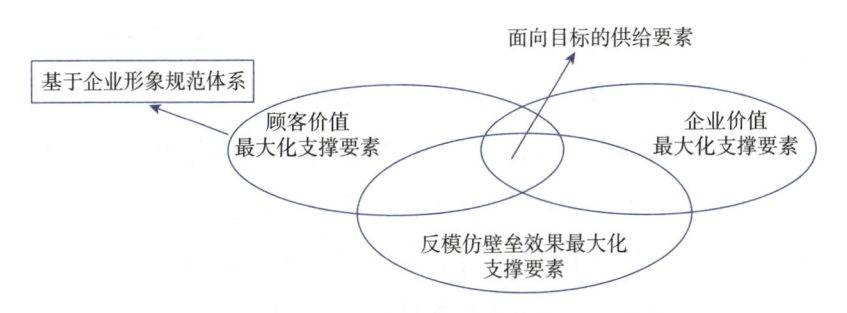

图 2-23 最佳供给方案需要满足的基本条件

供给方案的构成要素

构成供给方案的要素大体可以划分为三类，如图 2-24 所示。

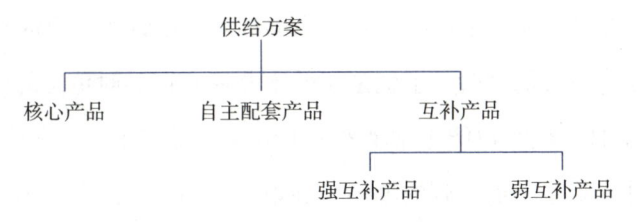

图 2-24 供给方案的构成要素

第一类：**核心产品。这是指针对目标顾客主要痛点，对实现顾客价值主张发挥关键支撑作用的产品或服务**。通常，这也是建立在科创项目核心技术基础上研发的产品或服务。核心产品是供给方案的基础要素。

第二类：**自主配套产品。这是指科创企业／高新技术产业化项目自主经营的与核心产品配套的要素**，包括实体产品和无形服务两种形态。这里最常见的自主配套产品就是"配套服务"，如培训、配件供应以及金融（融资）服务等。

注意，不同的配套要素，对顾客满意的"边际贡献"是不一样的。企业一方面需要通过模仿竞争对手的服务策略而改变自己的不利局面，但这种策略最多只能使自己保持不败而不能使自己获得主动。更重要的是通过系统规划，主动寻求与核心产品匹配的配套服务，为顾客价值创造和企业价值获取的交集提供最佳支撑。

第三类：**互补产品。"互补"概念是经济学家们在分析市场结构和产业联盟时常用的一个概念**。所谓"互补"，就是"功能互补产品"的简称。对 A 产品的消费者来讲，如果消费 A 产品的同时消费了 B 产品，并且可以获得更好体验，则称 A 产品与 B 产品具有互补关系。例如，咖啡和咖啡添加物（牛奶、白糖等）；酒（白酒、啤酒或红酒）和下酒菜等。

人们进一步发现：互补关系包含强互补产品和弱互补产品。所谓强互补产品，是指如果缺少 B 产品，A 产品就无法正常使用或消费，那么 A 产品与 B 产品是强互补。例如，枪（炮）与子弹（炮弹）、电脑与软件（操作系统和各种应用软件等）、各种电器与电等。

所谓弱互补产品，是指由于 B 产品的加入，使顾客在消费或使用 A 产品时可以获得更好的体验，也就是获得比没有 B 产品时更好的体验，如果缺乏 B 产品时，顾客也能正常消费/使用 A 产品，那么 A 产品与 B 产品就是弱互补。除了上面提到的咖啡与咖啡添加物、白酒和适当的下酒菜等以外，弱互补的例子在现实中也广泛存在。例如，放映的影片与爆米花和可乐、饭店的菜肴与用餐环境、航空旅行与保险、机器设备与保养咨询等。

互补产品作为供给方案的一类要素，与核心产品以及自主配套产品有一个重要区别，即后者是企业自主经营的，但互补产品则不一定。在很多情况下，供给方案中的互补要素是由其他组织、个人甚至其他消费者、政府等提供的。也就是说，这些互补要素虽然出现在企业的供给方案中，但并不受控于企业，企业只是提供通道或某种机制，使其目标顾客可以较为方便地搜索、接触或获取并使用/消费这些互补要素而已。

例如，某咖啡连锁店在店址定位时选择有独特人文景观的街角，这样，顾客们在品尝咖啡（核心产品）时，可以领略美丽的街景，包括人群、绿树、阳光和月色、车辆以及附近的城市建筑，这些景观性要素在顾客消费中实际上会对顾客体验产生影响，即它们实质上参与了顾客价值创造，换句话说，它们在事实上构成了这个咖啡连锁企业供给方案的构成要素。然而，这些要素没有一样归属于该企业，其中一些甚至都不归属于人类，但这并不妨碍它们成为某个企业的供给方案中的构成要素。

供给方案规划

供给方案规划有两个层次，或者说两个维度。

首先，供给方案规划是针对核心产品和自主配套产品的规划，包括功能设计、结构设计、外观造型设计以及颜色、标识等设计，此外还包括产品的市场形象、价格、供货渠道等方面的设计。这些产品属性维度的设计将决定该要素在功能、情感、社会地位感知、自主性以及深度支持方面给目标顾客带来的体验性质和程度的高低。

其次，供给方案规划是关于全部构成要素组合的规划。这是指以核心产品为基础，企业勾画与之匹配的其他要素共同组成一个特定的供给方案。

很多时候，科创团队或高新技术产业化企业在这个层面的设计上，采取的是被动叠加方式。也就是说，开始时的供给方案仅仅包括"核心产品"一个要素，然后根据市场反馈以及所谓的对标模仿，逐步添加相关要素，使供给方案的构成要素逐步扩展起来。但**这种缺乏逻辑指引的试错模式，往往需要付出过高的代价才能使供给方案达到或接近最佳组合**。

供给方案设计，也就是对以核心产品为基础的要素组合进行设计，其基本逻辑是从顾客的消费旅程出发，通过对目标顾客的消费旅程进行规划，由此规划出企业拟支持的顾客待办任务组合，最后，针对这个待办任务组合，设计规划相应的供给要素，这个逻辑过程如图 2-25 所示。

顾客待办任务及其痛点分析 → 核心产品功能规划 → 配套要素组合规划

图 2-25 核心要素的规划路线

（1）顾客待办任务及其痛点分析

供给方案中的核心要素也就是核心产品，就是顾客在开展上述活动过程中所使用的工具。所谓"痛点"，就是顾客在开展上述活动过程中导致顾客产生痛苦、焦虑、纠结等负面心理的原因及其具体所在的活动环节，我们关注的重点当然是工具不合适以及为什么不合适等。显而易见，对顾客痛点的澄清越清晰，核心产品的功能定位就越合理。反之，这样的供给方案规划就不可避免地陷入纯试错模式之中。

（2）核心产品功能规划

产品功能是指这个产品能为顾客提供的基本效用或利益。例如，一个灯具产品的功能包括发光、护眼、节能、美观等。显然，一个产品/服务的功能可以有多种。每种功能或提供的利益就是产品功能都建立在相应的技术以及制造工艺基础之上。

产品功能规划就是要揭示：针对特定的顾客待办任务，产品/服务的最有价值功能组合是什么样的？也就是说，该产品/服务的关键功能、配套功能分别是什么？通常，可以用一份产品/服务的功能清单体现出来。

产品/服务在技术层面的结构设计、工艺设计等，均需要以功能规划为导向，决不能反过来：以企业/团队擅长的技术能力为出发点，决定核心产品/服务的设计问题，进而决定产品/服务的功能体系。 从自身技术优势出发，决定产品功能的策略对企业的可持续发展进程具有巨大隐患。

（3）配套要素组合规划

这里提到的配套要素通常是指与核心产品具有强互补关系，并且由企业组织生产组装和供给的要素。例如，针对坑道钻孔任务，这一供给方案不仅提供打钻机，还提供手套、护目镜、照射灯以及操作培训，目的就是使用户能够最优地使用核心产品/工具——打钻机。从顾客角度看，这类供给相当于供方提供了一个包含核心产品在内的"简要工具包"，顾客在完成其面对的待办任务时，这类供给可支持顾客更为高效高质地完成任务，因此产生更好的体验。

配套要素的规划主要考虑两个原则或准则。首先，该配套要素加入供给体系能否为核心产品/服务的顾客价值创造提供最大的支持？其次，该配套要素的提供对企业来讲技术上是否可行？经济上是否合理？后一个问题涉及配套要素的开发、生产/组装、渠道开发与运维等是否成本太高，以至于无法通过供给方案的收益获得补偿。如果不能，则可考虑借助合作者的供给来实现这一配套效果。

3. 商业计划中关于供给方案的规划指南

板块功能定位

在商业计划体系中，"顾客问题解决方案"揭示的是：为了占领目标市场，创造顾客价值，企业具体做什么产品？或者说，企业准备为目标顾客提供什么？在很多人看来，对这个问题最简洁或直观的回答是：企业是制造销售××产品的，表达和理解都很简单。比较复杂一点的是：企业提供××服务，如餐饮服务、旅游服务、健康服务或教育服务等。最复杂的是，企业/科创团队提供的是多要素产出。这时，简单的表达往往不准确甚至错误陈述了企业的供给方案。

这里再次强调：在商业计划中，**"供给方案/顾客问题解决方案"要澄清的是：科技创业/高新技术产业化项目到底准备向其目标顾客提供什么东西**？据此，人们一方面可以进行有关的绩效预估，更重要的是：有助于高质量审核企业/科创团队的资源与能力是否充分。

中心议题与标题设计

中心议题

这个板块的中心议题也是两个：一是揭示"做什么"，即针对目标顾客，企业的供给方案是什么；二是阐述"靠什么"，即企业主要依靠什么来高质高效地打造上述供给方案。

标题设计

这个板块的标题有两类设计方式：

一是较为正式的表达，主要针对外部的战略投资人（包括政府机构）、媒体机构、大型合作单位等。标题一般用"供给方案"或"顾客问题解决方案"。这种标题设计的优点是规范准确，不足之处是不那么直观，对一些经验不足的阅读者来讲，可能会影响其对板块内容的直接理解。

二是简洁表达，主要针对内部人员、小型合作单位等。标题一般用"产出方案"或者直接就用"产品"这样的简单标题。这种标题设计的优点是简洁明快，不会让人产生理解困难，但缺点是表达不准确，这会影响人们对项目价值潜力的合理判断。对企业/团队内部核心人员而言，这样的阐述也会窄化对问题的认识，导致高新技术产业化项目的市场进程受到不利影响。

思维导图与板块框架

为完整清晰地展现本板块的中心议题，可从三个方面进行相互衔接的计划说明，这三个方面构成的思维导图如图 2-26 所示。

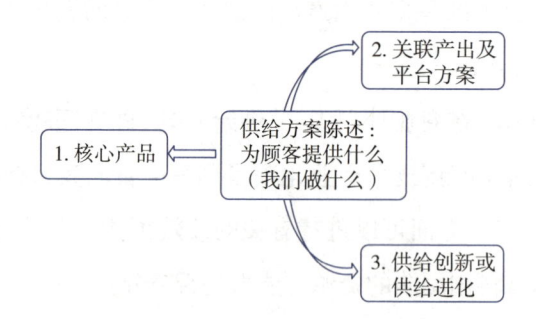

图 2-26　供给方案规划的思维导图

根据图 2-26 中的思维导图，"供给方案/顾客问题解决方案"板块的计划书基本框架可归纳如下：

（标题）顾客问题解决方案/供给方案/产品方案

1. 核心产品；

2. 关联产出/配套供给；

3. 支撑资源与能力；

4. 顾客问题解决方案/供给方案的进化。

条目规划指南

核心产品，规划陈述

条目"核心产品"规划陈述也有两个要点：①产品功能介绍；②产品差异性介绍。

产品功能介绍

在商业计划书中，核心产品的介绍重点在于其功能陈述。这里所指的"功能"，应是从产品使用者角度所归纳的产品功效。**从使用者角度看，任何产品/服务都是他们解决其特定待办任务的工具，这里所说的功能，就是作为工具的产品/服务所能产生或发挥的特殊功效。**

由于任何特定的产品功能都是建立在有关技术原理之上的，因此在介绍产品功能后，可概括性陈述一下核心产品的技术原理。但必须明确，这种阐述本身并不是产品功能介绍的中心内容，而是对产品功能介绍的补充。

图 2-27 所示的以污泥处理为目标的待办任务链图中，作为"污泥高干脱水/热干化"环节待办任务的工具，核心产品是污泥干化机。该产品的独特功能在于：可以用较高的热转化效率完成污泥干化。也就是说，该产品在利用同等数量热量的情况下，可以干化更多数量的污泥。

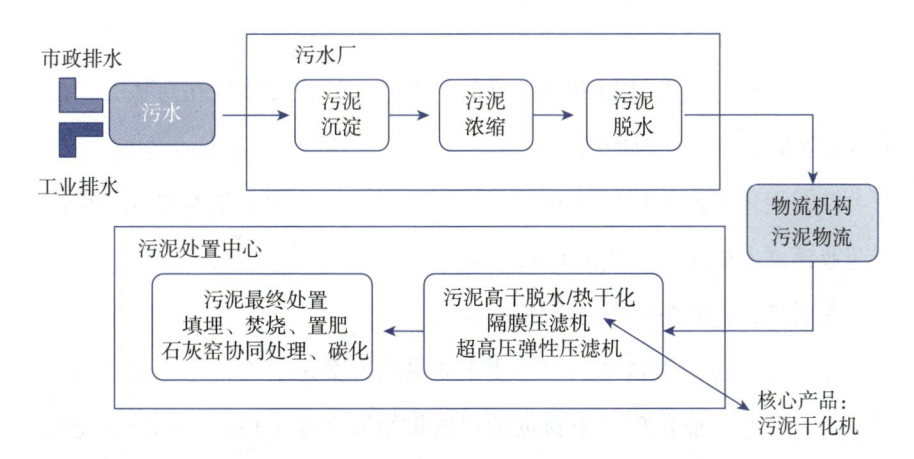

图 2-27　基于待办任务解释的核心产品功能介绍

产品差异性介绍

所谓"产品差异性",是指核心产品的功能相比于同类产品所具有的独特性。这种独特性是一个程度的问题并不是"有"或"无"的问题。客观、准确地阐述这种差异性是核心产品陈述的重要补充。

"核心产品"规划陈述中的常见错误与特别提醒

(1)"核心"非核

在许多时候,高新技术产业化项目或科技创业项目的决策层并不完全清楚自己的核心产品到底是什么。这将会在商业计划中体现出来,主要表现两种情况:一是错位,即将不是核心产品的要素错误地描述为核心产品;二是模糊,即给出一组包含核心产品的产出要素,将其统统归纳为核心产品。

(2)重心偏离

重心偏离是指以技术性原理介绍代替核心功能陈述。最糟糕的情况是:商业计划书给出的信息几乎完全是技术性原理描述,而不涉及产品功能介绍。这种情况将误导投资者、合作者等对项目的认知,导致该计划书的功能大幅度削弱,甚至扭曲科创项目的真实价值。

(3)夸大差异

夸大差异是商业计划书中常见的一类错误,主要体现在对核心产品差异性/竞争优势的人为抬高。

针对上述情况,我们特别提醒关于核心产品的两个基本属性,据此应在商业计划书中进行正确的规划与陈述。

关联产出/配套供给规划陈述

如前文所述,仅含单一产品要素的供给方案是一类较为原始的供给组合。高新技术产业化项目或科创项目的供给通常除了核心产品外,还包含关联供给要素,如配套服务、其他互补要素等。这些要素是供给方案/顾客问题解决方案的重要组成。

在商业计划书中，对关联产出/配套供给的阐述的基本模式是"清单+陈述"。 也就是说，以列表清单的模式展示顾客问题解决方案中包含核心产品在内的全部要素。在此基础上，逐一陈述各个要素或主要要素的功能定位或者顾客价值创造目标、这些目标之间的关系以及全部要素的效果总和，由此展现出顾客问题解决方案的全貌，如表2-1所示。

表2-1 供给方案要素表

供给方案构成 A	供给要素 B	简要说明 C	计划提供时间 D
核心产品	• 污泥干化机	型号、孔径、功率	第1年
直营配套服务	• 设备检测与配件供应	（名称及型号）	第3年始
	• 咨询服务（含培训）	服务要素	第1年
互补产品/服务	• 融资服务	产品名称	第1年
	• 干化作业代理服务	核心业务	第3年始
	• 物流运输与存储		第1年

表2-1中，顾客问题解决方案/供给方案的全部要素见B栏，整个供给方案共有六个要素，分为"核心产品""直营配套服务""互补产品/服务"三大类。

栏目C"简要说明"是对各个供给方案要素的简要说明。这部分说明，通常是作为计划书正文部分对各个供给方案要素的功能及其他重要的技术属性陈述的引导。其中，服务要素不仅需要表明其特定内容，还需要给出服务的目标、质量标准以及总体流程（从顾客申请、服务实施、服务评价乃至顾客投诉通道及处理程序等）。这是对栏目B"供给要素"所列各项的一个简要说明。这里强调"简要"是因为要在有限篇幅内展现顾客问题解决方案的全景。列表罗列的方式有利于让阅读者"一眼"看清供给的完整面貌。

表中D栏"计划提供时间"是指科创团队或高新技术产业化项目计划向目标顾客投放/提供这些要素的时间节点。作为商业计划书，这个信息对于投资人和各类合作者来讲是十分重要的。

"关联产出／配套供给"规划陈述中的常见错误与特别提醒

（1）残缺不齐

所谓"残缺不齐"是指对关联产出／配套供给要素规划不足或没有规划，使得计划书关于顾客问题解决方案的部分除了核心产品外，没有其他要素（供给方案限制在第一类的基础类型），或者仅包含最基本的配套要素。这样的方案虽然规划和实施较为简单，但科创项目的竞争优势和发展空间就存在较大限制或先天不足。

（2）凌乱不整

所谓"凌乱不整"，是指商业计划对顾客问题解决方案／供给方案的关联产出／配套要素组合的设计构思缺乏逻辑而产生了无序堆积，展现出来就是这些供给要素形成几乎"无所不包"的长清单。抛开成本方面的可行性不说，这样的无序堆积根本不能创造出顾客所需的利益。

供给方案进化／创新规划陈述

商业计划非常重要的一点是：它包含对发展路径的规划，这主要体现在供给方案的发展进化规划上，还体现为从简单（单一）要素的供给组合向多要素、平台化方案进化。

在本章列举的污泥干化机例子中，产业化／科创初期，供方的角色是工具与配套要素提供者。随着企业的发展，供方可以追求具有更大价值潜力的角色定位，并据此推动供给进化。

例如，将自己定义为污泥干化业务的运营者，即进化后供方不再是一个简单的工具（污泥干化机）提供者，而是运用这一工具为需方（污泥干化处置中心）提供业务外包的综合服务方。进化后的核心产品转化为服务，即供方所托为需方进行污泥干化机运行和保养。在技术上这需要解决设备的远程控制问题，在现有传感和遥控技术条件下，这是一个可以解决的问题。

表2-2归纳了供方—需方角色定位转化以及相应的供给方案进化前

后的对比。从需求角度看，供给进化后所获得的利益不仅在规模上大得多，更重要的是，**新型利益意味着供需双方角色定位有了本质的变化，这又将使供方可获得更加稳定的营收和更高水平的溢价能力**。关于供给进化问题将在第 7 章中做进一步阐述。

表 2-2　供给方案进化对照表

	供方角色		需方角色	
	初　始	进化后	初　始	进化后
	工具提供者	作业实施者	污泥干化作业实施者 / 全面支持者	作业监控者
有利	经营简单，成本可控	为顾客（污泥干化中心运营者）提供深度服务，不仅极大降低了对方的总运营成本，更重要的是帮助对方提升运营效率、干化作业质量。这将实现很高的市场占有率以及稳定的营业收入	可尽快开展业务	由于业务外包（外包给进化后的供方），使干化中心的运营成本、作业效率和质量等得到显著提高
不利	创造价值能力有限，反竞争能力较弱	平台化运营导致组织体系较为复杂、服务与协调成本显著高于进化前水平	总体成本较高，包括设备购置成本、融资成本、运维成本等	

四、运营模式规划

1. 总体说明

什么是"运营模式"

在回答了"企业将向目标顾客提供什么"这个问题之后，商业计划将转向一个新的，同时也十分重要的问题：企业以何种方式向目标顾客提供一定数量和质量的供给（产出），使顾客价值创造和企业价值获取均达到最大？俗称"企业到底是干什么的？"

运营模式就是企业完成其供给组合的内部活动方式。下面用核心业务类型和核心资源类型这两个方面的组合来表达这个方式。在第 1 章的表 1-1 中，我们以这两个方面为维度，划分出了 9 种基本的运营模式。

为什么需要做运营模式规划

稍有生活经验的人都知道，**一个人要想在事业上取得哪怕一点点成就，其基本前提是他（她）要明确自己在做什么**，或者说他（她）是干什么的，他（她）准备要干什么。反过来讲，我们表达对一个人最大鄙视的方式之一，就是对其做如此评价："这人都不知道自己是做什么的！"如果事实的确如此，那么这个人不仅事业无成，而且连朋友都很难交到。

发生在个人身上的事情会以加倍程度发生在企业 / 科创项目上：有很多失败的科技创业 / 高新技术产业化项目在启动运营相当长时间后，仍然不知道自己到底该从事什么样的业务，很多项目决策层在较为模糊地构思了供给方案后，就认为其业态问题也一并解决了。例如，当将供给方案确定为较为基础的单一产品要素方案后，他们想当然地认为自己的运营模式就是"生产型模式"。

但实际上，即便核心产品是企业研制的某个实体产品（如某种仪表），也不能就此得出结论说相应的运营模式就是生产型模式，面向这一核心产品的运营模式完全可以是采购型模式、智造型模式或推销型模式。

事实上，很多科创团队在商业计划书中根本不涉及运营模式规划，这种工作缺位或想当然的做法导致的结果就是任其自然形成，然后不断被动地调整。这种情况的结果必然就是"不清楚自己到底是干什么的"，用业界常用的话说，就是该项目自发形成的"运营模式"扭曲且模糊。

因此，通过有意识的系统规划，确定并不断优化调整企业 / 创业项目的运营模式具有极其重要的意义。大体上讲，一般有三方面的独特意义。

（1）合理明确标杆，有效制订竞争战略

初创企业要想顺利度过初创阶段的脆弱、经营管理上的艰难，非常重要的一条就是有效学习先行者的经验，这里的经验主要是指运营模式相同或相似企业的运营管理经验。也就是说，初创型企业需要先找到正确的标杆或对标企业，然后才可以有针对性地学习模仿乃至赶超。

现实中存在大量相反的例子，即没有准星或准星错误的学习模仿，**这种既不知己也不知彼的学习模仿，是导致大量科创项目经历曲折甚至失败的主要原因之一。**

除了可以支持标杆定位以外，明确运营模式还对创业企业制订正确合理的竞争战略至关重要。这里需要明确的一个关键问题是：竞争战略制订必须以核心业务模式的识别为基础，脱离了运营模式识别的竞争战略制订有点类似于"盲人骑瞎马"，但在现实中这种情况并非罕见。

（2）核心资源的定位、开发与创新

核心资源不仅是一个企业组织高质量创造顾客价值并高效获取企业价值的基础，而且是赢得竞争、稳固立足市场的根本保障之一。核心资源并不存在通行的标准。即便出于本能，大多数初创企业也都知道需要高效开发自身的核心资源。

然而，很多时候科技创业／高新技术产业化项目团队决策层对什么是本企业的核心资源并不是很明确，这种情况下的核心资源开发就必然是无效的。反之，如果初创企业／科创团队比较清楚自己的运营模式，也就明确了其核心资源所在，这将为高效开发核心资源提供坚实基础。图 2-28 是运营模式定位的作用。

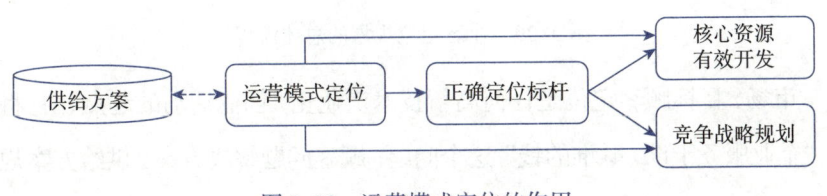

图 2-28　运营模式定位的作用

（3）组织规划

与核心资源一样，企业运营模式还将影响和决定企业的组织设计，包括部门设置、关键业绩因素设置、管理控制策略等。在这些组织因素中，运营模式对关键业绩因素的影响尤其显著。由于关键业绩因素是进行有效管控的前提条件，因此在企业常规化运营中，关键业绩因素的归纳和应用就具有基础性作用。

2. 如何进行运营模式规划

总体来讲，运营模式决定的是企业以何种方式支持供给方案高质高效地实现。 因此，运营模式规划必须从供给方案的盈利性供给要素的分析定位开始，分析确定核心业务的性质与构成，进而分析规划运营模式的其他两个维度内容。图2-29展示了业态定位规划的总体流程。

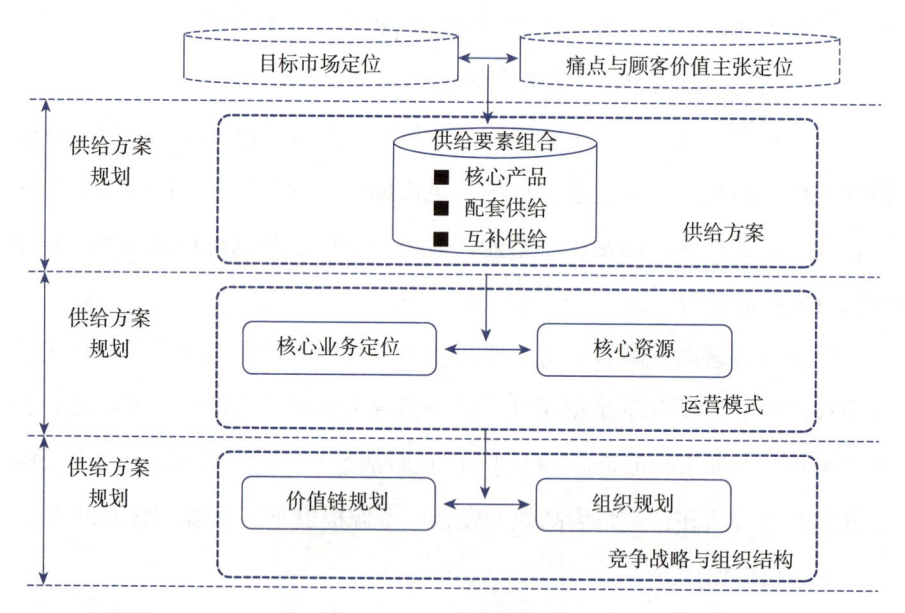

图2-29 业态定位规划的总体流程

市场/目标顾客定位是任何高新技术产业化/创业活动的起点，它将回答"企业服务于谁/赚谁的钱"这个问题；顾客问题解决方案/供给方案规划则回答"企业为目标顾客创造何种性质的价值"这个问题；而运营模式则回答"企业靠什么样的业务、方法和资源来实现创造供给以便赚钱"这个问题。

选择确定核心业务，并不意味着其他经营活动就不重要。没有这些经营活动，供给物就无法真正形成，差别在于，与这些经营活动相比，核心业务活动是支撑企业核心供给物市场优势的主要依据。换句话说，核心业务就是企业在内部运营中的"主打牌"，凭借这样的"主打牌"，企业可以期待形成具有反模仿能力的竞争优势。

运营模式确定后，管理者可以围绕核心业务定位并结合企业的资源条件，规划确定辅助价值活动，由此完成对面向顾客价值主张和核心供给的价值链规划。在此基础上，完成业务运营载体的组织结构设计与优化。业务价值链规划，即相应的组织结构，就构成竞争战略。

企业价值链、竞争战略与竞争优势

企业价值链是著名管理学家 M. 波特在研究企业竞争战略与竞争优势时提出的一个重要概念。其核心思想是：**竞争战略的本质就是企业决策者关于该企业价值链的规划与构建**。所谓"价值链"，就是一系列的经营活动，按照一定的方式组合起来彼此之间相互支撑和相互影响而形成的有关联的活动体系，即活动链。

构成价值链的所有活动都直接或间接地服务于供给物的创造和传递，目标顾客可以通过消费这些供给物从而实现顾客价值创造。正因为如此，这些经营活动被称为"价值活动"。因此，竞争战略的本质是关于行动的安排策略。

按照对供给物创造、传递的影响性质不同，M. 波特将所有价值活动划分为两大类：基础价值活动和辅助价值活动。前者是指对供给物的创造和传递有直接影响的活动，如制造、原材料供应、渠道维护、售后服务等；后者则是指没有直接服务于供给物的创造和传递，但对基础价值活动形成支撑作用的活动，如人力资源开发、组织管理、后勤服务等。

价值链理论将"活动"作为分析企业竞争战略、竞争优势的基础单元。任何一个目的明确的经营活动都具有两重性：一方面，它决定了消耗的资源，资源消耗又决定了成本的发生状况，简单地说，企业的成本归根到底是由其活动体系的状况决定的；另一方面，价值活动决定了供给物的创造，这又影响到顾客价值的创造和企业价值的获取状况，如图2-30所示。

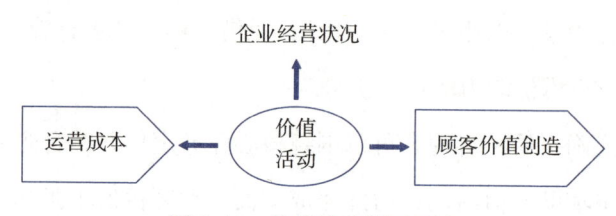

图2-30　价值活动的两重性

根据价值活动的两重性，M. 波特把图2-30中左右两边的箭形图叠加在一起，就构成了其著名的价值链模型。其中，他根据价值活动与产出的关系，将其划分为两大类：基础价值活动和辅助支撑活动。前者是直接服务于产品的创造、存储、传递的活动，如原材料采购与管理、制造和产品组装、在制品管理、销售渠道建设与运维、市场拓展与客户关系管理等；后者则指支撑基础价值活动的辅助活动，如后勤服务、基础价值活动改进研究、有关的资源开发等，如图2-31所示。

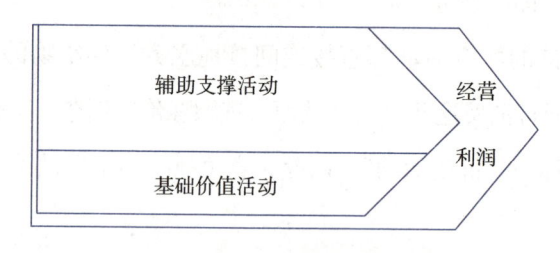

图2-31　M. 波特的价值链模型

由图2-31可知，面积较大的箭形图代表价值活动创造的顾客价值，在价格既定的情况下，这个价值决定了企业的营业收入水平。两个箭形图的面积差，代表了营业收入扣除总成本的水平，这就是企业利润。这个利润决定股东的获利状况也就是企业价值获取状况。

在 M. 波特的价值链模型中，**所有相关的价值活动包括基础价值活动和辅助支撑活动，都源自顾客价值创造的需要**，由于顾客价值创造建立在供给方案的有效提供上，因此，也可以说价值链包括的活动与供给方案涉及的要素有关，后者决定了具体企业的价值链各项活动的具体内容。

所谓竞争战略，就是价值链包含的各项活动的实施策略的组合。在 M. 波特看来，市场定位并不是战略，只是制订竞争战略的起点或基础。市场定位将影响企业决策者对各项价值活动的重要性认知，以及影响决策者决定如何开展相应的价值活动，这些决策的组合才是真正的竞争战略。

> **特别提醒：**
>
> 竞争战略是企业决策者对价值链所含各项价值活动实施策略的组合。市场定位只是制订竞争战略的起点，但它本身不是竞争战略。

但是，随着数字技术、互联网应用等因素的出现，企业可以将部分辅助价值活动外包出去而在企业边界之内只保留经过选择的辅助价值活动。这是由于数字技术以及互联网应用的不断发展，导致不同活动主体间沟通成本急剧降低，使得跨边界价值活动的交互成本控制可以得到革命性改进。

在这种情况下，企业组织再也没有必要像以前那样保留大部分甚至全部价值活动。相反，企业组织除了其核心价值链以外，只要根据其核心资源的构成状况，选择一部分辅助性价值活动作为直营活动，将其他价值活动以外包形式委托给其他组织或个人。原本无法消化的交互成本由于数字技术、互联网应用的深化普及而能得到有效控制。这样的战略性措施被管理学家称为"企业解绑"。通过正确的组织解绑，企业可以同时实现资源的有效利用以及交互成本的有效控制。

选择直营辅助活动有两个基本状况：

首先，是科创企业/高新技术产业化项目的资源拥有情况。当企业拥有开展某些辅助活动的关键或重要资源，特别是这些开发具有一定反模仿壁垒时，将相应的辅助活动选择作为直营活动就是合理的。

其次，是外包价值活动的交互成本状况。尽管总体而言，通过数字技术手段以及互联网资源的使用可以显著降低跨企业边界的沟通成本，但交互成本还包含其他影响因素，如理念、判断差异导致的沟通成本、由于合作方不确定性导致的风险控制成本等，这些额外成本都将推高某些价值活动外包后的交互成本，导致外包不合理。图 2-32 是核心价值链、直营辅助活动以及外包活动体系图。

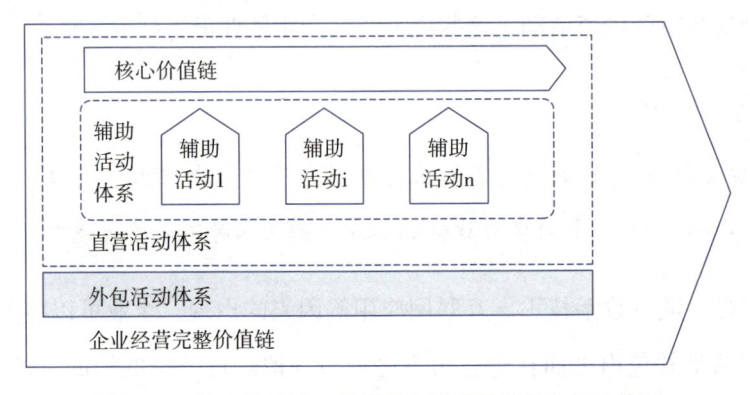

图 2-32　核心价值链、直营辅助活动以及外包活动体系

核心业务定位

核心业务定位包含两个基本问题：一是确定核心业务的类型；二是根据类型特征确定核心业务的关键价值活动的构成，如图 2-33 所示。

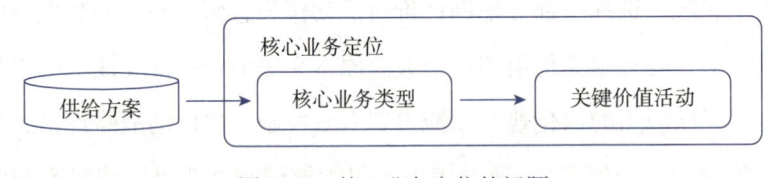

图 2-33　核心业务定位的问题

核心业务类型的确定

在图 2-33 中，核心业务的类型也就是企业将核心业务定位于材料采购、产品制造或市场服务这三个环节的哪个阶段。选择的基本依据，首先，看核心供给的要求，具体地讲，就是以核心供给为载体的顾客价值创造的

要求；其次，竞争的策略选择，即竞争者的核心供给主要依托哪一类核心业务；最后，考查企业自身的资源与能力状况，包括企业拟重点开发的资源。

核心业务的关键价值活动

所谓"关键价值活动"就是支撑核心业务的关键活动。例如，支撑"材料采购"业务的价值活动就包括信息收集与处理、供应商评价、交易谈判、定价与签约、物流管理、材料存储与管理、风险评估与控制等。产品制造和市场服务业务同样如此，企业需要在核心业务类型明确之后，进一步确定支撑核心业务的关键活动，选择确定关键价值活动主要考虑以下两个原则。

首先，这些活动对于核心业务的成果或产出的质量尤其是独特性具有至关重要的作用；其次，在这些活动的开展上，科创企业具有一定的特殊能力，使得这些活动的开展将构成科创企业核心竞争优势的重要来源。或者，科创企业准备在这些活动的开展上形成特色能力，使其在效率、产出质量等方面形成可持续的差异化，如图 2-34 所示。

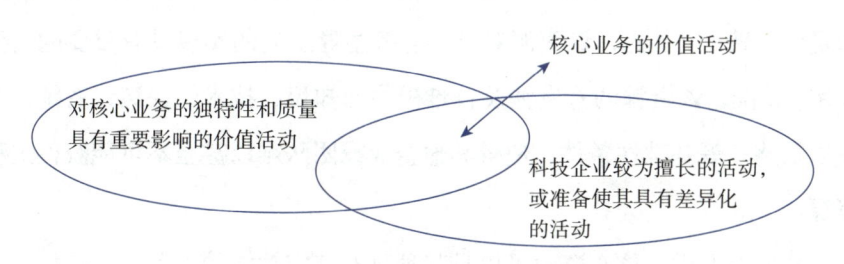

图 2-34　核心业务的关键价值活动的界定

现实中，关键价值活动的确定有多种表达，其中有些是基于经验主义视角，强调直观和可操作，如"工作重点""七寸""工作抓手"等。还有一些相对正式，强调表达的严谨性，如"关键活动""战略性业务""核心作业"等。不论何种形式的表达都具有一个共同点：关键价值活动是运营模式的最为核心的要素，因而也是决定企业/科技创业成效的最为关键的因素之一。

所谓"关键价值活动定位失误"，就是科创企业未能正确锁定要开展的关键直营活动，其实际开展的核心业务的价值活动未满足图 2-34 所示的条件，也就是相对于已经选择的牌桌，企业/科创团队"打错了牌"。

上述情况经常出现在科创企业/高新技术产业化项目决策者身上的判断与选择错误，有一个较为共同的起源，这就是单纯从科技视角看待问题时常会出现的思维障碍。

非此处创新综合症

非此处创新综合症（Not Innovation Here，NIH）是美国硅谷的一些科技型企业深入调研分析后提出的一个特殊现象，即：许多高科技企业在选择研发和创新主攻方向时，不是以市场导向的核心业务定位为依据，而是以其手上现有的技术能力为依据，排斥或拒绝以挖掘市场潜力为目标的创新行为或创新方向。这导致许多这类企业"高开低走"并陷入困境，严重者导致企业死亡。

核心资源定位

所谓核心资源，是指对核心业务发挥关键支撑作用的资源。**核心资源满足两个特征：首先，该资源对核心业务主导工艺的实现具有重要的支撑作用；其次，该资源的开发涉及较难模仿的知识、技术、诀窍、系统、关系以及路径等基础性条件，使得其他企业或团队难以甚至不可能获得这种资源。**

从形态上讲，核心资源可以是某种具有特定功能的设备（支持加工制造活动）、软件测试工具（支持软件开发活动）、有特殊才能的人力资源（支持创意活动）等。

需要注意的是：科创企业/高新技术产业化项目团队所拥有的起始资源或创业资源不是一回事，尽管二者可能具有密切的关系，但从性质上讲，它们是不同的事物。混淆这两个不同的事物是科创企业/高新技术产业化项目构建其运营模式时常犯的错误之一。

初始资源与核心资源

所谓"初始资源"，也可称为创业资源，是科创企业/高新技术产业化项目在项目启动之前就拥有的资源,如某些技术(以专利或非专利形式存在)、某种具有特定功能的设备、高技术人才团队、独立开发的某种软件、土地建筑物、商誉或产品品牌、政策背书或某些特殊关系等。

这些资源的存在很大程度上构成了科技创业/高新技术产业化的动力。因此,这些初始资源很容易被视为科技创业/高新技术产业化的初始催化剂,受到决策团队的高度重视、偏爱甚至依赖。

但初始资源并不是核心资源,这从后者的特有属性中就可看出。尽管如此,初始资源与核心资源存在密切的联系。核心资源开发涉及"较难模仿的知识、技术、诀窍、系统、关系以及路径等基础性条件",而初始资源有可能就构成了这些基础性条件,或者为有关的基础性条件提供支撑。

综上所述,**企业/科创项目如果能够正确定位和开发出核心资源,那么该企业/科创项目的核心价值链将获得有力和独特的支持,由此成为具有"可持续核心优势"的价值链**。这种有可持续核心优势的价值链有利于企业/科创项目成功,具有特别重要的影响,如图 2–35 所示。

反之,其他类型的组织资源则不能对企业/科创项目的核心价值链提供上述性质的支持,使其形成核心优势。如果这些资源的开发、维持需要企业投入资金、时间等,那么这些资源的存在还将抬高运营成本、削弱运营效益和竞争优势。

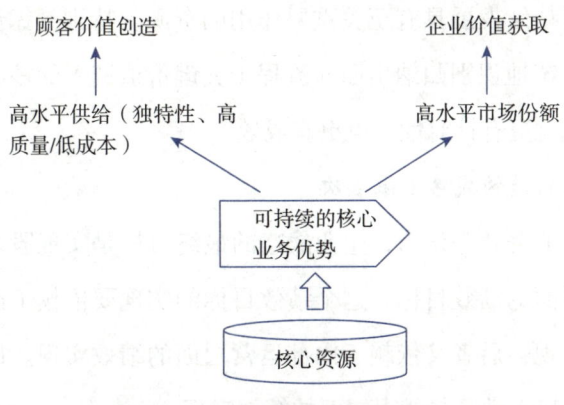

图 2–35 企业核心资源的作用

核心资源的有效培育涉及两个层次的行动：识别定位与开发途径。

核心资源的识别定位

根据我们对核心资源内涵等属性的阐述，核心资源的定位必须从这类资源的特定功能入手，这就是该类资源对核心业务中核心价值活动的关键支撑作用。因此，**对科创组织/高新技术产业化项目核心资源的定位要从对核心业务中核心价值活动的分析识别入手**，在这方面，"战略地图"（Strategy Map）提供了解决问题的基本思路与重要工具。

战略地图由美国管理学家罗伯特·卡普兰（Robert S. Kaplan）和戴维·诺顿（David P. Norton）提出。这个理论的基本动机是帮助企业确认对其可持续的发展具有基础支撑意义的资源体系和有效开发方法。他们提出：在工业化高度发达的市场经济中，越来越多的企业把可持续发展的"宝"过多地押注于高端机器设备、工艺装备等有形资源之上，尽管这些资源对于企业经营十分重要，但已经越来越无法发挥核心资源的作用。

真正的核心资源越来越多地集聚在那些无形资源上，如流程规则、组织协调技术、品牌、培训模式等。当然，具体哪些资源是组织的核心资源需要系统分析才能得出可靠结论。这种系统分析的方法就是战略地图方法。

战略地图方法的基本逻辑，就是通过逐层分析，最后归纳出对企业的关键流程和可持续发展具有至关重要作用的资源，特别是无形资源。当企业能够较为系统地识别归纳出面向流程（关键价值链）的核心资源后，相应的开发工作就更有针对性，也更有成效。

面向价值创造的战略互依层次

罗伯特·卡普兰等认为，企业战略的最终目标是实现股东价值，这就提出了财务层面的绩效目标，这个绩效目标的实现要依赖于市场层面的绩效目标能否实现，后者又依赖于内部运营层面的绩效实现。最后，内部运营绩效则要依赖于学习与能力层面的绩效实现。

因此，从实现股东价值这个终极目标出发，依次形成了四个层面的战略绩效目标。上一层次战略绩效提出了下一层次战略绩效的努力方向，下一层次战略绩效对上一层次战略绩效提供支撑，形成了一个战略互依体系。

战略地图的根本思想是：企业经营决策者不能因为其最终目标是"实现股东价值"，就整天围着财务指标转。不论是"开源"方面的指标，如销售收入、市场份额、销售价格等，还是"节流"方面的指标，如制造效率、成本结构等，都需要客户层面的工作予以支撑。与此类似，客户层面的绩效则需要运营层面的工作予以支撑，以此类推。

这是罗伯特·卡普兰"平衡记分"思想在资源开发领域的扩展应用。**所谓"平衡记分"，就是企业不能只关注结果性指标，而应该均衡关注各个层次的绩效目标实现，最终归纳出底层的资源建设目标，这就构成了企业核心资源识别、归纳的基础。**

嵌入战略层次的四个关键流程及相应的资源规划

在战略地图的"直营价值活动层面"，针对市场拓展和顾客价值创造这个特定的绩效目标，归纳了四个关键流程，分别是运营管理流程、客户管理流程、创新流程以及法规与合作流程。

实际上，上一层次的"市场拓展和顾客价值创造"与前面提到的"盈利性供给"本质上是一致的，只是前者更为抽象而已。战略地图体系中的"直营活动层面"在逻辑上与核心业务中的关键价值活动有相同的地位与作用。

当我们明确了要开展的活动包括其内容、方法、过程、目标等时，就意味着可以提前分析和规划与之相应的资源。这些资源总体上有信息、知识、人力、组织等形态。通过战略地图分析，可以具体明确这些资源的构成和特定要求，据此为针对性资源开发提供科学支撑。战略地图的总体构架如图2-36所示。

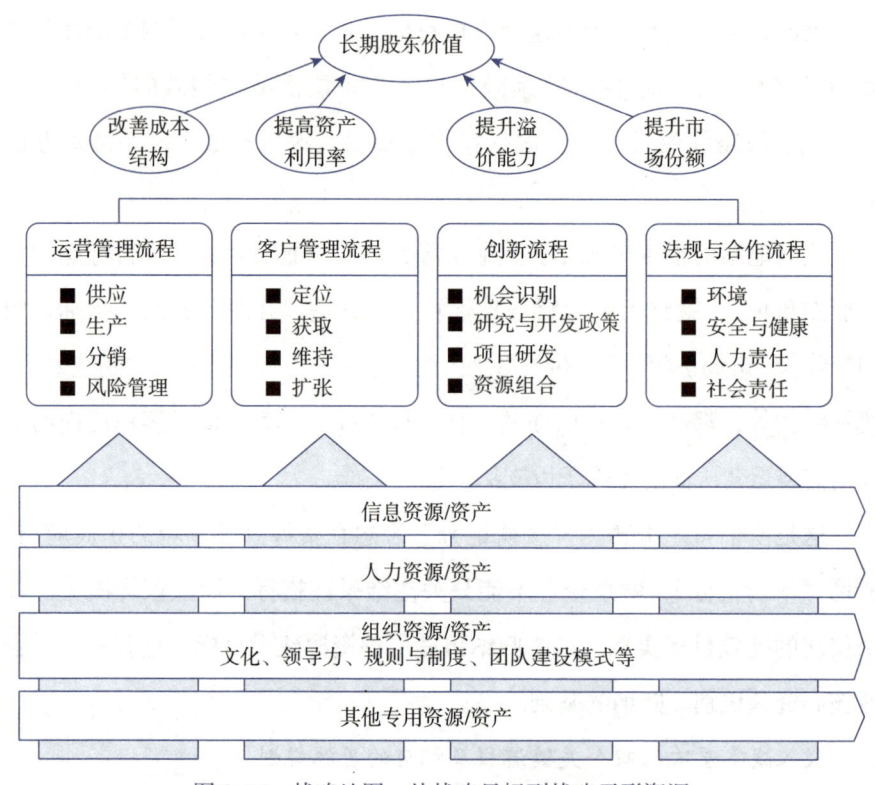

```
                        长期股东价值
                    ↗      ↑      ↑      ↖
            改善成本  提高资产  提升溢   提升市
            结构      利用率    价能力   场份额

    ┌─────────┐  ┌─────────┐  ┌─────────┐  ┌─────────┐
    │运营管理流程│  │客户管理流程│  │创新流程   │  │法规与合作流程│
    │■ 供应    │  │■ 定位    │  │■ 机会识别 │  │■ 环境     │
    │■ 生产    │  │■ 获取    │  │■ 研究与开发政策│ │■ 安全与健康│
    │■ 分销    │  │■ 维持    │  │■ 项目研发 │  │■ 人力责任 │
    │■ 风险管理 │  │■ 扩张    │  │■ 资源组合 │  │■ 社会责任 │
    └─────────┘  └─────────┘  └─────────┘  └─────────┘

              信息资源/资产

              人力资源/资产

              组织资源/资产
           文化、领导力、规则与制度、团队建设模式等

              其他专用资源/资产
```

图 2-36　战略地图：从战略目标到战略无形资源

3. 商业计划中关于运营模式定位的规划指南

功能定位

在商业计划书中，运营模式板块展现的是"企业将以何种方式来高质高效地向目标顾客提供供给方案所规定的供给物组合"。具体地讲，就是揭示"企业将依托何种性质的资源与能力，开展何种性质的业务"这个问题。

通过运营模式板块的陈述，人们将获得以下信息：

第一，科创企业／高新技术产业化项目的核心业务的性质到底是什么？或者说，未来企业在市场上扮演的角色到底是什么？企业到底是一个制造商？租赁商？还是服务商？很显然，只有明确了自己的角色，才有可能扮演好这个角色。

第二，前一板块规划的供给方案将获得什么样的后台支持？也就是说，企业将通过什么样的关键价值活动来支撑供给物的生产、组合、传递，并能持续保持供给特殊和有效控制成本。

第三，<u>企业们的竞争优势来自何处？企业的资源底牌在哪里</u>？

上述信息的有效提供，可以帮助计划阅读者尤其是股权投资人更为深刻地理解科创企业/高新技术产业化项目运营的具体安排，也就是其价值链的安排，据此评估企业运营的可行性、未来的竞争优势以及基于这种优势的企业/项目价值升值空间。

这三个方面综合起来，为人们判断科创企业运营的效率、运营可行性以及可持续竞争优势提供了充分必要的信息。

中心议题与标题设计

中心议题

运营模式板块的中心议题，就是科创企业/高新技术产业化项目拟开展的主要经营活动或价值活动，尤其是关键价值活动。

标题设计

运营模式板块的标题有两个较为常见的设计：

（1）运营模式定位

在针对有一定专业能力的投资机构、政府以及媒体进行的商业计划文本中，运营模式定位这个标题是最为常见的。其主要优点是较为规范、凝练。不足之处是，"运营模式"一词较为专业，对于部分实践人员来讲较为生疏。

（2）经营模式定位

经营模式定位这个标题也较为常见，优点是较为直观。这一标题也可与"战略管理""组织管理""营销管理"等职能规划组合起来，便于阅读者理解商业计划的主线和脉络。不足之处是："经营模式"作为一项特定的职能管理，其实是有其固定内涵的，这个内涵与本板块的主题有一定的区别。

思维导图与板块框架

运营模式在商业计划中陈述的核心内容是"企业的核心业务到底是什么？相应的核心资源又是什么？"围绕这个核心内容的陈述可以分解为三个方面的内容板块。业态陈述的思维导图如图 2-37 所示。

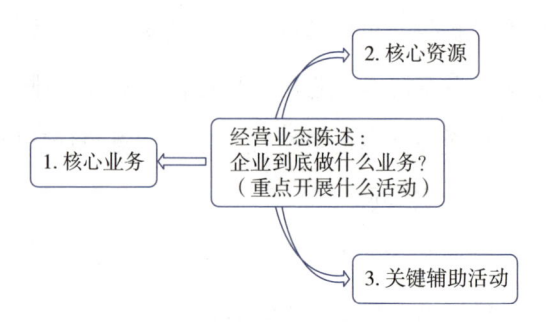

图 2-37 业态陈述的思维导图

因此，本板块的基准框架如下：

（略）

（标题）业态定位

1. 核心业务

（1）核心业务类型陈述。

（2）核心价值活动。

（3）主导环节工艺技术。

2. 核心资源

（1）核心资源定位。

（2）核心资源开发策略。

（3）基于核心资源的专有能力。

3. 关键辅助活动

（1）关键辅助活动列表。

（2）主要的外部合作内容与意向机构、合作模式。

（3）主要合作机构与合作模式（策略）。

条目规划指南

核心业务的规划陈述

"核心业务"规划是运营模式规划板块的基础内容,这一条目要揭示/展现的主要内容是:①核心业务的类型;②核心经营活动/运营流程;③关键工艺技术与业务活动的组织协调。

核心业务的类型

无论对科创企业/高新技术产业化项目的管理层人员,还是外部的潜在投资者、合作者(其他利益相关者)来讲,在商业计划中明确"企业干的是什么业务"这一点都是极其重要的。**这种明确的具体方式,就是给出科创企业/高新技术产业化项目未来运营中核心业务的类型**。这个要点的规划涉及三个层面或三个段落。

首先,要清晰界定核心供给以及在目标市场上这种供给的竞争优势建立在哪些基础之上。

其次,根据上述核心供给的竞争属性,以及本企业的能力优势,确定核心业务的基础类型。

最后,分析阐述支撑核心业务的核心价值活动,也就是关键业务活动。

关于污泥干化项目核心业务陈述的第一段,根据核心供给——代理作业以收取(分享)污泥干化机处置费,在此基础上,根据项目商业计划关于"供给方案"的设计描述,进一步揭示了核心业务为市场服务。因此,运营模式的其他内容可以相应展开。

关键价值活动

这部分要阐述的就是围绕核心业务,科创企业/高新技术产业化项目的运营拟开展的主要价值活动或经营活动,也可以从两个层面进行陈述:一是经营活动列举;二是关键价值活动说明。

关键价值活动/经营活动列举就是列出展示未来拟开展的主要经营活动。这些活动的必要性、可行性都来自核心业务的要求以及企业自身的资源能力状况。在商业计划中，一般只需揭示主要的价值活动并以此证明核心业务如何实际开展即可，不需要也不应该罗列细致的经营活动。

在总体罗列的基础上，商业计划最好再对企业拟重点开展的关键价值活动进行适当陈述，因为这个内容将对本板块后面的"核心资源""竞争优势"等内容陈述提供支持。这个特殊说明主要阐述：①活动的内容；②活动的目的与目标；③活动的基本策略。

在某些特殊情况下，商业计划书需要在这部分进一步补充关于核心业务运营流程的阐述，也就是对上面归纳列举的主要价值活动的顺序逻辑关系进行陈述。这样做的目的是使人们更加细致地理解核心业务的构成和运营安排，进而提升对项目的认可和兴趣，最终提升对项目的估值。另外，进一步说明主要价值活动的流程安排，也有利于人们理解项目运营的成本构成以及竞争优势的来源。这个运营流程可以用"文字＋流程图"的形式展现，也可以通过"表格＋文字陈述"的方式展现。

下面给出以污泥干化机项目为例的运营模式——核心业务部分的完整陈述。

污泥干化机项目商业计划中的"核心业务"陈述

（略）

运营模式

1. 核心业务

如前所述，本项目的核心供给是以分享费用方式向目标顾客提供管家式远程业务代理服务。配套供给则为设备安装调试平台化配件供给。

本项目面向核心供给的核心业务为市场服务，核心资源则为数字遥控系统；针对重要配套供给的核心业务为制造，核心资源则为软件系统。

根据上述核心业务类型的主要属性，本项目拟重点开展以下主要职能活动，以支持核心业务的高效运营。

（1）设备（基于本企业专有技术的污泥干化机）落地安装与调试。

（2）分布式运营管控平台的构建、升级与运维。

（3）对外部生产机构的协调，尤其是产品质量、工艺标准以及生产进度的调控。

（4）对现场监管人员的培训和远程指导。

（5）项目融资和干化机零配件快速物流系统的构建与运维。

在上述主要的经营活动中，关键价值活动是前两项，这两类活动将对本项目创新性供给的高质高效实现产生关键影响。

设备落地安装与调试是实现分布式作业代理服务的基础，也是本项目核心技术应用的具体体现。这项经营的目的是将本公司的主打产品——有限元构造的污泥干化机，布局到各地的污泥处置中心去，通过机器设备的嵌入实现对目标市场的占领和渗透。本项活动除了将我公司生产组装的具有特定功能的污泥干化机配置到污泥干化作业地点，还包括提供相关的场地规划与建设、融资租赁、设备调试等工作。本公司已经在这些业务环节形成了相应的工作规范、技术支撑以及人力资源配备。分布式运营管控平台是本项目实现针对多场地污泥干化作业代理服务的核心支撑系统。借助这个平台，本项目可同时实施多个污泥干化作业的代理服务。

（略）

核心业务陈述中的常见错误与特别提醒

（1）空缺未定义

空缺未定义是最常见的一类错误，即在商业计划书中根本不提及科创企业/高新技术产业化项目的核心业务是什么？其类型特征是什么？所含的主要价值（经营）活动是什么？尤其是根本不提及支撑供给方案的关键价值活动。

其后果也有两个方面：

一是核心团队无法聚焦核心业务，主要价值活动尤其是**关键价值活动无法得到必要的认知和重视，相应的战略资源开发因无从开展而将长期短缺，科创企业/高新技术产业化项目无法集聚起保障持续发展的核心竞争**

145

优势，甚至短期优势也难以建立，原因是即便是短期运营成本，也可能由于缺乏对关键活动的聚焦而无法得到有效控制。

二是外部潜在投资者、合作者对项目的评估受到影响。由于不能确定其未来经营的核心业务，就意味着决策层对科创企业/高新技术产业化项目的认知还处于较低层次。这种认知局限将对外部人士的项目前景判断造成非常不利的影响。

（2）错位定义

错位定义是指在界定核心业务时，准星选择错误导致核心业务定义出现错误。所谓"准星"，是供给方案中规划的盈利性供给。科创企业/高新技术产业化项目决策者会由于知识缺陷或理念僵化，在认知其核心业务时脱离核心供给要素的性质，仅根据核心产品的属性来定义其核心业务。例如，在污泥干化机项目中，将准星定位在污泥干化机这个实体产品而不是盈利性供给——作业代理服务上，这就很容易将核心业务界定为"制造业"而不是"服务业"。

（3）内涵模糊不准确

内涵模糊不准确是指商业计划书中虽然核心业务定义基本准确，但归纳了诸多这一业务包含的运营活动，导致关键价值活动不明确。我们再次强调：关键价值活动的定位具有特别重要的意义。首先，关键价值活动指出了科创企业/高新技术产业化项目未来运营中竞争优势的源泉所在，对于企业竞争战略的制订和有效实施具有直接指导意义；其次，关键价值活动指明了未来核心资源发展的主要领域或方向。因此，**如果关键价值活动模糊不准确，将导致未来项目运营的竞争优势打造、核心资源的有效开发失去不可或缺的基础**。

核心资源的规划陈述

核心资源的开发和应用是运营模式的三个关键内容之一。核心资源的定位揭示了科创企业/高新技术产业化项目在其未来运营中，主要依托的

"底牌"是什么。这不仅为企业/项目决策团队制订高效的资源开发战略提供依据，也可向外部人士展现其核心优势来自何处。

在商业计划中，核心资源的规划陈述涉及三个主要内容或要点：①核心资源描述；②核心资源开发策略；③基于核心资源的专有能力。

核心资源描述

这里所指的"核心资源"可能是一项，也可能是一组资源。所谓"描述"就是列出这些资源的名称、功能、特征以及在这些资源的拥有、开发上本企业具有基础或独特条件。这部分内容可以通过列表形式呈现（如果核心资源多于一项），也可以用分段陈述形式展现。分段陈述的重点是该资源的特定功能与特殊属性。

仍以污泥干化机项目为例，由于该项目运营的核心业务是以干化业务代理为基础内容的市场服务，相应的关键价值活动是：①设备提供——安装调试——融资支持；②基于数字平台的分布式（远程）作业代理服务。**相应地，就可以针对这两个关键价值活动来界定核心资源**。例如，第一项价值活动的核心资源可以是设备（污泥干化机）的定制化设计体系或人工智能系统；第二项价值活动的核心资源可以是远程传感软/硬件（技术）。

以上规划的核心资源都与科创企业/高新技术产业化项目的起始资源相关，如已取得的技术专利、独立开发的软件系统或干化机燃烧仿真模型等，后者将对干化机传感技术研发提供重要支持。

核心资源开发策略

针对规划出的核心资源，分别提出相应的资源开发策略。在商业计划书正文中，这部分内容往往只需要展现一下策略的核心内容即可。详细策略及其可行性分析一般放在有关附件中陈述。这样的附件有可能需要签订有关的保密协议后才能提供给阅读者。

基于核心资源的专有能力

这里的"专有能力"要揭示的实际上就是各类核心资源对未来运营

的竞争优势或差异化优势的贡献。这部分内容可以安排在这个板块，也可以安排到"项目优势"板块中去。前者的好处在于由于紧跟在核心资源陈述之后，这种衔接有利于人们快速准确地理解核心资源的专有能力，也就是特殊贡献的机制。后者的优点则在于可集中阐述项目的竞争优势问题。例如，污泥干化机项目商业计划中"核心资源"的陈述。

核心资源

如上所述，本项目核心业务中的关键价值活动分别为：①设备提供——安装调试——融资支持；②基于数字平台的分布式（远程）作业代理服务。为使这些活动能够高质高效地开展，使得核心业务能够形成相对于竞争对手的可持续竞争优势，结合本企业/高新技术产业化项目的基础资源优势，我们确定了以下资源为未来运营的核心资源。

（1）设备（污泥干化机）的定制化设计体系或人工智能系统

这个资源将对未来运营中的远程作业代理服务提供底层支撑。由于本项目核心团队在应用有限元方法设计污泥干化机方面具有多方面积累，包括但不限于专利、自主开发的仿真软件等，因此，本企业/高新技术产业化项目在开发这个核心资源上具有独特基础。未来的资源开发将主要集中在人工智能在干化机换热仓筒设计中的应用，借助于本公司/项目已经拥有的参数数据库，以及开源数据资源形成的机器学习的基础数据，可以提供给人工智能设计系统的开发。

（2）远程传感软/硬件（技术）

这个资源对于支撑企业的远程作业代理/作业过程监控业务的实施具有重要的支撑作用，并由此对核心业务的质量、效率保障关键技术进行支撑。这一资源的开发将通过设计与工艺领域的跨界联合开发来实现。

面向关键价值活动的核心资源定位如图2-38所示。

（略）

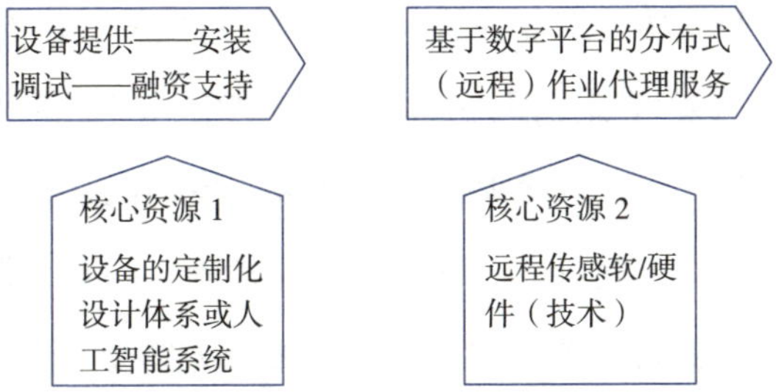

```
设备提供——安装         基于数字平台的分布式
调试——融资支持          （远程）作业代理服务

核心资源 1              核心资源 2
设备的定制化            远程传感软/硬
设计体系或人            件（技术）
工智能系统
```

图 2-38　面向关键价值活动的核心资源定位

核心资源陈述中的常见错误与特别提醒

（1）空缺或错位

空缺或错位这个问题与核心业务陈述的问题一样，就是在商业计划书中采取了回避、忽略的做法导致内容空缺。还有一种情况，就是将核心资源与科创企业/高新技术产业化项目载体的能力混为一谈。**资源是能力的基础，但二者不是一回事，不能混淆**。

（2）内涵模糊

内涵模糊是将组织的核心资源与科创企业/高新技术产业化项目的起点技术、研发能力、产品技术等概念混淆。这里再次强调：核心资源是指可对核心业务中的关键价值活动发挥独特支撑作用，并且竞争对手难以开发获取的资源。它是组织核心竞争优势的基础条件或支撑，同时也是组织未来运营中重点关注和开发的领域。

（3）零散

零散是将关于核心资源的状况陈述散布在商业计划书的不同部分。零散问题的一方面，将导致人们对这个重要的内容无法形成明确清晰的认识；另一方面，也无法支持核心团队建立起关于核心资源的必要认识，耽误组织对此资源的有效开发。

（4）不适当披露

所谓"不适当披露"，是指科创企业/高新技术产业化项目决策层并未在核心资源陈述上做出合理有效表达，反而对一些涉及企业核心技术、组织协调策略甚至产品功能细节等予以过多的信息披露，导致敏感信息外泄。关于这一点，这里要特别提醒：在商业计划书中，组织的核心资源只需要给出一个基本信息即可，这个基本信息主要指资源的名称和主要功能。至于该资源的具体形态、属性、技术或管理原理等，均不宜做信息披露。在有些情况下，如股权投资前的尽职调查，投资方需要企业/项目提供相关信息，可在签订保密协议后再根据需要进行选择性提供。

五、盈利模式和业绩规划的问题与分析原理

1. 总体说明

盈利模式问题的产生：三多三选与组合效应。

盈利模式在本质上揭示的是企业如何持续赚钱的问题，或者企业靠什么持续赚钱这个问题。

有人可能会说：企业当然是靠卖产品赚钱，只要价格坚挺，就能持续赚钱。这句话的潜台词折射出一个常见的思维认知：盈利模式其实是一个不需要斟酌和设计的问题，更准确地说，当企业产品的供给方案确定时，盈利模式基本上就确定了。

遗憾的是，事实并非如此。企业/项目核心产品技术先进、功能合理，这只是企业/项目能够赚钱的必要条件，但远非充分条件。

当一个企业的供给方案确定时，下面三种情况可能出现一种或全部出现：第一，供给要素有多个而不是一个，这意味着企业可以出售的交易物可以有多个；第二，可服务的对象有多个而不是一个，这意味着企业可以和多个对象开展交易而不是一个；第三，交易物（销售物）的价位有多个而不是一个，这意味着企业可以用不同的"速度"产生收益。综合起来讲，**即便供给方案给定，企业的盈利模式也存在多种选择，其中，最好的选择只有一个，其他的均为非优甚至是不好的选择。**

对于那些重视商业模式设计与创新、理解高新技术产业化发展规律的创业者、企业家、投资人来说，设计并构建一个好的盈利模式，是他们最关心的事情。事实上，他们在还没有系统思考商业模式、产品定位、渠道建设、品牌形象等一系列经营问题时，往往先考虑的就是："未来我们怎么赚钱？"

有时，当人们尤其是有经验的投资者说一个企业是"烂企业"时，不一定是藐视其技术或资产，而是指该企业的盈利模式很糟糕的意思。

多供给要素

在很多供给方案中，企业向目标顾客提供的不止一样供给物，除核心产品外，还包含其他一些与之有互补关系的关联供给。在这种多供给要素的情况下，选择供给方案中的哪一个或哪几个供给物作为交易物，就成为决定盈利模式的首要问题。我们看几个经典例子：

苹果手机与吉列剃刀的圈地行动与收割点选择

苹果公司的成功有目共睹，但很多人不知道，最先将数字音乐播放器推向市场的并不是苹果公司。1998年，一家名为"钻石多媒体"的公司推出MP3随身听Rio。2000年，另一家名为Best Data的公司又推出了Cabo64。这两款产品均性能优良，既可以随身携带，又新颖时尚。可是，最后取得巨大成功的为什么是iPod，却不是Rio或Cabo64呢？

这是因为苹果公司不仅仅是为新技术提供时尚的设计，还把新技术和卓越的商业模式结合了起来。苹果公司打造了一个全新的商业模式——将硬件、软件和服务融合在一起。这一模式的运行原理和吉列公司著名的"刀片+剃刀"模式正好相反：吉列公司是利用低利润的剃须刀架来带动高利润的刀片的销售。苹果公司却是靠发放"刀片"（低利润的iTunes音乐）来带动"刀架"（高利润的iPod）的销售。这种模式对价值进行了全新的定义，并为顾客提供了前所未有的便利。

资料来源：Mark W. Johnson, Clayton M. Christensen, and Henning Kagermann. Reinventing Your Business Model [J].Harvard Business Review, 2008

多服务对象

通常，人们将企业的"顾客"等同于"服务对象""支付或购买者""消费者"等。在一般情况下，我们可以接受这种概念替换，但在盈利模式问题框架内，上述概念是不能相互替换的。

服务对象

在商业计划书中，"服务对象"特指企业决策层构思的供给方案所服务的顾客群体。他们通过与供给方案提供的接触物交互，即使用、消费这些供给物，形成各种心理体验，也就是顾客价值。当这个意义的顾客价值提升时，会增加作为服务对象的顾客的满意度，进而促成他们认同、认可、信赖乃至依靠企业，促成其对企业供给的重复消费，形成稳定的价值共创关系。

支付／购买者

支付／购买者是指实际掏钱支付给企业的群体。注意，**尽管大多数时候支付／购买者与服务对象是重合的，但这种重合并不是必然的**。也存在这种情况，企业的服务对象与支付／购买者不是一类群体。这种不一致情况包含但不限于双（多）边市场等场合。

双边市场问题

双边市场是指通过一个或者多个平台促使不同的终端用户之间相互作用（如求职网的雇佣方和求职方、房产中介网的出租方和求租方等），同时通过对每一边用户收取合理的费用将双边用户维持在平台上的市场，简而言之，就是平台厂商在赚钱或者不赔钱的状况下，尽可能获得双边用户满意的市场。

现实情况中，有很多产业具有显著的双边市场特征，如广播、电视、房产中介、百货零售等传统产业，以及电子支付、门户网、网上商店等近些年来快速发展起来的新兴产业，这些都是由平台厂商提供服务，两类或者多类用户借由平台实现交易行为的双边市场。

形成双边市场的前提是双边用户之间的相互需求，缺一不可，否则整个双边网络就不可能存在。

首先，必须要有建立在一定技术条件和资金实力基础上的平台，对于自然垄断性质的行业，平台厂商需具有强大的资金实力；对于技术密集型产业，平台厂商必须拥有核心技术开发和运营能力。

其次，必须能够吸引并且维持足够量的双边用户，这是双边市场的根本，也是其赖以生存的前提。在双边市场中，一边用户的期望效用会随另一边用户数量的增加而增加，也就是双边用户之间存在交叉网络的外部性，这类似于"先有鸡还是先有蛋"，如果要吸引买方，那么平台需要先有大量的卖方登记在册，但是卖方在决定是否使用平台时考虑的又是平台上是否已经有足够多的买方。

具有双边市场特征的产业想要取得成功，就必须要把双边用户都拉到平台上来。从具有双边市场特征的产业实践中可以看出，平台厂商一般采用"分而治之"策略，即通过让利的形式给予对整个平台网络有利的一边用户一定的补贴，继而通过这边用户的参与和发展来带动另一边用户市场的繁荣，最终促进平台发展。由于外部网络效应存在，"分而治之"策略对双边市场的均衡和结构有很强的影响。

多组合价位策略

稍微了解企业营销实践的人都知道，为了促进主营业务的销售业绩，企业通常会采取一系列"优惠补贴"政策。具体地讲，就是通过提供有关补贴性要素，如赠品/纪念品、优惠服务等，来保障销售产品/盈利性供给的价格溢价或销售规模。显然，这就存在一个"盈利性供给—补贴性供给"的价格组合问题。

我们将二者价格的比称为"盈补比"。由于盈利性供给是企业获取收入的来源，因此该类供给的价格当然越高越好。**由于消费者都有"价格敏感性"，为保障盈利性供给的价格溢价能力，企业需要从其他方面来补贴**

消费者，使之不那么在意盈利性供给的价格，这就是补贴性供给的作用所在**。在图 2-39 中，A_1/B_1、A_2/B_2 就是同一供给方案下的盈补比。

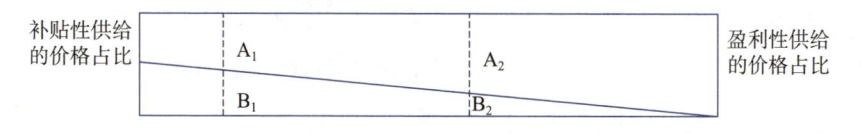

图 2-39 同一供给方案下"盈补比"的连续分布

什么是"盈利模式"

所谓"盈利模式"，就是关于企业"如何持续赚钱"或"靠什么持续赚钱"这个问题的答题要点。我们归纳了关于这个问题的答题三要点：①交易物/盈利性供给及交易对象（或收费对象）策略；②（组合）补贴策略（盈补比）；③成本结构策略，如图 2-40 所示。

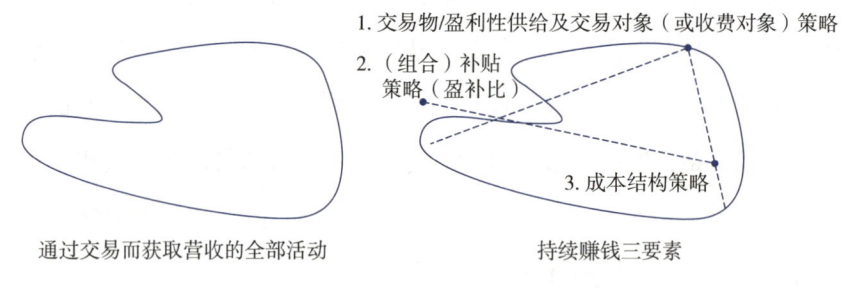

图 2-40 盈利模式的构成要素

作为盈利性供给的交易物及相应的交易对象

所谓"供给"，是指企业拟提供给顾客的某种东西，包括有形的东西（如产品）和无形的东西（如服务、知识、信息等）。此外，"权限"也可视为是一种特定的供给。凭此权限可以获取信息数据、服务以及顾客可能感兴趣的其他东西。从企业角度看，这些东西就是由企业研发制造、组装以及组织协调推送给顾客的"东西或接触物"；而从顾客角度看，他们获得这些东西的所有权、使用权或接触权就是"所得"。同一个交易物，在交易双方（或多方）眼里具有不同的意义和显现。

盈利性供给的选择将产生多方面重要影响：一方面，盈利性供给决定了企业的营收来源，进而影响企业实际营收的规模，更为关键的是，将影响这种营收的可持续性；另一方面，盈利性供给还决定了企业的核心业务和关键价值活动，因此，也影响到企业运营的成本结构和成本水平。

如果不加周密地思考，很多人会想当然地将供给方案中的核心产品视为盈利性供给。但在这里需要再次强调：**核心产品当然可以成为盈利性供给，但这并不是绝对的。核心产品定位与盈利性供给的选择是两个不同的决策，不能彼此代替**。

所谓交易对象，就是企业拟与其进行交易向其提供盈利性供给，由此向其收费的人。在交易对象设计中，我们要注意"交易对象"与"服务对象"的区别。

在商业世界中，人们对顾客的概念从来都是没有疑义的：顾客就是企业（卖家）的服务对象，同时也是为此付费的人（买家），因此是提供了企业销售收入的人。在这里，顾客和服务对象是重合的。然而，在很多情况下，这两者完全可能相分离，即服务对象未必是付费者，或不是主要的付费者。这在双（多）边市场的经营中几乎完全如此。

除此以外，即便在很多传统型行业中也是如此。例如，儿童和中小学生服务（服务对象是儿童、中小学生，支付者为父母等）、某些医疗服务（服务对象为患者，支付者为政府或家人）、大部分公共产品的供给与运营（服务对象为市民，支付者为政府）等。在互联网时代，由于平台型业务的流行，服务对象与支付者也就是交易者分离的情况日益普遍。

以扩张交换价值为目标的盈利点定价，以支持营收最大化为目标的"盈补比"

如前所述，"盈补比"就是盈利性供给的价格与作为补贴性供给的价格之比。当补贴性供给不止一个时，这里的补贴性供给价格是指全部补贴性供给价格的均值。

当盈利性供给的价格给定时，"盈补比"越大，表示补贴性供给价格越低，补贴幅度越大，这可能意味着企业决策者希望通过加大补贴力度，来巩固盈利性供给的价格定位。当企业在盈利性供给的市场上面临价格竞争时，这是一个常见的策略选择；而当补贴性供给的价格既定时，"盈补比"越大，则表示盈利性供给的价格越高。当企业准备实际提升"盈补比"时，可能表示企业决策者希望更加充分地利用补贴性供给对盈利性供给的溢价支撑效应。

在供给方案既定的情况下，确定合理的"盈补比"对于企业的营收流量及其可持续性都具有十分重要的意义。问题是：现实中相当多的科创企业家或高新技术产业化项目决策者，对经营中如何构建合理的补贴性供给、如何形成最佳"盈补比"以支持企业的可持续营收，往往缺乏系统思考和科学设计。

成本结构策略

即便从"盈利模式"的字面上，也能进行适当地推测：由于"盈利"取决于收入和支出两大因素，因此盈利模式必然包含与支出有关的策略安排。这里的"支出"就是由成本结构决定的采购支出。

所谓"成本结构"，就是企业为了高效运营、保质保量地形成供给方案包含的全部要素，需要从外部采购的要素及其支出比例。从直接的意义上讲，成本结构决定了企业与其合作者或采购物的提供方如何划分企业营收这个"蛋糕"，总体成本越高，这个蛋糕被合作者分走的盈利越多；反之，则是企业分得的盈利越多。

注意：成本结构不仅影响上述蛋糕的划分，也将对供给方案的质量效能产生重要影响，具体地讲，成本水平高可能有利于供给方案的质量提升，反之则可能削弱供给方案质量。当成本低于合理水平时，企业的供给方案/顾客问题方案的质量将一定会受到负面影响。所以，成本结构的考量需要综合上述两方面效应，做出最佳选择。

事实上，当那些形形色色的赠品，随着竞争性模仿而导致其保护效应日益降低甚至消失时，有智慧的经营者已经开始重组其供给组合。重组的一个基本方向是，将原来由单一的产品或服务构成的产出，有意识地拆分为彼此互补的若干部分，我们称之为互补型产出，即多要素供给方案。图2-41是成本结构—供给方案的竞争优势—企业价值获取的关系。

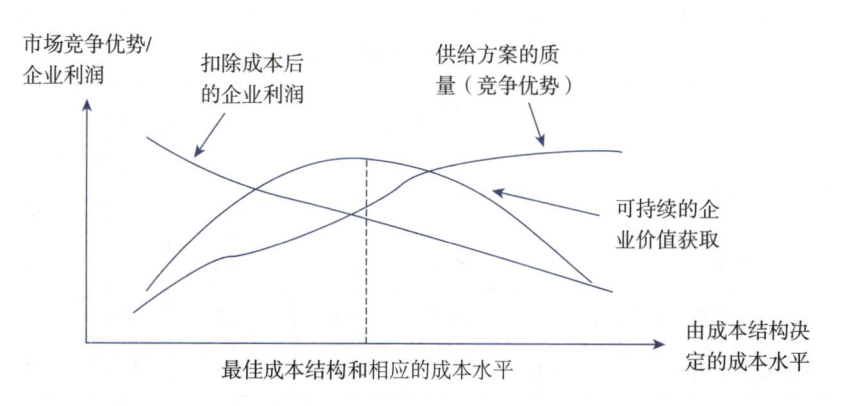

图 2-41 成本结构—供给方案的竞争优势—企业价值获取

在这种情况下，盈利模式问题将十分突出，人们需要确定：在由互补要素构成的供给体系中，哪些或哪个作为收费项目，即盈利性供给，哪些或哪个将作为补贴性项目，通过保护性业务起到集聚和巩固目标顾客群体的"圈地"作用。通过"圈地"行动的"掩护"，收割才可达到最理想的效果。这两者都是盈利模式的构成要素。**通过合适的圈地业务或补贴性供给巩固好目标顾客群，也就是圈一块好地，再在里面选一棵"好苗"作为收割对象，好的盈利模式便由此形成。**

什么是"业绩规划"

顾名思义，业绩规划就是对科创企业/高新技术产业化项目的未来业绩按时间序列进行分析和确定。这里的"业绩"主要是指主营业务的销售收入。而业绩规划在预计这些期间收入时，还需要规划相应的收入来源，即盈利性供给是什么。在许多商业计划中，科创企业/高新技术产业化项目会在不同的时期规划不同的盈利性供给，这样的安排同样是业绩规划的重要信息。

综合而言，业绩规划就是对未来某个期间内（通常为5~10年）各年度企业/项目预计的营收业绩以及盈利性供给（作为营收基础的交易项目）做出安排。表2-3给出了业绩规划的基本内容模板。

表2-3 业绩规划的基本内容模板

年份	2025	2026	2027	2028	2029	2030
盈利性供给（产品）	CH-1 燃气计量表	CH-1 燃气计量表	①CH-1 燃气计量表 ②数据采集服务	①CH-1 燃气计量表 ②数据采集服务	①数据采集服务 ②平台增值服务	①数据采集服务 ②平台增值服务
总体营收（单位：万元）	200	350	380	650	720	1030
运营成本（单位：万元）	56	107	103	275	300	450
毛利（单位：万元）	144	243	277	375	420	580

需要特别说明的是，业绩规划的中心工作是尽可能准确地预测各项指标，从这个意义上说，"业绩规划"的全称应该是业绩预测与规划。预测的核心是价格和销量，前者包括盈利性供给，也就是盈利点价格和主要采购产品价格；后者则指盈利点在某个期间的销量。这个销量首先取决于企业/项目的产能，其次还取决于市场份额，这个份额又与企业/项目的竞争优势密切相关。

由于上述产能、竞争优势等是指未来的产能、竞争优势，因此基于这些因素的业绩就需要通过有关的预测来完成。

盈利模式规划的意义

（1）盈利模式决定健康可持续的企业价值获取能力

如果"供给方案/顾客问题解决方案"的目的是千方百计解决如何服务好目标顾客，那么**"盈利模式"的目的则是仔细斟酌解决如何使得供方也就是企业的利益得到最大实现，即如何使企业价值获取达到最优。**

所谓企业价值,就是通过企业经营而给企业所有者带来的投资回报。实际的企业价值获取通常用企业净利润来表示或衡量。因此,某一期间的企业价值获取可表示为:

企业价值获取 =(交换价值 – 交换成本)× 期间销量(1)

交换价值 = 可持续的盈利点交易价格(或期间全部交易的平均价格)(2)

交换成本 = 可持续的采购物交易价格(或期间全部交易的平均价格)(3)

事实上,盈利模式的作用就在于通过导入并固化一种交易关系,从而支撑某种交易价格(卖价)和采购价格(买价),由此决定企业在给定期间的价值获取能力。盈利模式的作用如图 2-42 所示。盈利模式的前因与后果如图 2-43 所示。

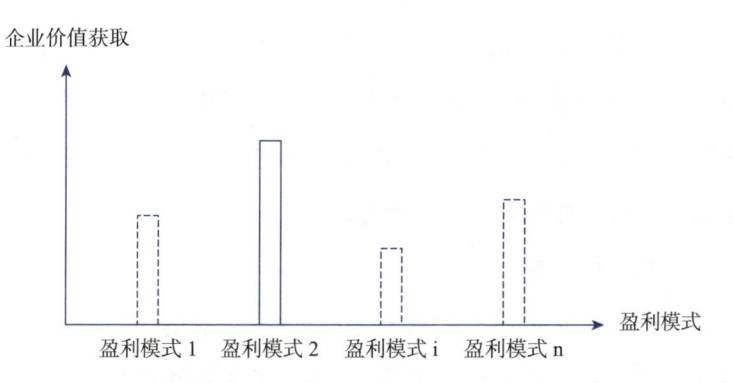

图 2-42 盈利模式的作用:影响企业价值获取的能力

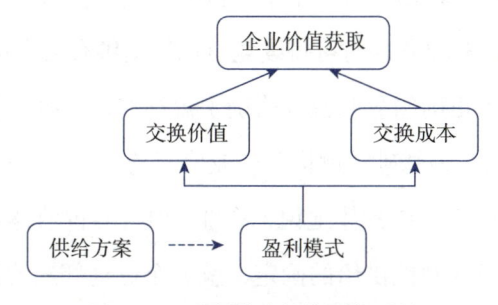

图 2-43 盈利模式的前因与后果

从上面的式(1)~(3)可知,交换价值(盈利点的均价)是决定企业价值获取的关键因素。以下是要重点强调的重要观点：虽然好的供给方案/顾客问题解决方案能够带来较高水平的顾客体验，也就是顾客的价值创造，但这种顾客价值本身并不会自动转化为企业收益，当然，前者也是后者形成的基础和依据。

但是，二者不是一回事，需要不同的思路和方法加以设计构建。因此，一个好的供给方案/顾客问题解决方案并不一定确保企业能够形成一个同样好的盈利模式，甚至由于科创企业/高新技术产业化项目决策层的失误，一个好的供给方案对应着一个糟糕的盈利模式也是时常发生的情况。

（2）更进一步明确关键业务和核心资源

盈利模式确定了作为营收基础的盈利性供给，这将进一步明确科创企业/高新技术产业化项目的关键业务所在。

当一个科创企业/高新技术产业化项目的资源体系不能支持上述关键业务时，该科创企业/高新技术产业化项目必然难以持续，因此，**明确的盈利模式对于企业/项目正确识别判断其核心资源，并采取针对性措施提高此类资源的开发效率具有积极意义**。

（3）支持整体营销

营销工作是为了更加有效地支持企业主导产品的市场开发、占有和获利。如上所述，盈利模式明确了企业/项目的盈利性供给，这也为制订和高效实施的营销组合计划提供了重要的基础。

（4）创新性盈利模式将对可持续竞争优势提供有力支持

同样道理，当正确的盈利模式明确了盈利点以及补贴性供给之后，企业/项目就能够以此为基础"倒推"企业价值链所含各项价值活动的目标、实施策略、保障措施。更具体地说，企业/项目的价值链合理性是企业竞争优势的基础，而盈利性供给的确定，就为企业全部经营活动提供了一个重心，并为决策层构思和组建特有的价值链提供基础，促使其竞争优势的形成或强化。

现实中，构思和确定盈利性供给是构建任何一个商业模式的企业家和创业者最为关注的环节，以至于有许多人把这一环节的构思视为商业模式本身的构建。构思和确定盈利来源可以看成是商业模式的"画龙点睛"之笔，这个部分的设计将直接影响到未来业务的收益情况，但要注意：理想可行的盈利模式必须建立在供给方案板块的设计基础之上，同时，盈利来源的设计也将会对内外部资源的定位产生影响。

业绩规划的内涵与意义

业绩规划是在盈利模式规划基础上进行的一项特定内容规划，是商业计划书中的一项重要内容，具有以下两个方面的重要意义。

（1）经营团队可明确未来的经营情况、经营目标

借助业绩规划，企业/项目的决策团队以及骨干成员可以十分清晰地明确规划各个阶段企业/项目的总体经营目标，据此可以制订和分解出各方面重要的专项目标和专项行动路径，真正做到"心中有数，脚下有路"。

同时，业绩规划也将为商业计划中的"愿景定位"提供量化支持，后者是商业计划的核心板块之一。

（2）对企业的估值尤其是其潜在价值的估测提供依据，这又为科创企业的融资提供了重要的支持

对科创企业/高新技术产业化项目的估值是投融资各方开展工作的基础性工作。对于众多股权投资机构来说，投资科创企业/高新技术产业化项目就是投这类企业/项目的未来。但在很多时候，投资人对科创企业/高新技术产业化项目未来的发展潜力、成长空间并不是十分了解。

事实上，由于科技成果产业化进程涉及的密集技术因素，投资人在判断企业/项目的未来价值时常常处于严重的"信息不对称"状态，在这种情况下，企业/项目决策团队作为"内部人"，由于其对内部信息包括产业、目标市场等外部信息的了解，就应该能够作出较为系统和合理的业绩预估，为外部投资机构以及形形色色的潜在合作者提供较为可靠的估值依据。

2. 如何进行盈利模式设计与业绩规划

盈利模式设计与业绩规划是以供给方案/顾客问题解决方案的规划结论为基础或前提的。因此，**可以将供给方案/顾客问题解决方案的规划结果视为盈利模式与业绩规划的起点**。

我们知道，供给方案/顾客问题解决方案可以简要描述为企业研发生产组装的自营供给物以及由其组织协调提供给顾客的外部互补供给物或协作接触物的组合。顾客在消费过程中与这些供给物分别进行调用、接触、交互并由此产生各种心理体验，也就是"静态顾客价值"，这些顾客与之交互的供给物也被称为"接触物"。因此，供给方案/顾客问题解决方案可表示为：

$$供给方案/顾客问题解决方案 = \Sigma\ 接触点$$
$$= \Sigma\ 自营接触物 + \Sigma\ 协作接触物$$

只有当盈利点定位完成后，企业/项目决策层才能够明确补贴点组合。所谓"补贴点"，就是企业的自营接触物中除去盈利点的部分。这部分供给物将以优惠价格甚至免费提供给顾客，通过这样的补贴性供给来支撑盈利点的溢价策略得以实现。通过对盈补比的确定，也就是盈利点均价与补贴点均价的比例，可以逐步完成对补贴点的价格定位。

当企业开展经营活动向目标顾客实施并推送供给方案/顾客问题解决方案时，必然会产生各种运营成本。根据供给方案/顾客问题解决方案的总体结构公式，即供给方案/顾客问题解决方案 = Σ 自营接触物 + Σ 协作接触物，企业的总体成本亦可以划分为两大部分：一是研发生产组装自营接触物所产生的成本；二是组织协调各个协作供给物以便满足顾客调用、接触、使用这些接触物所产生的成本。为了最大程度实现企业价值获取，需要对这个成本体系的比例关系（成本结构）进行规划。

最后，当盈利点、补贴点的价格体系以及成本结构确定后，企业可根据市场规模、市场份额等因素的预测进行未来的销售额、成本、利润等经营业绩的规划。这样的总体路径如图 2-44 所示。

```
供给方案/顾客问题解决方案
        ↓
   盈利性供给定位
        ↓
     盈补比确定
        ↓
    成本结构确定
        ↓
      业绩规划
```

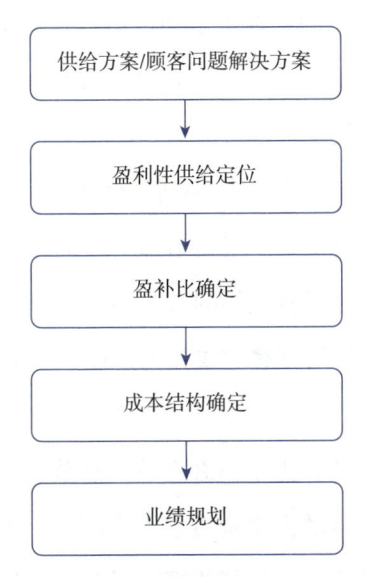

图 2-44　盈利模式与业绩规划的总体路径

盈利性供给定位

盈利性供给定位就是在自营接触物组合中选择一个或少数几个作为企业的交易物的接触物，即盈利点。为此，需要解决三个方面的问题是正确选择盈利点的实质与原则。

在给定的要素组合（自营接触物／供给物）中选择盈利点，其实质是在各种可能的交易关系中选择未来实际要缔结、维系和利用的交易关系。一方面，这种关系决定了企业的主营业务收入的来源和机制；另一方面，这种关系的对象也决定了企业未来开展经营的主战场或主阵地。从这个意义讲，**选择盈利点其实是选择企业拟缔结的交易关系**。选择的总体原则当然就是这种被确定的关系要最有利于本企业的生成和发展。

综合来讲，在供给方案构成要素中选择盈利点，要力求满足以下三个要求。

（1）溢价能力/潜力最强

一个由多要素组成的供给方案可以对目标顾客的多个消费环节提供支持，但上述各个消费环节的顾客需求强度通常是不均等的，存在某一个或少数需求潜力最大的环节，也就是顾客痛点所在环节。显然，在这些环节上提供的交易物就具有较强的溢价能力/潜力。

瞄准顾客行为可以更清楚地认识到这个问题：当顾客为追求某一目标而需要完成若干项待办任务时，总存在某一个目前乃至未来都很艰巨的任务，这个待办任务就是他们最需要被支持的环节所在，**企业盈利点就应该是能够支持这个环节，作为顾客完成其待办任务的工具/供给物**。

这里需要再次强调的是：供给方案所含自营供给物/要素，针对的是顾客消费过程的不同环节，由于顾客在这些环节上拥有的资源、能力等不尽相同，因此对外部支持的需求强度也不尽相同。为此，**企业需要仔细甄别和预判顾客未来最需要支持的行为环节是什么，据此确定作为盈利点的供给物/交易物**，图 2-45 详细介绍了供给方案、盈利点与交易之间的关系。

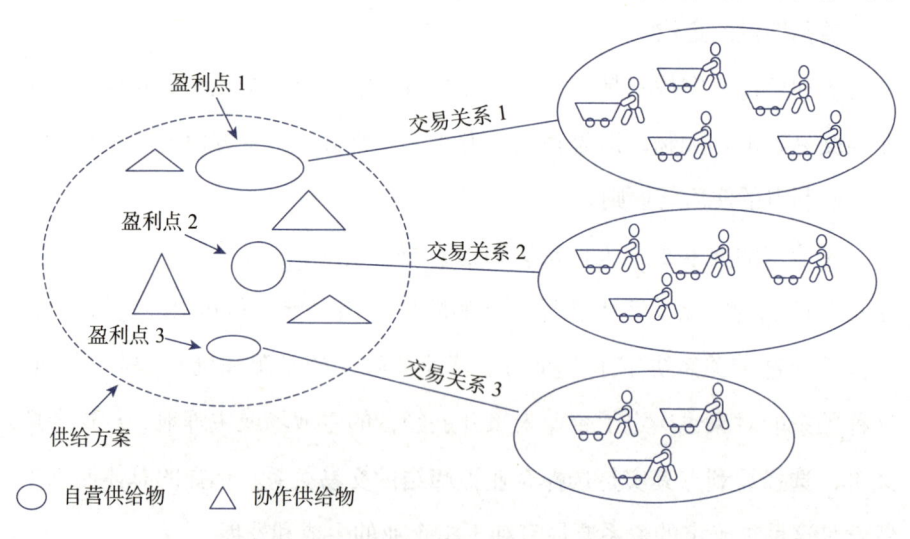

图 2-45　供给方案、盈利点与交易关系

污泥干化机项目的盈利点构思

如前所述，污泥干化机项目的供给方案主要包含以下自营供给物/要素：

1. 污泥干化站区总体设计（含基建设施、设备布局、工艺方案、物流路线等）。
2. 污泥干化机。
3. 设备组装服务。
4. 设备检测与零配件供应服务。
5. 干化作业运营代理。
6. 金融（融资）服务。

上述 1~6 自营供给物/要素其实是一个包含作业代理和融资服务的总承包 EPC 方案。这个供给方案服务的过程涵盖了目标顾客（各地污泥干化中心）从设计规划、建设到运营的全过程。然而，顾客在该方案包含的各个供给物所针对的规划、建设（包含设备采购）、运营等行为环节上的"痛苦程度"是不一样的（见图 2-46）。由于资金、专业技能等方面的缺乏，如何实现低成本干化作业运营是目标顾客（各地污泥干化中心）最为关心，也是最难以实现的待办任务。

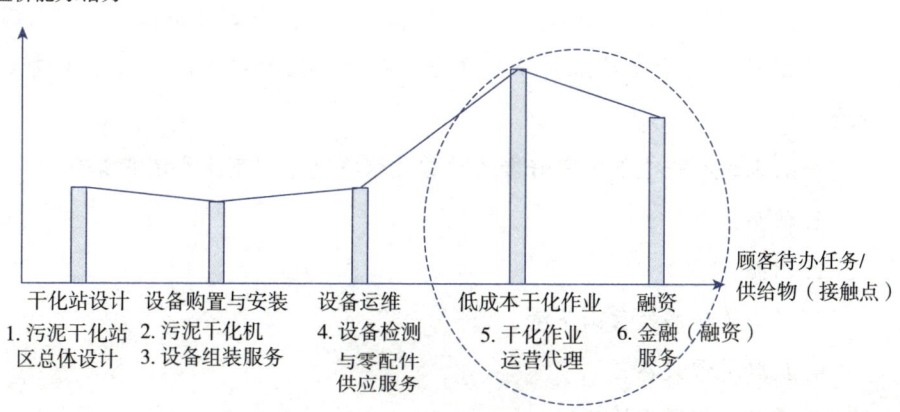

图 2-46 以溢价能力评估作为盈利点选择的首要依据

因此，针对这一环节的顾客待办任务提供支持，具体地讲，就是针对这个环节的顾客行动提供的供给物——污泥干化作业代理，即上述供给方案中供给物组合中溢价能力/潜力最高的供给物。此外，针对顾客资金较为紧缺（欠发达地区尤其如此）以及融资能力较弱的任务痛点，以租赁服务为具体形式的融资服务也成为盈利点的选择之一。

（2）在未来交易中的排他性最强

盈利点选择的第二个标准是该供给物在其目标市场上相对其他供给物具有最强的排他性，即相对其他供给物具有的独占性/垄断性最强。不论是排他性还是独占性抑或垄断性，不仅取决于供给物本身的技术水平、功能特征以及质量，还与具有相同或相似功能的其他供给物的技术水平、功能状况以及质量等属性有关。

供给物在目标市场上的排他性水平需要通过比较而得出。**科创企业/高新技术产业化项目的供给物组合中，那些技术水平偏弱、功能等级不高的供给物的排他性水平未必就一定偏低，因为竞争品的技术、功能等水平可能更低**。实际上，最好的排他性是由于竞争对手的虚弱或者无知导致的。

雪山案例

法国、瑞士、挪威等西北欧国家的滑雪场每年冬天都会吸引来自世界各地的滑雪爱好者，近年来，亚洲的中国、日本、韩国等前往这些欧洲国家滑雪胜地的消费者越来越多，这为这些滑雪场的经营改善提供了诸多机会。

一般来讲，一个滑雪爱好者的滑雪之旅将包含以下主要消费环节：

1. 住宿；
2. 用餐；
3. 登山（从高处往山下滑）；
4. 获取滑雪设备；
5. 学习掌握滑雪技能；
6. 运动康复；

7. 纪念和炫耀。

相应地，欧洲滑雪场的供给方案/顾客问题解决方案包括以下供给物（接触点）：

1. 雪山酒店或木屋别墅；
2. 特色餐厅或酒店；
3. 登山缆车（兼有观光功能）；
4. 雪橇、雪杖、护目镜等设备；
5. 专业教练；
6. 康复仪、温泉浴池、按摩师等；
7. 特定景点及专业摄影师等。

以上1~7供给物均可选择为盈利点，事实上，很多滑雪场就是通过酒店住宿、餐饮、提供教练等获取收入的。然而，如果考虑这些供给物在其目标市场上的独占性，那么它们未必是合理的盈利点选择。正因如此，许多传统的欧洲滑雪胜地的经营都不同程度陷入困境。

有专家提出，在上述1~7供给物中，供给物3（登山缆车）可能成为在其目标市场上具有较高独占性的供给物。原因是：对于很多冬天到欧洲滑雪的游客尤其是较为富有的亚洲滑雪爱好者而言，他们比其他人更有可能在秋天选择中国吉林的长白山、夏天到太平洋岛屿或中国的海南等地去度假。也就是说，这些人更有可能是分时度假地产产品的购买者。

问题在于，分时度假地产产品的推介必须与潜在顾客面对面交流，因此，获得与这些潜在顾客见面并不受打扰的交流机会，对于分时度假地产开发商来讲就是一种极其珍贵的机会，他们当然愿意为获得这种机会而掏腰包。根据这样的分析可以推测：冬天欧洲雪山的上山缆车就提供了这种机会，因为这些上山缆车里就较为密集地集聚了分时度假的潜在顾客。

由于其封闭性、聚拢性，这种缆车的高价值顾客汇聚功能就比其他手段更为强大，并且，这种手段由于嵌入到滑雪场整体资源中，也就难以被其他途径所替代。综合来讲，从独占性角度看，供给物3（登山缆车）就成为优于滑雪场其他供给物的盈利点选择。

（3）在未来交易中的控制力最强

即便是自主研发、生产、组装和销售，对于科创企业/高新技术产业化项目来讲，其自营供给要素也需要一定的原材料外协件等投入要素，由此形成对外依赖性。这就是说，**各个自营供给物之间存在自主性高低问题。自主性越高，在与供应商的利益分配中就越占据主动性，企业/项目的获利能力就越强**。同时，自主性最强的供给物，也最能体现企业/项目的核心资源优势。有利于形成有效的保护壁垒，提升并保护企业/项目的获利能力。

苹果手机

我们在前面提到，与吉列剃须刀将盈利点选择为消费周期更短，更为"流动"的刀片、剃须膏不同，苹果手机将盈利点选择为消费周期更长的静态供给物——手机本身，而将更为"流动"的音乐作为补贴物。这是为什么？在我们看来，原因很简单：对于苹果公司而言，相比音乐这一供给物，作为硬件产品的手机在其目标市场上更具独占性或控制力。

苹果手机这一供给物也更能发挥苹果公司的核心资源优势：强大的设计研发能力、独特的操作系统功能以及全球供应链管理能力。当然，围绕苹果手机研发制造的商业生态优势也是一个不容忽视的因素。综合起来，苹果公司选择手机这一供给物作为其盈利点就不足为奇了。

思维陷阱与解困提示

在很多科创企业/高新技术产业化项目管理层人员看来，盈利点选择似乎是一个多余的事情，至少是不那么困难的事情，因为他们常常认为：企业最擅长做的东西，自然就是将来在市场上销售的东西，就是本章讨论的盈利点。但实际上，这是一个非常错误的认识，这个错误常常将一个本有希望成功的科创企业/高新技术产业化项目推向失败，而且是迅速和不可逆的失败。

> **特别提醒：**
>
> 企业最擅长创造的东西，不一定是最具市场溢价能力的东西。它们之间具有密切的联系，但不是一回事，不能画等号！

科创企业/高新技术产业化项目拥有某个或某些特定技术和基于这个（些）技术的产品，如前面污泥干化机设计技术和相应的产品——具有较高热效率的污泥干化机。我们将这个（些）技术和基于该技术的产品统称为"擅长事物"，也可称为"核心产品"，它是供给方案中的基础要素或基本供给物。那么，有三个思维陷阱需要高度关注，以免对科创企业/高新技术产业化项目的健康发展产生致命影响。

（1）擅长事物/核心产品不一定是市场最稀缺从而最值钱的

准确地说，擅长事物/核心产品作为供给组合中的基础要素，并不一定/必然是在相应的目标市场上最稀缺，从而是溢价能力/潜力最大也就是最赚钱的供给要素。什么东西是市场最稀缺的呢？在这里，这个问题的答案并不重要，重要的是必须明确这个问题的答案源自何处。很简单，市场最稀缺的东西是什么只有一个决定因素，那就是顾客的行为和他们在该行为中遇到的困难，后者将决定该顾客对待不同供给物的态度或渴望程度。

顾客价值创造的服务主导逻辑与产品主导逻辑

什么东西决定顾客价值创造？纷乱复杂的实践背后存在两种认知思维或两种不同的逻辑，推动着两种不同的经营行动，产生两种不同的经营成效。

一种是"产品主导逻辑（Goods Dominant Logic，GDL）"。该逻辑的核心含义是：企业为顾客创造的价值凝聚于产品中。企业生产产品的过程就是逐步创造价值的过程。在这里，产品似乎是一个价值容器，企业为研发生产组装销售的过程，就是逐步创造和添加价值的过程。价值创造完成于供方的生产运营过程。这个过程越复杂也就是环节越多、消耗的资源越多，企业创造的顾客价值就越大。这个价值与顾客的需求状况、对产品的认同态度等外部因素无关。

另一种是"服务主导逻辑（Service Dominant Logic，SDL）"。这个逻辑指出：一个产品（或服务）的价值是行为主体在与该产品交互也就是消费的过程中，经过与该产品的互动，即使用而产生的心理体验（Psychological Experience），因此很显然，顾客才是产品价值的决定者或判断者。此前生产出来供顾客消费使用的产品只是产生顾客价值的前提条件或基础，如果没有顾客的实际消费并由此产生心理体验，这个基础或前提就不可能转化为真正的顾客价值。

由于顾客的消费过程离不开企业的服务，或者说，有效的服务可以将顾客消费实现尽可能地优化，由此创造和强化顾客体验，也就是顾客价值，在此基础上，有学者提出了顾客价值共创（Value Co Creating，VCC）思想，即顾客价值是顾客与供方共同创造的。而这个共同创造的过程离不开企业的服务，因此，顾客消费过程中的服务将对顾客价值创造产生重要影响。

特别提醒：

服务主导逻辑的核心思想是：消费者才是顾客价值的判断者，顾客价值是顾客与企业在前者的实际消费过程中共同创造的，由此产生的顾客体验才是真正的顾客价值！

实践情况证明，服务主导逻辑才是一种正确的思想。也就是说，企业决不能单纯根据自己的擅长事物，即核心产品的属性，来判断顾客价值创造的能力由此确定的盈利点，而是需要从顾客行为角度，判断其最大的痛点所在，考虑将解决这一痛点的供给物作为盈利点候选对象。对应于痛点程度最高的任务2，供给2而不是供给1（核心产品）应考虑为盈利点，如图2-47所示。

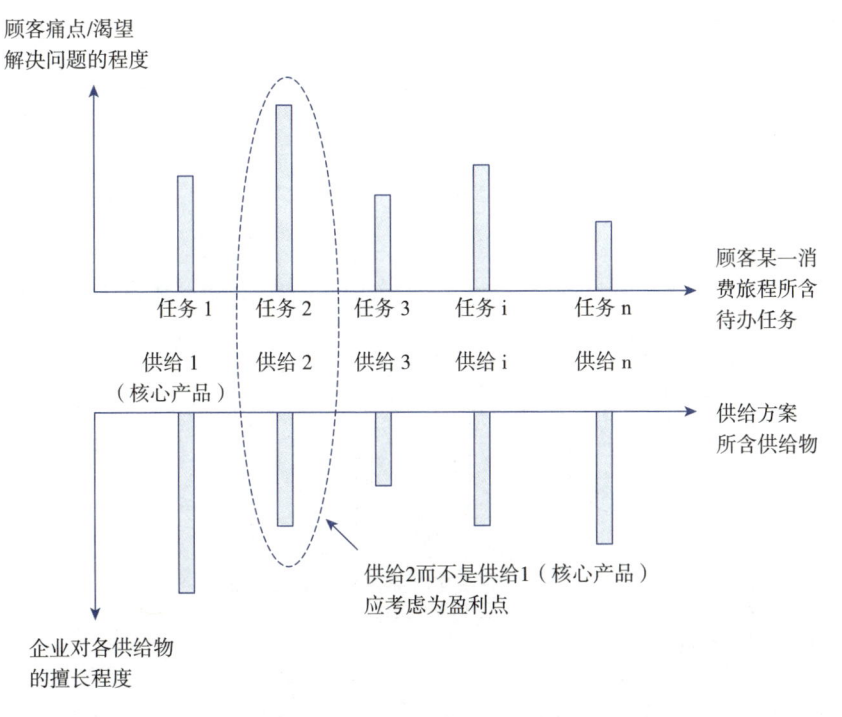

图 2-47 思维陷阱 1：将擅长事物 / 核心产品等同于盈利点

（2）擅长事物 / 核心产品不一定是最具排他性的

所谓"排他性"，是指在供给物的目标市场上，本企业的供给对竞争者供给的"驱逐能力"。排他性与独占性紧密相关，体现的是在目标市场上本企业与竞争对手的影响力分布。与供给物的稀缺性取决于供求两个因素一样，排他性同样取决于竞争双方的实力对比，而不是单纯由企业自身的因素决定。

对科创企业 / 高新技术产业化项目来讲，其擅长事物 / 核心产品往往凝聚了其多年研发形成的专用技术，在技术上具有一定的特点或优势。但是，这种特点或优势能否在其目标市场上取得比其他供给物更大的排他性 / 独占性，还要看不同的供给物在其各自目标市场上与竞争者的实力对比。思维陷阱 2：将擅长事物 / 核心产品默认为排他性 / 独占性最高如图 2-48 所示。

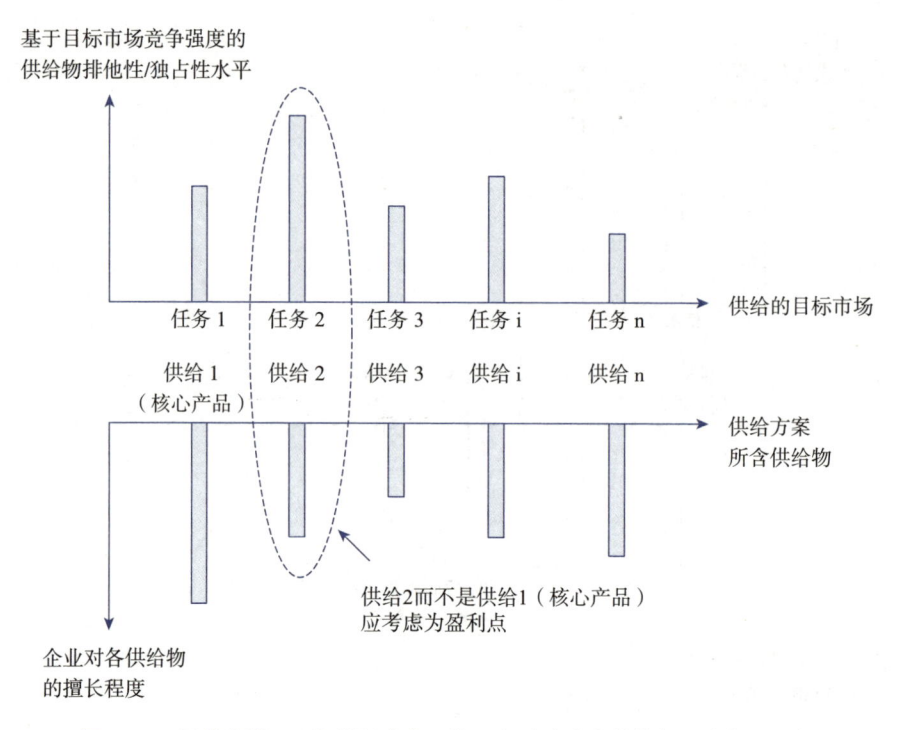

图 2-48　思维陷阱 2：将擅长事物 / 核心产品默认为排他性 / 独占性最高

以前面提到的污泥干化机项目为例，虽然 D 团队应用有限元设计技术以及大数据分析技术设计出的污泥干化机具有极高的热交换效率以及低损耗性等特点，这使得该污泥干化机成为 D 团队供给方案中当之无愧的核心产品，但在污泥干化机市场上还存在其他强有力竞争者。相比之下，基于这一产品的干化作业代理服务这一供给物则由于其创新性，在其目标市场上几乎没有竞争者，因此这一供给物的排他性 / 独占性就比污泥干化机本身强得多。

（3）擅长事物 / 核心产品不一定是企业最具控制力的供给要素

所谓控制力，是指企业在生产组装某个供给物时所具有的自主控制能力。任何一个企业的产品 / 服务，在产生或实施这些产品或服务的过程中必然形成对外部要素的需求，包括但不限于工艺设备需求、原材料协作件需求、有关的服务（如咨询、培训）需求等。

科创企业/高新技术产业化项目通过各种交易或合作形式如采购/供货合同、合作协议等实现这些需求。无论通过哪一种方式，科创企业/高新技术产业化项目对交易方或合作方都存在掌控力的问题，反之，也是如此。掌控力与依附性相反，科创企业/高新技术产业化项目对有关交易的掌控力越强，表明科创企业/高新技术产业化项目对交易对象的依附性越弱，反之则越强。

一个供给物在经营过程中的掌控力越强，就意味着该供给物的经营风险越低，同时，在成本控制方面也具有有利地位，也意味着该供给物越有资格成为盈利点。问题是，科创企业/高新技术产业化项目的擅长事物（核心产品）并不一定就是所有供给物中掌控力最强的，具体情况要看该供给物在生产经营中与其供应机构的关系性质而定。

> 什么叫"挂羊头卖狗肉赚猪肉钱"？很简单，"挂羊头卖狗肉赚猪肉钱"就是对多要素供给方案下盈利模式的形象写照："羊头"就是免费性供给物，"狗肉"则是补贴性供给物（低价优惠），"猪肉"则是盈利点。

盈补比确定

盈利物（点）是企业创造营收的基础，通过这个交易物创造更大营收的关键是提升其价格，至少是保持住一个能够让企业盈利的价格。为此，企业需要在两个方面或两个层次上创造和保持企业的盈利点溢价能力。

首先，通过供给方案的组合效应，创造出充分积极的消费者体验，也就是顾客价值，使目标顾客形成对企业供给的认同，进而依赖。

其次，通过构思和提供补贴物体系，使支付者对盈利点较高价格的合法性予以认同，创造出一个额外的消费者剩余，由此降低购买者对盈利物的价格敏感性，从而支持和保护盈利点的溢价。

消费者剩余

消费者剩余（Consumer surplus）又称为消费者的净收益，是指消费者消费一定数量的某种商品愿意支付的最高价格与这些商品的实际市场价格之间的差额。消费者剩余衡量了买者自己感觉到所获得的额外利益。马歇尔从边际效用价值论演绎出消费者剩余的概念。

例如，某人的越野车出现故障需要修理，他根据故障的情况初步判断修理费可能需要1000元，但修理后服务方实际收费为850元，那么该车主的剩余就是150元。在这里我们看到，消费者剩余的产生取决于两个基本因素：①支付者事先对某商品（服务）价格的预期；②服务方向支付者实际收取的费用/价格。

经济学家认为：如果想尊重买者的偏好，那么消费者剩余不失为经济福利的一种好的衡量标准。图2-49是盈利物（点）溢价能力的影响因素。

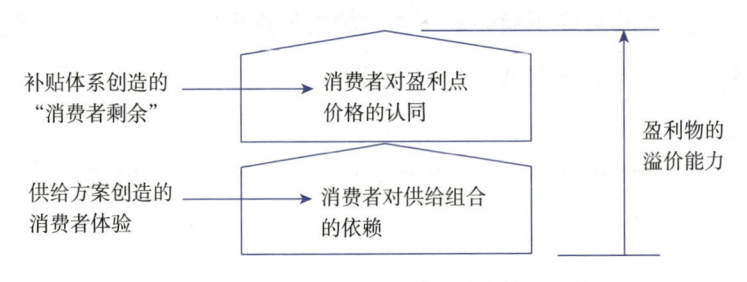

图2-49　盈利物（点）溢价能力的影响因素

确定盈补比的总体原则

盈补比是盈利物均价与补贴物均价的比值，这个比值确定的总体原则，是它要与盈利性供给的定价策略相呼应：盈利点定价较高，则盈补比较高；反之较低。实际上，这里提到的两种策略对应着两种不同的竞争战略，即差异化战略和成本领先战略，如图2-50所示。

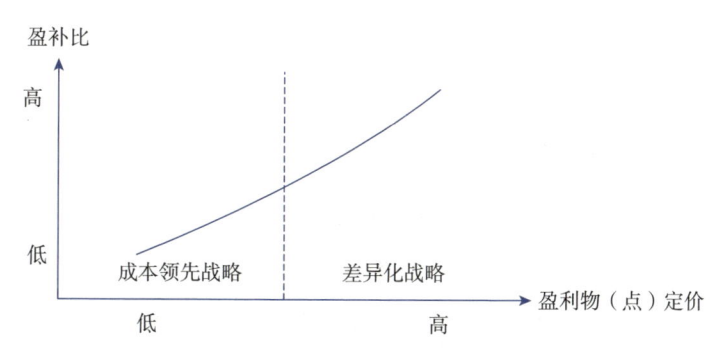

图 2-50 确定盈补比的基本因素：竞争战略的类型

所谓"差异化战略"，是指企业/项目主要通过创造和提供与其竞争者不同的价值来创造顾客依赖，然后根据这种依赖的程度确定高于竞争对手产品的价格，由此获得高水平利润。

所谓"成本领先战略"，是指企业创造的价值或顾客体验与竞争对手没有显著差异，或者说没有顾客能够识别的差异。但企业通过全面降低成本，以低于竞争者价格销售产品/服务，使购买者获得较多的消费者剩余，由此吸引顾客，创造顾客依赖并持续获利。

补什么

在基本确定了盈补比之后，科创企业/高新技术产业化项目剩下的一个重要问题是选择在哪些供给物上进行补贴。选择的首要标准是：依据对盈利性供给持续溢价能力的支持程度/力度进行考量，具体的选择路线由以下三个步骤构成。

（1）甄别与盈利性供给具有互补关系的要素——互补关系甄别

为了能够产生尽可能大的溢价支撑效应，**首先应该甄别那些与盈利物有较强的互补关系的供给物**。例如，污泥干化作业代理服务作为盈利物，设备维护、物料管理等就是与这个盈利物具有较强关系的互补物。通过甄别与盈利物有特定互补关系的供给物，可以形成基础的补贴物集合。

（2）对盈利性供给的溢价具有较高的边际支撑效应——支持强度甄别

在上述基础集合中，各个备选的补贴物彼此之间对盈利物的溢价支撑程度有所不同。因此，第二步就是甄别、挑选对边际溢价支撑能力较高的补贴物组合。

（3）有一定的成本控制条件——成本控制甄别

既然是补贴，就意味着科创企业/高新技术产业化项目要让渡部分利益以便获取更大和更持续的收益。为了在收获同等程度企业利益的情况下，降低上述让渡利益，就需要对作为补贴物的成本进行甄别，在同等程度支持盈利物溢价能力的基础上，优先选择那些提供成本最低的补贴性供给物。甄别筛选补贴物的总体流程如图 2-51 所示。

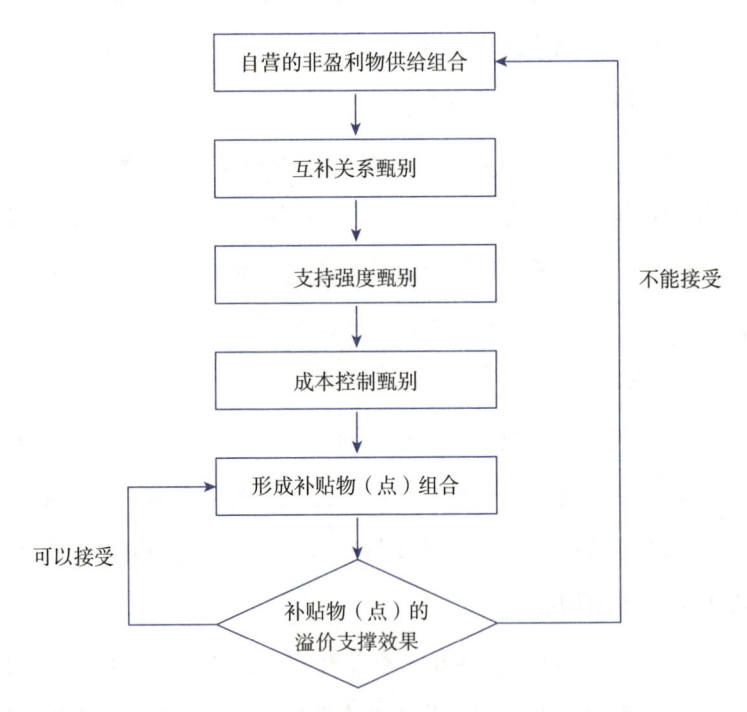

图 2-51　甄别筛选补贴物的总体流程

成本结构

成本结构的定义

企业在运营过程中为实现经营目标而需要做出的各种开销，这些开销就构成了企业运营的成本。人们可以根据开销（各种花费）的属性而将成本进行划分。**所谓"成本结构",就是各种类型的花费或开销的比例**。成本结构中比例最大的部分就构成了企业运营的主要成本。

成本类型的划分方法

由于成本伴随着活动的产生而发生,因此可以通过对企业活动的类别划分来进行成本类型的划分。面向供给方案的企业运营成本的构成如图 2-52 所示。

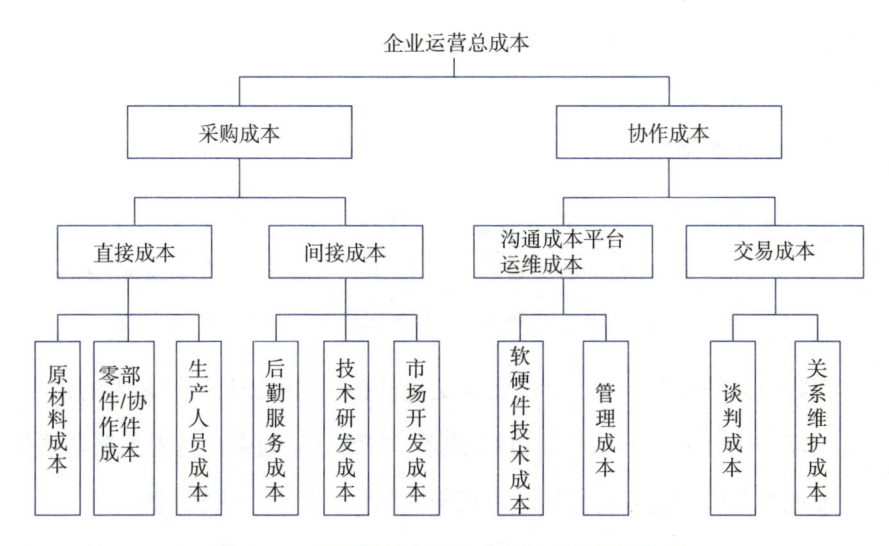

```
                        企业运营总成本
                    ┌───────┴───────┐
                  采购成本          协作成本
              ┌─────┴─────┐    ┌─────┴─────┐
            直接成本    间接成本  沟通成本平台  交易成本
                                 运维成本
          ┌───┼───┐   ┌───┼───┐  ┌───┴───┐  ┌───┴───┐
         原  零  生   后  技  市  软硬件   管理   谈判   关系
         材  部  产   勤  术  场  技术     成本   成本   维护
         料  件/ 人   服  研  开  成本                   成本
         成  协  员   务  发  发
         本  作  成   成  成  成
             成  本   本  本  本
             本
```

图 2-52 面向供给方案的企业运营成本的构成

成本结构的规划

成本结构是可以规划的。也就是说,**企业/项目的管理者可以对构成总成本的各个部分的占比进行规划,比重大的部分意味着企业拟在这类成本开销上做出较大的投入,或者说,企业准备将成本的"刀刃"配置在哪里**。

由于成本产生于经营活动,如原材料采购、研发、市场营销以及后勤服务等,因此成本结构的规划是在价值链给定的基础上进行的。价值链给出了各类活动的内容与规模,并由此决定了相关要素,也就是投入品的需求。管理者可以通过规划交易对象、交易价格、交易方式等途径来形成针对各类投入品的开销/花费规模,由此形成成本结构。

业绩规划

业绩规划就是对企业／项目的主要业绩指标进行规划。这种规划需要对未来特定的时间段（如 5 年、10 年）的主要业绩指标进行设置规划。当然，这种设置是建立在有关参数预置基础上的，如目标市场规模、市场份额、企业／项目产能、企业／项目人员规模等。

上述主要业绩指标主要包括各盈利物（点）的营收、运营总成本、毛利润、净利润等。所有这些指标一般都是以年度为单位的，即"××年度业绩指标"，有关的参数也是如此。

有关主要业绩指标的计算公式如下：

$$\begin{aligned}
\text{规划年度} \times \text{盈利物（点）的营收} &= \text{该年度规划销售量} \times \text{单价} \\
&= \text{该年度市场总规模（实体单位）} \times \text{规划市场份额} \times \text{单价} \\
&= \text{该年度市场总规模（货币单位）} \times \text{规划市场份额}
\end{aligned}$$

营收指标是所有业绩指标中最为关键的指标。由于是估计未来的营收，因此，需要估计未来的销量和市场定价。**在商业计划中，对未来销量的估计一般通过对市场规模的估计和市场份额的估计然后相乘得出结果。**

由于未来的市场规模和市场份额涉及诸多外部因素，在这种情况下，除了运用合理的预测方法进行市场规模和市场份额的估计以外，通常还需要按"乐观""客观""悲观"三种典型情况进行预测数据处理，分别计算不同概率情况下的未来销量，见表 2-4。

表 2-4 企业／项目 ×× 年度的营收业绩规划指标与参数表

指标与参数	乐 观	客 观	悲 观
市场规模（单位：万套）	4500	4000	3000
市场份额	45%	30%	25%
概率估计	50%	34%	16%
产品定价（单位：万元／套）	20	15	10

表 2-4 给出了规划营收指标涉及的主要参数，如市场规模、企业／项

目的市场份额等。这些参数的估计方法可根据具体市场的属性专门设计或选择。根据这些参数的取值情况，就可以进行营收指标的规划，见表2-5。

表2-5　y供给物（主营业务）在××年度的营收

指标与参数	乐观	客观	悲观	备注
市场规模（单位：万套）	4500	4000	3000	
市场份额	45%	30%	25%	
概率估计	50%	34%	16%	
产品定价（单位：万元/套）	20	15	10	
y供给物的营收（单位：万元）				

规划年度企业/项目运营总成本＝Σ各成本项的年度规划额

项目运营总成本也是一项关键业绩指标。在商业计划书中，这类指标通常根据"主成分分析"的逻辑，归纳和测算主要的成本数据，如原材料采购费用、人工成本以及市场拓展费用等。

规划年度毛利润＝该年度总营收－该年度总成本

毛利润是指税前利润。对于科创企业/高新技术产业化项目而言，这个指标优势可替代净利润。原因是科创企业/高新技术产业化项目通常会享受较高的税收优惠，以及其他财政补贴等。因此其毛利润和净利润的差异不大。

规划年度净利润＝该年度毛利润－该年度上缴的全部税费（政府的返税或财政补贴等则按负税计算，此时净利润为毛利润＋返税额或财政补贴额）

当科创企业/高新技术产业化项目达到一定的经营规模实现正常运营后，有关的税收优惠或财政补贴会有所调整，这时，净利润需要具体测算。**净利润测算要充分估计未来政府对具体产业的政策，如鼓励、扶持或限制**，这将影响该产业中的税收标准，进而影响企业/项目的净利润水平。

3. 商业计划中关于盈利模式与总体业绩的规划指南

板块功能定位

盈利模式与业绩规划板块要展现的中心内容，就是"企业/项目未来如何赚钱？能赚多少钱？"这个问题。不言而喻，这个问题是科技创业/高新技术产业化进程要解决的最为核心的问题之一。

具体地讲，这一板块将向人们揭示以下几个核心问题。

第一，企业通过销售什么"东西"而取得主要营收？

第二，这个东西也就是"盈利物（点）"的价格如何确定？靠什么支撑？

第三，在企业定位的目标市场上，未来特定期间内企业的主要业绩指标情况，也就是企业在未来特定期间内的经营发展情况是什么样的？

上述三个方面的信息将对科创企业/高新技术产业化项目的发展发挥重要作用。

第一，**由于盈利物（点）定义了企业的收入来源，因此，这个板块可以使内部人员尤其是管理层和骨干人员更进一步明确：本企业/项目健康运营的"生命线"在哪里**？在此基础上，可以进一步设计和推动相关的管理行动，如目标管理、绩效管理与过程控制、组织结构设计与文化建设、市场营销战略的制订与实施、核心能力的高效率开发等。

第二，使决策层更加清晰地识别和分析目标市场以及产业构成，在此基础上，更加理性和系统地分析与制订竞争战略。

第三，一个较为系统的业绩规划可以对企业/项目的估值提供较为坚实的基础。对于科创企业/高新技术产业化项目而言，在开发制订其商业计划书时，往往其业绩还未实际产生，甚至远未产生。如果以其现有的"经营业绩"为基础衡量其企业/项目价值，那么完全无法做出正确判断。

因此，一个清晰、逻辑严谨的业绩规划将为外部投资者尤其是战略投资人提供重要的信息，以便支持其投资和其他行动的决策。经常会有这样的情况：一些有经验的战略投资人或者一般的股权投资者会根据盈利模式的情况，结合他们自身拥有的信息或经验，向企业/项目决策者提出更为完善的盈利物（点）建议，或者根据现有方案提供他们的资源，以确保盈利模式的顺利构建以及业绩规划的稳健实现。

> **特别提醒：**
> 很多时候，盈利模式展现的信息可以成为外部投资者尤其是战略投资人以及其他利益相关者服务于企业/项目，将各自独有资源聚焦于企业/项目，成为促进企业/项目快速健康发展的重要抓手！

第四，和上述第三点类似，盈利模式和业绩规划还对合作者形成科创企业/高新技术产业化项目未来前景的正确判断，进而按科创企业/高新技术产业化项目意愿做出合作选择，发挥着重要作用。

中心议题与标题设计

中心议题

本板块的中心议题就是一个：本企业/项目通过什么赚钱（获利）？能够赚到多少钱（获利的规模及其可持续性）？

标题设计

本板块的标题一般可以采取以下两种设计。

（1）盈利模式与业绩规划

这一标题设计的优点是规范、严谨。"盈利模式"包含企业价值获取的途径、方式等重要信息，是一种"世界通行语言"，这种表述在拟吸引的股权投资对象、合作者包含国际性组织或个人时较为重要。

不足之处是现实中不少人，包括股权投资人、商业银行机构、政府职能部门乃至学术咨询机构的人士，对"盈利模式"这个概念还存在一些理解上的障碍。但总体而言，这个潜在不足可以通过计划书文本的清晰说明以及其他技术手段（如添加必要的注释）得到解决。

（2）财务分析

这一标题设计的优点是直观。"财务分析"这一表述使人们较为容易识别这一板块的中心议题。不足之处是此标题所涵盖的内容与本板块的中心议题内容有一定的偏差。财务分析作为一个在位企业常规经营分析的基础性内容，有其一般意义的目标和内容，这些内容无法完整涵盖本板块的全部信息，尤其是盈利模式涉及的关键信息。

思维导图与板块框架

盈利模式与总体业绩规划的思维导图如图 2-53 所示。这个板块的核心内容是揭示"我们如何赚钱也就是获取企业价值"以及清晰披露"我们将能够赚取多少钱"。

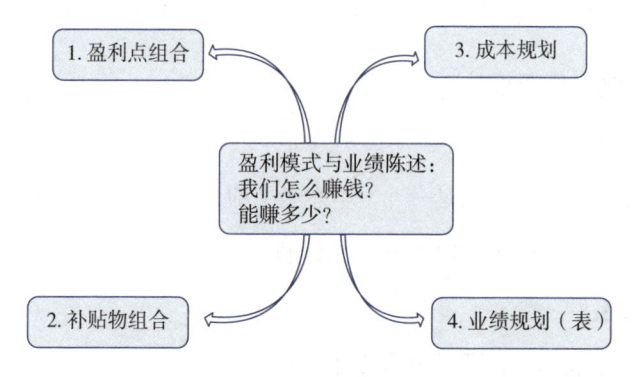

图 2-53 盈利模式与总体业绩规划思维导图

因此，本板块的基准框架如下：

（略）

盈利模式与业绩规划（优先推荐标题）

1. 盈利点组合

（1）主营销产品；

（2）定价策略。

2. 补贴物组合

（1）补贴性产品（基础与派生产品）；

（2）补贴策略（价格策略）。

3. 成本规划

（1）主要成本项；

（2）成本规划。

4. 业绩规划（表）

（1）营收规划（表）；

（2）毛利规划（表）；

（3）净利规划（表）；

（4）科创企业/高新技术产业化项目估值。

条目规划指南

盈利点组合的规划指南

盈利点组合就是科创企业/高新技术产业化项目在未来经营过程中主营销售的产品/供给物系列。如前所述，盈利点构成了科创企业/高新技术产业化项目主营业务收入的来源，也就是企业的主要收入来源，因此，对这个问题的陈述是商业计划书的核心内容之一。"盈利点组合"主要阐述两个问题：

首先，是给出科创企业/高新技术产业化项目未来的主推销售产品，也就是主营销产品。

其次，是阐述上述销售产品的价格策略和具体定价。

主营销产品

在上述目录/标题下，直接给出科创企业/高新技术产业化项目在未来各个阶段拟作为创造营收的产品/服务。这个陈述要注意两点：

（1）按期间列出各阶段主营销产品/服务

由于科创企业/高新技术产业化项目在其成长发展的不同阶段，其技术、资金、品牌以及资本实力等均有所不同，各阶段资源条件能够支撑的盈利点经营也各不相同，因此，**较为合理的规划思路是采用"阶梯迭代"的策略，先选择较为简单易行的产品/服务作为盈利点，然后逐步过渡到最佳盈利点**。表达这一思路逻辑的最佳方式是通过列表的形式来展现不同阶段的盈利点。

如表 2-6 中，从第 6 年起科创企业/高新技术产业化项目的盈利点组合就相对固定了，作为科创企业/高新技术产业化项目主要收入来源的销售产品/服务为：①干化作业代理服务；②物料管理服务；③信息服务。与第 1 年和第 2 年的过渡期相比，科创企业/高新技术产业化项目的盈利点组合由包含硬件产品（配件）进化为全部为服务。这意味着企业的业态不是制造业而是服务业。

表 2-6　污泥干化机的主营销产品

年　份	第 1 年	第 2 年	第 3 年	第 4 年	第 5 年	第 6 年
盈利点/主营销产品	1. 配件 2. 设备安装 3. 培训服务	同左 （第 1 年）	1. 干化作业代理服务 2. 配件	同左 （第 3 年）	1. 干化作业代理服务 2. 物料管理服务	1. 干化作业代理服务 2. 物料管理服务 3. 信息服务

（2）对作为盈利点的各个主营销产品进行关键点陈述

在商业计划书的这个部分，除了列出上述不同阶段的盈利点外，还需要对各个盈利点的关键特征进行简要的陈述，目的是使人们更加清晰地明确各个盈利点的重要属性，据此强化各个盈利点尤其是创新性盈利点的合法性和可行性，主要的关键点包括：

目标市场规模

这里所指的"市场规模"是指各个盈利点，如第 1 年的"配件"，其预估的总体需求大约为多少。市场规模是企业营收的"天花板"，这个数据对于人们预判科创企业/高新技术产业化项目未来的营收潜力空间的大小提供了基本依据。与"市场定位"板块所做的总体市场规模估计不同，这里的市场规模是总体市场的细分部分。

本产品/服务的功能特征

这里需要对作为盈利点的产品/服务的型号、规格、款式、服务属性等进行陈述，目的是使人们对各个盈利点的功能以及基本技术参数有一定了解。

与商业计划书中的"技术描述"板块不同，这里的功能属性陈述的对象是各个盈利点的功能特征，注意：<u>这里更多是从顾客视角展现各个盈利点的功能特征，而第一部分"技术描述"更多是从专业技术或竞争角度阐述本企业/项目核心技术的优势</u>。

市场份额目标及其基本可行性

作为交易物/销售物的盈利点在其目标市场的市场份额是关于盈利点属性的重要补充性说明。一般来讲，这里只需要给出一个大致的规划数据，如30%或45%等。这种估计的基本思路，是通过对可能的竞争者进行列举，在此基础上根据各个竞争者的综合实力，大致分析各家的份额。针对各个（潜在）竞争者的相应分析清单如下：

（1）该竞争者产品（本企业/项目盈利点的竞争产品）的技术与功能特征；
（2）该竞争者的主要市场；
（3）该竞争者近几年（3~5年）的市场销售额；
（4）该竞争者的发展战略或经营目标定位。

如果该竞争者是上市公司，那么上述这些数据很容易在该公司的年报或半年报的公开信息披露中获得。如果该公司为非上市公司，则可以通过该公司官网、有关的报道或第三方专业技术的分析报告等渠道获得相关信息。

对于本企业/项目的市场份额定位，一般需要进行简要的可行性陈述。

这主要通过两个基本步骤来完成。

首先，通过市场规模和市场份额数据，确定本企业/项目的目标销售量。

其次，从企业/项目产能、管理能力等方面说明完成该销售量具备必要的运营条件和资源。

盈利点组合陈述中的常见错误与特别提醒

（1）定位错误

商业计划关于盈利点组合的首要错误也是最致命的错误，就是定位错误，或者说选择错误。具体地讲，就是把不合适的供给物选择为盈利点，而放弃或忽视对科创企业/高新技术产业化项目的价值获取最为有利的供给物。

以前面一直跟踪的"污泥干化机"项目为例，由于具备一系列核心技术的支撑，该团队对该产品的功能、制造工艺等拥有足够的信心，这种信心在不加仔细斟酌时很容易促使决策层将未来的盈利点锁定或默认为干化机这个产品本身。但多项分析表明，这并不是一个好的选择。事实上，在多个备选的盈利点中，这可能是一个最不好的选择。

（2）空缺或不明确

关于"盈利点规划"的第二个错误，是在许多商业计划书中忽略对这个问题的陈述。如前所述，"盈利点组合"决定了科创企业/高新技术产业化项目在未来运营中主要的收入来源，无论是对科创企业/高新技术产业化项目的决策者团队，还是外部的投资人、合作者等来讲，这都是明确未来的运营管理、能力建设、市场拓展等关键经营行动重点的关键依据，也是评估科创企业/高新技术产业化项目的发展前景与潜在威胁、确定对科创企业/高新技术产业化项目的支持重点等问题的关键依据。缺少这个内容陈述，将导致商业计划书的功能在很大程度上被削弱。

还有一种较为常见的情况是：商业计划书关于盈利点的陈述不明确，或者前后不一致，即在计划书的不同部分展现出的盈利点信息不一致。这种情况比上述"空缺"错误还要严重。因为在商业计划书中空缺的"盈利点组合"的信息,有时还可以寻找理由进行解释(如盈利点包含敏感信息),这意味着还有机会修正这个错误,但不明确或不一致则意味着管理层对此问题具有错误认识或错误思维,这种问题会使科创企业/高新技术产业化项目在获得外部支持方面陷入不利的被动局面。

(3)过于笼统

盈利点组合中的各个要素,必须是可以在交易过程中可供买方经过分析甄别可以购买、消费的供给物,不能只是一个"概念"或集合范畴,如"高质量服务""功能全面的智慧传感器件""使顾客自主心理得到全面支持的完整解决方案"等。这里的关键是要注意区分:对盈利点本身的清晰陈述,对盈利点的功能、顾客价值等关联事物的陈述,两者不是一回事。

定价策略

在此标题下,陈述或表达两个问题。

定位思路

定位思路是指价格制定的思路或模式。一般地讲,**包括核心产品在内的供给物的价格有三类定价思路或方法模式。**

一是成本加成思路/模式。

成本加成就是在供给物成本的基础上增加一个比例,如加10%或30%等,形成基准价格。在基准价格基础上,企业可结合市场因素等适当调整形成实际价格。这里,增加的比例可以给出一个目标区间。盈利点的价值创造能力和独占性越强,增加的比例就越高。因此,在给出区间的基础上,应综合上述几个方面因素给出一个基准的加成比例。

二是市场基准思路/模式。

市场基准思路/模式,就是盯住某个市场标杆,以其产品价格为基准,确定本企业/项目盈利物/点的价格。这个思路的陈述要分别讲清楚两个问题:

首先，选择的标杆对象及理由。这里所提的理由就是讲清楚为什么要选择这家企业的产品价格作为定位基准。常见理由有该产品价格已经成为市场价格共识、该产品价格偏高可使本企业/项目可以利用其高价形成的压力形成市场突破等。

其次，讲明本企业/项目的盈利点的价格相对于基准产品价格的位置并说明其理由。

三是市场窒息定位思路/模式。

市场窒息定位思路/模式即企业/项目不考虑成本或基准价格因素，而是按照引领或定义市场价格的思路来确定盈利物价格。这是一种较为激进的定价策略，目的是快速取得投资回报，同时也快速锁定目标市场，阻止竞争者进入。这种价格定位的前提或基础，是盈利物/点的市场统治力较强。

价格区间

在上述价格定位思路陈述的基础上，阐述本企业/项目关于盈利物/点的价格或价格区间。

有时，**盈利物/点的目标定价不是一步到位，而是分阶段实现**。如果这样，商业计划的这个部分还需要给出价格变化的规划路径，也就是如何由初始价格过渡到目标价格。这个路径一般可以采用表格的方式予以描述，见表2-7。

表2-7 盈利点与价格规划

时间 科 目	第1年	第2年	第3年	第4年	第5年	第6年
盈利物/点	干化机配件+租赁服务		运营服务		干化机作业代理服务
定价模式	成本加成		基准定价		窒息定价
盈利物/点价格	××		××		××

补贴物组合的规划指南

补贴物是指企业/项目自营的供给物中，作为低价（低于市场平均价格或低于成本的价格）或免费提供的部分。如前所述，补贴物组合的形成，其目的是更好地取悦于顾客，使其产生对企业更大程度的依赖，由此支持盈利物/点的溢价销售。

在很多时候，企业/项目的补贴物组合是被动形成的。常见的情况是：企业/项目观察到市场竞争者的补贴措施，然后采取模仿策略形成自己的补贴组合。这种情况对于企业/项目的健康运营是极为不利的。

首先，竞争者的策略未必合理，简单模仿很难实现补贴物组合的本来功能，反而导致企业/项目营收的减弱；其次，即使竞争者的策略是经过其系统思考与设计，也不能起到支持本企业盈利点溢价的作用。

因此，商业计划的"盈利模式与业绩规划"板块需要对补贴物组合做出主动规划。商业计划书的这个部分主要陈述两方面内容：一是补贴性供给的组合内容；二是这个组合中各个要素的补贴策略。

补贴性产品

列出拟以优惠价格或免费提供给目标顾客的自营供给（企业/项目管理者无权对由合作者提供的供给物/点的价格做出决定）。这个列示通常采取清单式陈述。例如：

与主营业务盈利物的供给相配合，本企业/项目拟向购买者以优惠价格提供以下产品或服务：

（1）定期安全培训；
（2）定位设备调试；
（3）运营区规划与主操作厂房建设；
（4）短期融资服务。

在给出补贴物组合清单的基础上，商业计划书需要对这个组合的合理性、必要性以及基于这样的补贴组合产生的主要效果进行简洁说明。这种

说明也是构思这个组合的原则或逻辑所在，对企业/项目管理层以及外部投资机构决策者等都具有重要价值。示例如下：

（略）

上述补贴物体系，将对盈利物产生以下支撑作用：

（1）前两项补贴物（定期安全培训和定位设备调试）是与本项目盈利物互补的产品，通过这方面的补贴可以鼓励和刺激目标顾客扩张对本项目主营业务的需求，进而支持营收的增加。

（2）后两项补贴物（运营区规划与主操作厂房建设和短期融资服务）能使顾客运营成本显著降低，由此促成目标顾客对本企业/项目的更高程度的依赖，据此提升盈利物的溢价能力或价格保持能力。

补贴策略

在此标题下，对清单所列的各个补贴物分别陈述其定价原则和具体的价格区间（免费可视为是 0 价格的情况）。

成本结构规划指南

在这个标题下，商业计划主要陈述两个内容：一是本企业/项目的主要开支项目，也就是基础成本结构（相对于囊括了所有成本项的详细成本结构）；二是各个主要开支项下的具体开销，这通常是以年度开销为指标来陈述的。

实际上，这部分内容就是一个简要的"成本预算"陈述。这部分内容将成为下面要介绍的业绩规划的一项重要内容。同时，这部分内容也将支持商业计划书中关于融资计划和用资方案部分的支撑内容。

主要开支项

在这一标题下，分别列出本企业/项目的核心业务运营中主要开支的成本项目，包含两个基本内容，一是开支的名称，也就是科目，如原材料采购、设备维护、人力资源费用、专项检测、技术研发以及税费等；二是对占比较大的开支，可列出规划的卖方清单，以便内部管理人员以及外部投资者、合作者等了解有关的价格、供货等信息。

成本明细规划

在这一标题下，列出有关成本科目的具体开支，这个开支分为两类：一类是一次性开支的；另一类是按年度分别投入或开支的。

业绩规划的编制指南

业绩规划又称为业绩预算，是对企业/项目未来主要经营绩效指标的规划或预算。这里的"经营绩效指标"主要是指企业财务损益表（利润表）中所含的各个指标，主要包含营收、成本和利润三大类。

在这一标题下，商业计划主要是通过表格的形式来展现有关的规划内容。一般情况下，可以先分别对上述营收和成本两类指标进行规划陈述，利润业绩则取决于这两类指标的情况，最后汇总形成总的业绩规划表。

营收规划

在财务管理中，营收包含主营业务收入和其他业务收入。在商业计划书中，我们主要关心的是各个盈利物/点的预算收入。这里的收入需要按年度分别规划。其基本形式见表 2-8。

表 2-8　收入规划表　　　　　　　　单位：万元

时间 科目	第 1 年	第 2 年	第 3 年	第 4 年	第 5 年	第 6 年
盈利物/点 1						
盈利物/点 2						
盈利物/点 n						

成本规划

这里的成本规划就是上面提到的"成本结构规划"，也就是对企业/项目未来运营中的主要成本开支项、开支额等进行陈述。这部分内容通常也是以表格形式表示，如表 2-9 所示。

表 2-9　成本规划/预算表　　　　　单位：万元

科目 \ 时间		第1年	第2年	第3年	第4年	第5年	第6年
原材料采购							
研发费用							
设备采购							
三项费用	销售费用						
	财务费用						
	管理费用						
平台运维	软件更新						
	云设备租赁						
总计							

总体业绩规划

在商业计划书中，总体业绩规划是汇总各个绩效指标后的总体展现，通常以"表格＋附属说明"这两个部分构成其展现内容。

总体业绩规划

在此标题下以表格形式展现各业绩指标的规划取值，在商业计划书的这个部分，一般可采取基本/简要格式＋总体格式的方式进行内容陈述。基本格式或简要格式见表2-10。

表 2-10　基本格式或简要格式　　　　　单位：万元

科目 \ 时间	第1年	第2年	第3年	第4年	第5年	第6年
总营收						
总成本						
毛利润						
净利润						

表2-10中：

毛利润＝总营收－总成本

净利润＝毛利润－全部税费

基本/简要格式的表格反映的是业绩规划的主要指标情况，为了更为系统细致地反映业绩规划内容，还可编制总体业绩规划表，该表可汇聚

表 2-10 中各主要指标有关的明细指标情况，方便阅读者尤其是投资人在一张表上全面了解有关的业绩规划信息。总体绩效规划/预算表见表 2-11。

表 2-11　总体绩效规划/预算表　　　单位：万元

科目	时间	第1年	第2年	第3年	第4年	第5年	第6年
总营收	盈利物/点1						
	盈利物/点2						
	盈利物/点n						
总成本	原材料采购						
	研发费用						
	设备采购						
	三项费用（合计）						
毛利润							
税费合计							
净利润							

为了使得总体业绩规划中各个指标信息显得更加直观，商业计划书中需要高度重视图形的应用。图 2-54 比以上表格更加直观、生动地反映有关业绩的变化趋势情况。在商业计划中，这些业绩的变化趋势有时比指标值本身具有更加重要的意义，如股权投资者的正确估值、战略投资人的支持计划制订、企业/项目决策层的战略控制等。

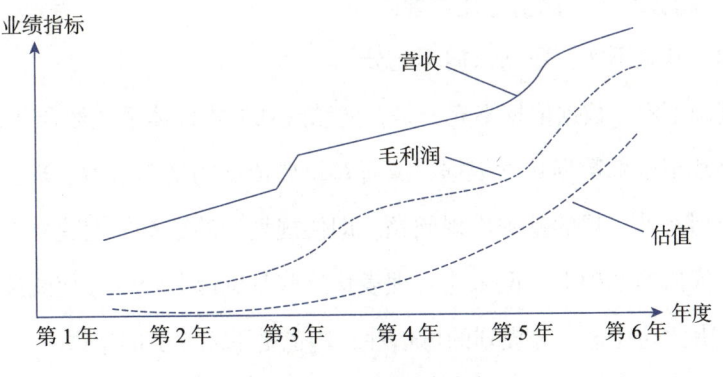

图 2-54　总体业绩的曲线表示

业绩规划陈述中的常见错误与特别提醒

（1）主题扭曲

主题扭曲是指在商业计划的业绩规划部分，对业绩指标的设置混乱甚至扭曲。业绩规划的中心指标应该是利润，包括毛利润和净利润。有些时候，商业计划制订者会将其他指标"塞进"业绩规划指标体系，如质量指标、成本指标、市场份额指标等，甚至还将一些技术性指标作为主要的业绩指标。这种情况冲击了业绩规划的主题，对企业的经营决策以及外部投资人、合作者形成关于企业/项目的认知都将造成消极影响。

（2）逻辑不清，表达不清晰

虽然将利润指标纳入规划范围，但规划的逻辑不清。有的商业计划对于业绩规划的中心指标和指标间逻辑关系未能厘清，这不仅反映了规划思路的混乱，更容易导致在表达规划成果方面条理不清，展现效果较差。例如，有的商业计划应用了过多的计算公式和文字说明，但不能聚焦于关键业绩指标；或者规划了有关重要指标，但不善于应用表格、图形等工具实现清晰和直观的表达。

注意：**利用表格和图形工具来体现规划成果，不仅可以整体展现指标的规划情况，更重要的是展现各个业绩指标之间的关系，以及变化的趋势。有时，"趋势信息"比指标还重要。**

（3）基础不实，数据依据不充分

基础不实，数据依据不充分是指业绩规划的指标体系虽然合理、完整，但部分甚至全部数据缺乏依据，或者对重要依据的基础未做展现。这导致业绩规划及其实现的基础出现问题。即便规划者的数据的确建立在有计算或事实依据的基础上，但未能合理表达这些基础部分经常会使阅读者产生疑问，由此动摇这部分规划的可信性，这也是不能接受的错误。

第3章 商业计划指南（下）：路径规划蓝图

一、困境解析：画饼不能充饥

科技创业／高新技术产业化项目的商业计划中一项最重要的内容板块就是愿景定位，也就是科学、清晰地阐明"这个企业／项目未来将成为一个什么样的企业／组织"。合理健康的愿景是科技创业／高新技术产业化进程的目标指向，决定了这些进程的总体路径安排。

然而，很多科技创业／高新技术产业化项目的商业计划对这个愿景的定位与阐述极不切合实际，导致常常被人们比喻为"画饼"。这种"画饼"行为不难识别：对未来愿景的定位基本脱离市场定位与顾客价值主张设计、供给方案勾画、盈利模式设计等商业模式要素的规划，导致有关的业绩规划完全脱离企业的实际。

俗话说："画饼不能充饥"，这样的"愿景"定位当然不能成为企业未来行动的指南以及发展轨迹的指向标，更无法为外部投资者、合作方理解企业或项目提供有效依据，由此失去外部利益相关者的认同和支持。此饼无法解决企业／项目的资源之饥！

二、愿景与路径规划

1. 总体说明

　　什么是"愿景与路径规划"

　　所谓愿景，就是组织的决策者对他们所领导的组织在将来某个时候要

成为一个什么样的组织所做的完整陈述。在商业计划中，愿景陈述一般包含两个方面的组织特性阐述：一是定性阐述，也就是对企业组织在未来某个时点具有的主要特征或属性的阐述；二是定量阐述，即对企业组织主要业绩水平的阐述。

定性愿景是发展愿景的核心，通过对有关核心目标的归纳，明确并揭示企业组织对其未来的展望。定性发展愿景的表达虽然是开放式的，其陈述语言可以根据传播需要而丰富多彩，但其主题构成是明确的，具体地讲，就是发展愿景具有 1+3 主题结构。其中，1 是一个核心愿景；3 是三个状态愿景，分别是产业或行业地位愿景、市场地位愿景、社会贡献愿景。

一个核心愿景

所谓"核心愿景"，就是对"我们将在顾客价值创造上做到何种水平"或"为谁创造何种水平/性质的利益"这个问题进行的明确陈述。显然，核心愿景建立在企业决策者对顾客价值主张已经形成了明确的认知这个基础之上。

三个状态愿景

产业或行业地位愿景

未来本企业在产业或行业中的地位如何？这就是产业地位愿景。它要揭示的是公司要在哪一个领域成为一家优秀企业，这是公司发展方向定位的基石。这里的"行业"可以是较为宽泛的业务总称，如"服务业""制造业"等，也可以是较为具体的亚行业，如"动力制造业""智慧零售业""电力巡检业"等。

有时，由于公司的核心业务是创新性业务，不属于任何现有的行业类别，这需要具体定义业务领域，如"虚拟知识经纪领域""平台型虚拟电商领域"等。产业地位实际上是企业在同业者中凭借其竞争优势而获得的影响力地位。产业地位将决定企业在未来的经营中所具有的影响力，以及自身的持续发展与盈利能力。

注意：这里的"领域"就是由其核心业务所决定的目标行业。例如，在提供低成本高质量的污泥干化作业的系统服务方面成为运营代理领域的开创者和领导者（直接定义）。在不良资产综合处置领域成为黑石集团那样的全程增值服务机构（标杆定义）。在管家型智慧零售领域成为主导者。

市场地位愿景

未来本企业在目标市场的地位如何？这个关于市场地位的愿景包含两个基本要素：首先，是公司未来将立足于哪个市场？也就是本企业未来将主要服务于哪些机构或个人？其次，则是公司拟在目标市场上占据何种水平的市场份额。市场地位主要来自企业的商业模式合理性和先进性。例如，在国内高校专利委托代理市场上占据三成份额；在污泥干化运营代工市场上获得五成份额。

社会贡献愿景

揭示本企业未来将对社会产生何种影响？这种影响有两个层面：一是本企业将向目标市场提供何种性质的顾客价值或者提供/输送何种性质的利益？二是由于这种特殊的价值创造，未来本企业将为社会做出何种性质的贡献？

发展愿景的构成如图 3-1 所示。

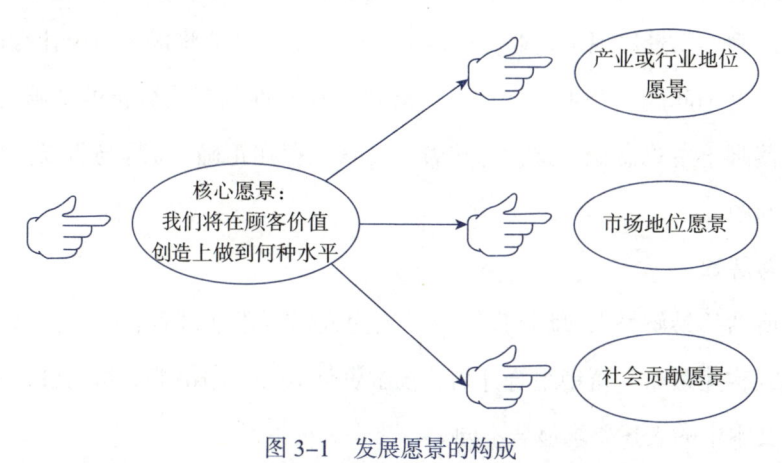

图 3-1　发展愿景的构成

显然，**核心愿景有 4 个特性：整体性、指向性、主观性、易解性**。

整体性

与一般意义的"目标"不同，企业发展愿景更具有"整体性"，也就是关于企业组织整体属性的定位，如市场地位、产业地位以及社会贡献等，实际上"社会贡献"反映的也是企业组织在宏观社会体系中的独特位置或角色。这些整体属性是建立在一系列目标实现的基础上的，但比具体目标本身更具有整体性，也就是更能体现出企业组织的总体属性。

指向性

任何愿景都是面向未来的。这个"未来"可以是三年、五年或更长时间。一般来讲，三年以内人们不设立新的愿景。"未来性"表明：愿景揭示的是企业决策层对其组织未来发展水平、发展成效的向往。

与预算不同,这种"向往"需要野心、想象和弹性。但与"幻想"不同，**愿景定位建立在企业决策者对商业模式（尤其是顾客价值主张）、竞争战略的系统构思，以及对内外部环境、资源、机遇的判断基础之上。对企业组织的总体运营发挥着精神引领和行动聚焦的独特作用。**

主观性

虽然愿景指出了企业组织在未来的总体定位，但其本身是一个典型的主观产物。愿景体现了企业决策层关于"未来本企业将成为一个什么样的企业"这个问题的预期或向往。它既建立在理性判断与分析的基础之上，但又落脚于主观意识。这就意味着"愿景"存在正确/合理与否以及可行性的问题。

易解性

所谓"易解性"，就是指愿景必须为人们所迅速理解、把握。这与商业模式构建策略、营销组合计划、投融资计划、竞争战略、可行性研究报告等文本中的表述要求显著不同。

愿景与路径规划的意义

"愿景"陈述是商业计划书中极为重要的一个板块。我们知道，商业计划书的功能从总体上讲可以划分为两部分：一是对外的资源吸纳；二是对内的意识统一。而愿景定位对商业计划书中的这两个方面的功能实现均具有重要和独特的作用。

愿景陈述的外向意义

对于以股权投资者为主的商业计划书阅读者而言，企业的发展愿景传递了关于企业总体性质的高度凝练和清晰明确的信息，这个信息有利于他们形成对于拟投资合作企业的核心层人员的思维境界、企业未来发展前景或成长空间的明确认知，这个认知将直接影响他们关于投资或合作回报的判断，进而影响投资或合作偏好以及具体决策。

反之，如果商业计划书的这个部分内容缺失或者愿景定位存在不足，那么将导致外部投资者、政府以及形形色色的潜在合作者对企业形成消极认知或者模糊认知，进而影响甚至妨碍其投资或合作意愿。

愿景陈述的内向意义

如上所述，企业的发展愿景具有指向性，在发展愿景这个问题上形成共识是企业成员尤其是核心成员凝练精神、统一认知、聚焦注意力的根本条件。通过愿景形成的关于企业发展方向、发展路径的共识，是在其他重要问题上形成共识的基础或前提。而只有当人们形成共识时，才可能高效率地开展相应的工作，取得实质性进展。

具体地讲，**企业愿景是企业战略措施制订的基本依据或者"源头"**。这里提到的战略措施包括但不限于本企业的关键技术、品牌资源、人力资源以及其他重要资源的开发、组织体系重构与文化建设、合作体系的设计与开发等，所有这些战略措施的分析与制订均需要来自愿景定位提供的支持。

反之，如果愿景缺失，或者愿景存在不足，一定会在企业发展的不同阶段，触发各种意识层面的分歧和矛盾，这些分歧、矛盾有时将对企业的健康发展产生重大，甚至致命的危害！

2. 如何进行愿景与路径规划

愿景定位的规划

愿景规划的特定原则

一个富有成效的愿景就像黑夜中一盏明亮的灯，既照亮了前进的目的地所在，更展现出目的地的真实性、美好程度。这两方面信息集合起来，使得一个理想型愿景，也就是兼具理性和激情的愿景能够给人们希望、信心和动力。核心愿景的类型如图3-2所示。

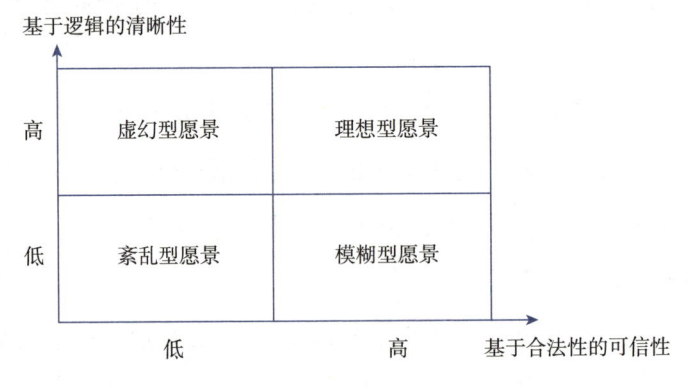

	低（基于合法性的可信性）	高（基于合法性的可信性）
高（基于逻辑的清晰性）	虚幻型愿景	理想型愿景
低（基于逻辑的清晰性）	紊乱型愿景	模糊型愿景

图 3-2　核心愿景的类型

从这样的意义上讲，理想型愿景定位首先需要处理好"浪漫主义与现实主义"的关系统一。所谓"现实主义"，就是要使愿景的每个部分都建立在对相关问题（如核心业务的属性、顾客价值的准确内涵、顾客痛点的性质、本企业的资源以及市场潜力）的科学与理性判断基础之上。

所谓"浪漫主义"，就是所有的愿景定位，如未来的产业与市场地位、未来的社会贡献定位等，需要从未来的企业外部状况、内部资源等出发，而不是拘泥于现在的环境状况与内部资源条件。愿景应该是"从未来的发展状况出发，通过充分挖掘潜力，我们能够达到并且应该达到的水平"。

从这个意义上讲，"愿景定位"与人们利用预测工具进行预测，以此支持有关的决策是有着显著区别的。

愿景规划的总体技术路线与方法

如上所述，**科创企业/高新技术产业化项目的发展愿景由一个核心愿景和三个状态愿景构成**，因此，愿景规划的总体路线就涉及如何正确完成这4个愿景的规划方法。

从顾客价值主张出发规划核心愿景

科创企业的核心愿景就是对"我们要在实现顾客价值主张方面做到何种程度"这个问题进行的回答。澄清顾客价值主张需要从目标顾客界定入手，分别澄清顾客待办任务、顾客痛点，最后确认拟创造的顾客利益，如图3-3所示。

图3-3 基于顾客价值主张的核心愿景定位

（1）界定目标顾客

关于目标顾客群体，也就是目标市场，企业／项目决策团队通常会产生一个基于产品功能的顾客群体认知，即认为对产品功能有兴趣的对象就是该产品的目标顾客。如果这个产品是一个替代性产品，那么目标市场是被替代的产品市场，后者似乎是一个确定的存在。

例如，有脚跟腱保护功能的跑步鞋就对应一个跑步爱好者群体；某种精度的加工机床就对应一个制造业企业群体；不良资产处置服务就对应一个金融机构群体。这里，对应的群体就是一个可能的市场总体。

然而，**仅仅知道可能的顾客群体或市场总体是远远不够的**。事实上，这个所谓的"顾客群体"或"市场总体"往往提供的不是有价值的信息，恰恰相反，它经常成为一个认知陷阱！

（2）基于顾客待办任务的痛点定位

从表面看，所有对空调机有需求的家庭、机构都可被视为这个产品的市场构成要素，这些家庭、机构组合构成这个产品的市场总体。然而，每一个对空调机感兴趣的家庭或机构都有其特定的消费动机，动机将导致特定的顾客待办任务——目标顾客为更好地实现其动机而开展的有目的的行动。如果把动机的实现视为顾客发展的一个具体体现，那么待办任务也可理解为顾客为了谋求发展（实现某种个人意愿／野心）而付诸实施的行动组合。

在实施和完成上述行动的过程（完成待办任务的过程）中，顾客会在某个或某些环节上遇到特定的困难或障碍，由此产生顾客痛点。换句话说，"顾客痛点"就是目标顾客在完成特定的待办任务过程中，由于相应的工具不能提供所需的支持而产生的负面体验。

（3）面向行为痛点的顾客价值主张

只有在明确上述全部事物的基础上，科创企业／高新技术产业化项目的决策者们才算得上基本理解了顾客，这种理解是企业／项目提出合适的顾客价值主张的前提。

合适且明确的顾客价值主张一方面可清晰地界定目标市场，包括其边界、规模以及内部构成；另一方面，将对科创企业/高新技术产业化项目的供给体系设计与创新提供指引，并由此形成明确的核心业务定位。后者将推动科创企业/高新技术产业化项目针对性地开发核心资源，由此打造竞争优势和反模仿壁垒，同时，形成最具针对性的市场拓展策略和后台的组织体系建设。

如果当科创企业/高新技术产业化项目无法在系统理解顾客的基础上提出合适且明确的价值主张，那么一切都将服从于赌博式的"市场试错"，这种无方向指引的试错过程不仅使企业/项目的价值创造过程极为低效/浪费，也将失去对企业发展/项目推进至关重要的外部合作者特别是投资人的信任与支持。两种典型的核心愿景定位方式如图3-4所示。

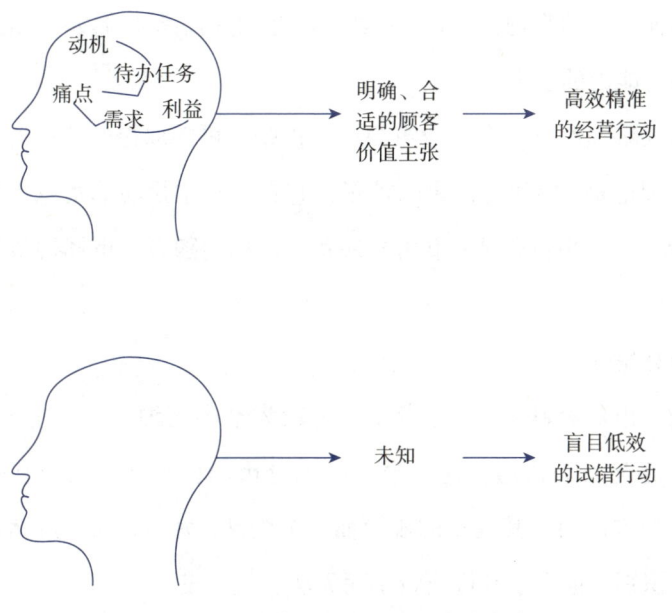

图3-4 两种典型的核心愿景定位方式

从核心业务出发规划产业定位愿景

"产业定位"有两个基本内容：一是领域定位；二是地位定位。典型的产业定位愿景表述为：在××领域/方面达到/占有××地位。例如，"在增值型不良资产处置领域/方面成为行业的重要力量"，"在污泥干化代理作业领域/方面成为行业领先者/示范者"。

就"愿景"的本质而言，领域定位是基础或出发点，地位定位则是落脚点。换句话说，**要形成高水平的产业定位愿景，关键在于完成正确、清晰的产业领域界定**。这里的"领域"就是指科创企业/高新技术产业化项目的核心业务所对应的从业者集合。从这个意义讲，"产业定位愿景"其实是关于企业/项目将要进入的目标领域的定位，这需要对企业/项目的核心业务系统进行梳理，否则，企业/项目所提出的产业定位愿景就是"指东画西"式的空洞臆想。

明确了目标领域之后，产业定位愿景将落脚于企业/项目在该领域中拟获得的地位，准确地说，是在不同时点上拟占有的地位。这种地位通常受到两方面因素的影响：一是该领域或产业的成长周期阶段；二是企业/项目的资源与能力的水平。

公司战略理论对一个企业组织通过扩张而可能取得的地位进行了经典归纳，该理论是：伴随着公司的扩张，它在市场中扮演的角色也将发生相应的改变，这些角色包括：市场补缺者、市场追随者、市场挑战者和市场领导者。

市场补缺者

所谓"市场补缺者"，是指在一个较为窄小的细分市场上开展业务，以获得生存与发展机遇。这个窄小的细分市场也常被称为"利基市场"。这类市场一方面由于其较小的规模而十分隐蔽；另一方面，虽然也能被其他企业所识别，但由于其规模较小而无法有效开发。

因此，它往往成为新进入某个行业的小企业组织的定位选择。有时，利用某个利基市场的补缺者可以为企业的生存与发展提供较为坚实的基础，因此，快速成为市场补缺者也意味着一个合理的愿景定位。

市场追随者

所谓"市场追随者",是指这样的企业已经有实力挤入行业的主要地带,能够接触到主流的技术、资源以及商业模式,并有一定的能力成为行业中的"合格成员"。成为市场追随者意味着企业在某些方面具备了一定竞争能力,有能力在规模较大的细分市场上保持其份额。

市场挑战者

所谓"市场挑战者",是指可以对行业中公认的头部企业发起攻击的企业。这里提到的"攻击"首先体现在市场布局上,即挑战者准备进军头部企业占据的市场;其次,也体现在顾客价值主张、产品技术、营销手段等方面对头部企业的策略或定位进行改造、调整或创新;最后,也可对头部企业的运营模式、职能管理的基本策略等提出质疑、调整和改进。

市场领导者

所谓"市场领导者",是指在产品技术、市场份额、经营规模、商业模式等方面处于行业领先地位,对行业发展方向具有引领能力的企业。由于其显著领先的经营业绩,因此在各种"排行榜"上位列最前端位置,又称为"头部企业"。

从机遇规模出发规划市场定位愿景

当企业/项目决策者要回答"我们要取得何种水平的业绩"这个市场定位愿景问题时,支撑正确定位的基础是关于市场潜力的正确认知。换句话说,为了正确规划"我们将在未来取得何种水平的市场业绩"这个问题,我们必须知晓未来的市场潜力到底有多大,高估或低估这个潜力都将导致相应的愿景定位空洞、扭曲。

而在这个问题上,**绝大多数人由于不能区分"市场潜力""市场基础""市场机遇"这三者之间的区别与联系,无法对目标市场潜力的未来趋势做出基本估计,因此无法进行市场定位愿景的规划。**

（1）市场潜力

市场潜力就是单位时间，如一年中，该市场所具有的全部购买能力或购买规模。"潜力"表明了一种可能性，即如果相关条件具备，那么这种可能将得以实现。因此潜力所代表的可能性转化为现实，需要有关方面付出相应的努力，如政府的政策、企业的营销以及其他相关机构的行动。

市场潜力决定了任何企业市场业绩的上限。当市场占有率给定时，市场潜力越大，企业的市场业绩就可以定位得越高。从这个意义上讲，"市场定位愿景"的规划在很大程度上取决于对市场潜力的估计和判断。

市场潜力可以视为市场基础和市场机遇之和，即

$$市场潜力 = 市场基础 + 市场机遇$$

（2）市场基础

市场基础就是可以根据企业的顾客价值主张直接导出的顾客的集合，也就是那些已经饱受某个痛点的折磨，因此对面向这个痛点的顾客价值主张感兴趣甚至有迫切需求的顾客的集合。

例如，商业银行无法以期望价格处置其不良资产，这是该类组织在经营过程中的一个痛点，"增值型资产处置"就是针对这一痛点提出的价值主张，商业银行也由此成为这类业务的市场基础。再如，需要花费大量时间以及较高价格是那些爱逛商店人群的常见痛点，而方便选购、价格便宜这样的价值主张就能直接将持有上述痛点的人群转化为电商平台的市场基础。

因此，某项业务的市场基础可在企业/项目的顾客价值主张基础上进行识别和确认。需要特别强调的是：这里的"市场基础"绝不是上面提到的那个模糊甚至扭曲的市场总体所包含的顾客集合，而是以顾客价值主张为导向所界定的特定群体的集合。

（3）市场机遇

市场机遇是指在现有的顾客价值主张的基础上，可以进一步挖掘出来的新型顾客群体。这些顾客群体的痛点与构成基础市场的顾客群体不尽相同，但存在关联，因此，**从现有的顾客价值主张出发，可以通过适当的延伸行动将这些潜在顾客转化为企业/项目的现实顾客**。如果把构成基础市场的顾客群体视为直接市场群体，那么可以把这类顾客看成间接市场或隐含市场。

从市场基础或基础型市场出发，可以从两个方向分析判断可能的市场机遇，分别是主体扩展方向和价值扩展方向。

基于主体扩展的市场机遇

任何一种顾客价值主张都针对具有同样痛点，即具有同样利益追求的顾客群体，这个群体通常包含不同身份或其他属性的若干亚群体。基础市场一般只涉及其中的少数甚至单一的亚群体。根据"痛点追溯"原则，也就是探索具有相同或相似痛点的顾客群体，就可以将市场主体扩展到基础市场以外的部分，这个新增的部分就是基于主体扩展的市场机遇，又可称为开放型机遇。

例如，一开始时，污泥干化作业代理业务的市场基础是那些初始投资受资金严格限制、熟练劳动者稀缺的污泥干化中心。但实际上，即使运营资金不那么紧张、熟练劳动者也不那么稀缺地区的污泥干化中心，同样也有节约运营资金、提高设备维修效率、提升运营综合成本的需求/痛点，这些污泥处置中心就是污泥干化作业代理的市场机遇。在这个案例中，当地政府、物流机构等均可能构成市场机遇的来源。

基于价值扩展的市场机遇

对于基础市场的顾客而言，他们在消费过程中的痛点或待办任务不止一个或一项，因此，从顾客价值主张所针对的痛点出发，延伸至关联痛点就可以挖掘出新的需求，这些基于新的利益追求的延伸需求蕴含着另一方向的增量购买，代表新一类市场潜力，这就是深耕型机遇。

仍以污泥干化市场为例，除了针对基础痛点的作业代理需求，科创企业/高新技术产业化项目还可以针对污泥处置中心在物流管理、节能减排/"双碳"目标等方面的痛点推出相应供给方案，由此刺激和利用新的顾客需求。在此，顾客主体没有变化，变化的是他们的需求，后者就构成了主体扩展以外的市场机遇。

源自基础市场的两类市场机遇如图 3-5 所示。

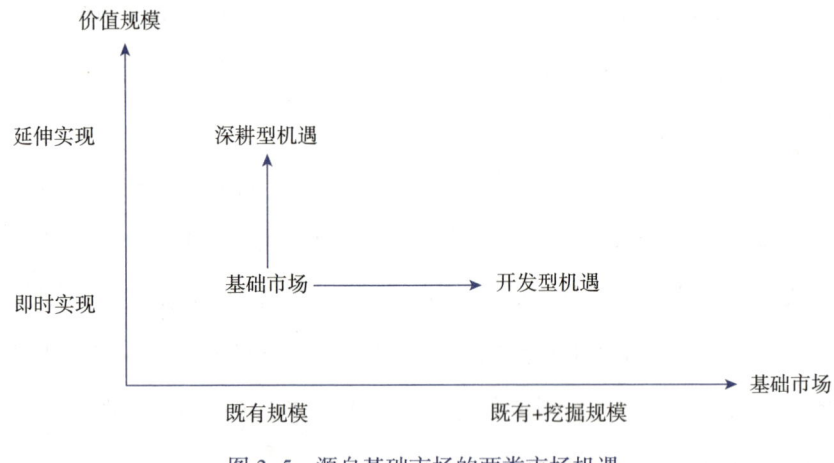

图 3-5　源自基础市场的两类市场机遇

从顾客产出出发规划社会贡献愿景

企业/项目的社会贡献必须通过它们所服务的顾客对社会发展具有的影响而展现出来。因此，规划企业/项目对社会的贡献愿景需要把目标顾客的产出或目标顾客的社会影响作为分析问题的依据和出发点。以不良资产处置业务为例，这类业务的主要顾客是商业银行。作为现代社会中重要的生产和消费服务机构，这类组织的产出一方面影响了社会经济运行的质量与效率，包括创新的效率与活跃程度，另一方面也影响了个人与家庭的生活品质进而影响他们的获得感。因此，针对商业银行的不良资产处置业务的社会贡献就包含了提升社会经济运行的质量与效率，创新的效率与活跃程度，以及个人/家庭的获得感等几个方面。显而易见，这种贡献的意义是十分重要的。

> **特别提醒：**
>
> 顾客的产出或顾客的发展对社会具有的影响，是分析定位企业社会贡献愿景的关键抓手。

同样道理，污泥干化作业代理业务的社会贡献也可通过分析其顾客产出或社会影响而进行规划定位，作为这类业务的基础顾客，污泥处置中心的产出是有害物质处理，这种产出将对我国城镇环境保护，主要是为土壤保护提供重要保障，因此，污泥干化作业代理业务的社会贡献就是对环境的持续保护。

路径规划

阶段划分

对于已经明确的发展愿景，决策者需要对实现愿景的阶段进行划分，由此确定各个阶段的目标、任务以及时间节点安排。这个**路径规划的目的，是为愿景实现过程的控制与激励提供必不可少的支撑**。

路径规划中的阶段划分有不同的方法，适用于各种不同的规划条件与规划思路。

（1）逻辑分解法

以理想型愿景为基准，根据企业自身的资源以及对外部宏观环境的判断，提出实现此愿景的分目标或分愿景，在此基础上，对相应分目标/分愿景的定量指标进行分解。例如，某科创载体公司的发展愿景为：

"……到本计划书设定的规划期末，公司将成为我国污泥处置行业的主导型服务机构，引领我国在此领域的技术发展、行业标准更新以及商业模式创新。至规划期末，公司在目标市场的市场份额超过55%，年销售额达15亿元~20亿元的规模，净利润达8000万元~1亿元的水平。"

在上述定性愿景规划中，公司未来的产业定位——成为"主导型"服务机构，是通过若干中间地位的实现而逐步达到的，这就需要将这一终极愿景定位分解为若干阶段的阶段定位，如先后成为：①市场补缺者；②颠覆者；③生态构建者；④主导型企业，如图 3-6 所示。

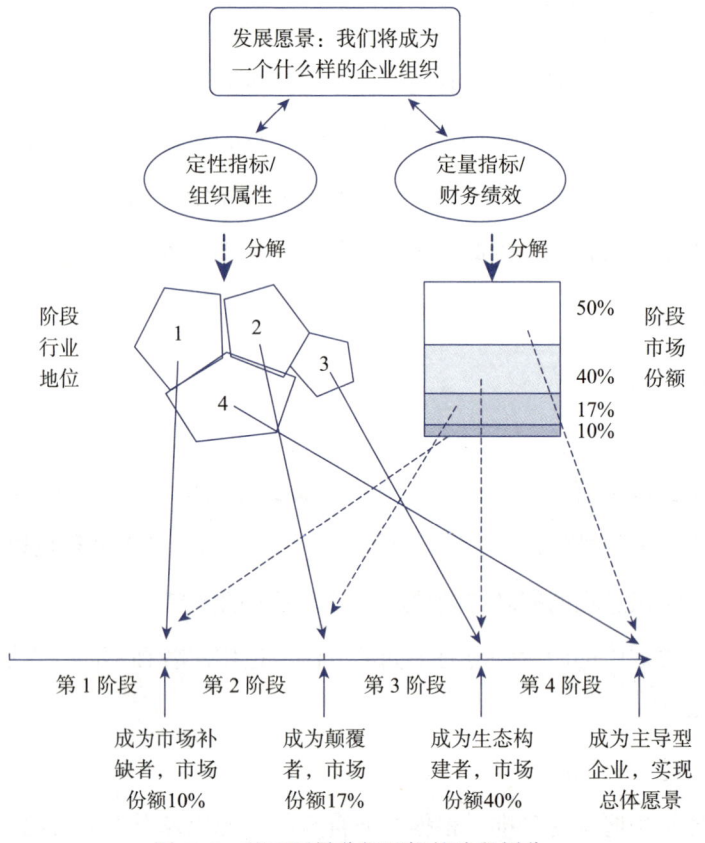

图 3-6　基于愿景分解逻辑的阶段划分

对于上述总体愿景中提及的定量财务指标，同样需要分解为各阶段目标。由于公司发展过程中的资源、能力等不是匀速增长，而是先慢后快地非线性增长，因此，总体量化指标的分解也应遵循增幅逐步增加的原则进行分解规划。

（2）重塑模型方法

重塑模型方法是著名战略管理学者查克·哈格尔提出的。他的核心思想是：**当产业陷入低速发展甚至停滞时，企业的出路就在于从根本上重塑**

产业，而不是在一个日渐衰落的产业中苟延残喘。问题是：如何才能摆脱源自于旧产业结构思维的限制，开辟出新产业领域呢？查克·哈格尔提出了一个阶段模型，如图 3-7 所示。

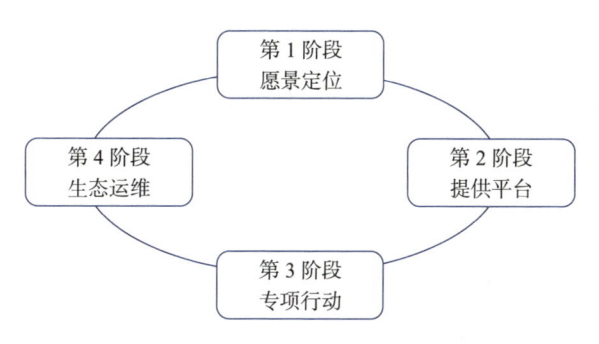

图 3-7 基于产业重塑逻辑的阶段划分

第 1 阶段 愿景定位

愿景定位这一阶段的目标就是提出一个面向顾客价值创新的产业发展愿景。也就是说，从顾客价值创造出发，确定产业重塑的基础。这个愿景一方面是企业战略行动规划的基本依据；另一方面也为企业开发合作者网络提供了坚实基础。原因是这样的价值愿景可以降低乃至打消潜在合作者对于产业重塑的风险恐惧。

第 2 阶段 提供平台

提供平台，这里的**"平台"是指能够整合所有参与产业重塑的组织创新型产品或服务的资源集合**。这里的"资源"可以是实物形态的物质化平台，如城市广场、商业综合体的物业和基础设施、高速公路服务区的基础设施等，也可以是无形资源，如数字化网络平台，这样的平台可为参与者的产品/服务提供链接入口，使其产品/服务可以方便地通过平台提供给目标顾客。

如果说第 1 阶段的愿景定位为潜在合作者提供了摆脱困境的方向，那么第 2 阶段的平台就是为潜在参与者的未来合作行动提供了资源支持，由此进一步降低参与者对于产业重塑的疑虑和恐惧，强化其参与重塑的信心。

第3阶段　专项行动

专项行动是指企业在前两个阶段行动的基础上，带头采取面向愿景实现的实质性行动，这里的实质性行动有一个重要特征，就是企业开发并投入针对新兴产业的专项性资产，一方面是为了实现企业自身的市场占领和企业价值获取，另一方面，也是为了更加坚定合作者的重塑信心，进而采取实质性行动，共同推进产业重塑进程。

第4阶段　生态运维

生态运维是指随着合作者群体的增加、产业重塑愿景的逐步实现，以目标顾客价值创造为中心的商业生态系统也逐步形成并迅速壮大。这时，就需要作为产业重塑战略发起者的企业关注生态系统维护、改进乃至创新的工作。随着这方面工作的目标实现，生态系统也随之进入健康发展轨道，同时也意味着产业重塑目标的实现。

支撑目标实现的措施规划

在路径规划问题中，面向各个阶段的措施规划包含两个基本要素。

首先，是对该阶段阻碍目标实现的"短板"进行分析与定位，也就是所谓的"卡脖子"环节定位。"短板"的实质是影响和阻碍企业实现该环节目标的资源短板，如技术资源短板、人力资源短板、设备资源短板、品牌资源短板等。

其次，是在归纳分析可能的内外部条件基础上，提出解决问题也就是修复短板的措施，具体来讲，就是有关的资源开发措施。例如，专项研发（弥补技术资源短板）、实施××人才工程（弥补人力资源短板）、开展与国外相关机构的合作（弥补设备资源短板）、委托第三方专业机构的咨询（弥补品牌资源短板）等。面向目标的措施规划如图3-8所示。

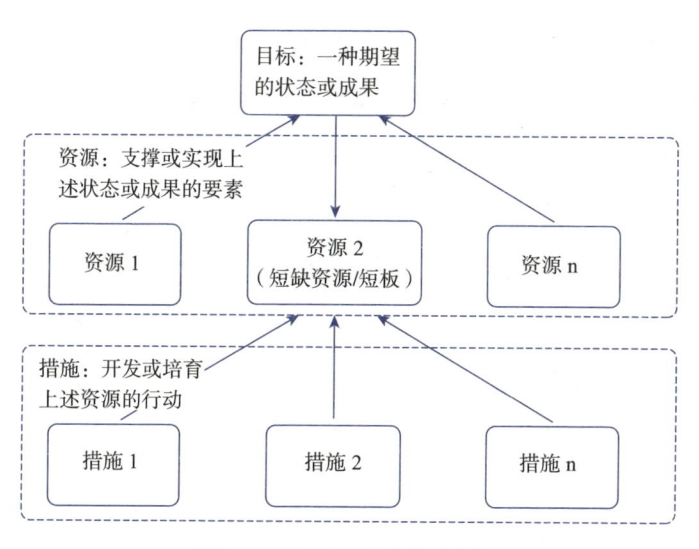

图 3-8　面向目标的措施规划

3. 商业计划中关于愿景定位与实现路径的规划指南

板块功能定位

在商业计划书中，**愿景定位板块展现的核心信息是："我们这个企业／项目在未来某一时点将要成为一个什么样的企业，将对社会做出何种贡献，并因此将具有何种产业／市场地位？"**

对上述问题的回答将帮助人们更充分、清晰地把握企业／项目的未来前景，进而对企业／项目的价值形成更加清晰和坚定的认知。这种认知一方面将推动投资者尤其是战略投资者以及其他利益相关者的合作意愿，另一方面也将对内部人员特别是关键人员对企业／项目发展的向往、信心和忠诚度产生重要影响，后者对企业／项目的健康发展至关重要！

中心议题与标题设计

中心议题

愿景定位板块的中心议题有两个方面。

首先，展现"我们这个企业／项目在未来某一时点将要成为一个什样的企业？将对社会做出何种贡献，并因此将具有何种产业/市场地位？"

其次，展现实现上述愿景的总体路线，具体地讲，就是企业将通过哪几个阶段或步骤来实现上述愿景。

标题设计

由于上述意义的愿景与路径存在密切关系，因此，本板块的标题可设计为"发展愿景与路径规划"或"企业（公司）/项目愿景与路径规划"。

思维导图与板块框架

愿景定位板块的规划思维导图如图3-9所示。

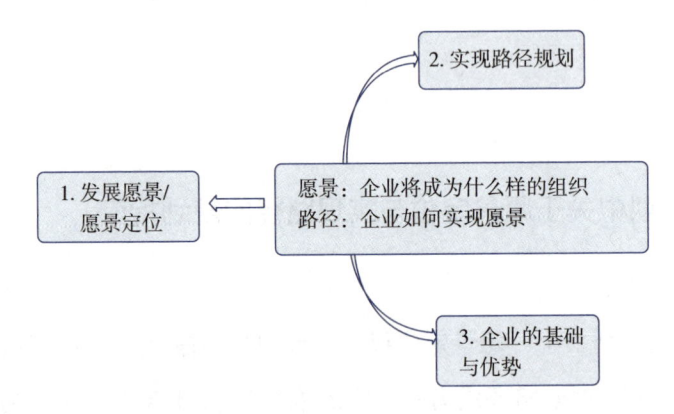

图3-9 愿景与路径规划思维导图

根据该思维导图，愿景定位板块的基准框架如下：

（略）

发展愿景与路径规划（优先推荐标题）

1. 发展愿景/愿景定位；

2. 实现路径规划；

3. 企业的基础与优势。

条目规划编制指南

愿景定位编制指南

如上所述，企业/项目的发展愿景有"1+3"构成的4个要点，即核心愿景、产业或行业定位愿景、市场地位愿景以及社会贡献愿景。

（1）核心愿景规划指南

核心愿景就是对"我们将在顾客价值创造上做到何种水平或为谁创造何种水平/性质的利益"这个问题进行明确陈述。核心愿景实际是向外界传递这样的信息：我们将如何贯彻我们的顾客价值主张。而价值主张又是建立在对顾客待办任务识别和痛点定位基础上的。核心愿景的实现将意味着本企业/项目在本质上如何区别于所有竞争者。

综上所述，**核心愿景规划的要点有三个方面：顾客待办任务、痛点和提供的利益**。这里，"痛点"主要源自于在特定的顾客待办任务上，顾客在使用某个产品/服务也就是所谓"工具"时具有的困难或障碍，如不简便、成本高、效率低等；"利益"则是针对前述痛点提出的给顾客带来的"好处"，如节约、简便、高效等。

例如，污泥干化作业代理业务的核心愿景就可表示为：

针对目标顾客（污泥干化中心）在污泥干化作业全周期运营（待办任务）中资金压力大、运维成本高以及人力资源方面的约束（痛点），提供作业代理服务，据此解决或显著缓解资金、运维成本以及对技术型人力资源方面的约束（利益）。

（2）产业或行业地位愿景规划指南

根据其内涵，产业或行业地位愿景的要点有两点：一是产业或行业领域界定；二是在上述领域中的地位界定。在发展愿景板块，这个定位规划具有重要地位，原因是，这个定位是对"我们将成为什么样的企业"这个问题的直接回答。

从商业计划角度讲，这个定位规划的指南可概况为"轻重结合"原则。所谓"轻"，就是使用最简洁、直观的语言阐述领域界定；所谓"重"，就是使用较为鲜明、激进的语言和紧凑的预算数据集合来阐述本企业/项目在上述领域中拟占据的位置，以使人们形成对于企业未来的产业地位的清晰认识。

以污泥干化服务企业/项目为例，其产业或行业地位愿景规划可表述为：

在平台化污泥干化作业服务领域成为具有统治地位、领先技术和先进商业模式的领导型企业。到××时点，本企业/项目的总资产达到××亿元规模。由本企业培育和领导的商业生态系统涵盖××个行业，总资产达××亿元！

市场地位愿景规划指南

市场地位愿景同样也有两个要点：目标市场总潜力以及本企业/项目在该目标市场上的地位。和上面的产业或行业地位愿景一样，市场地位愿景的两个要点同样宜采取"轻重结合"原则，对目标市场的潜力简要、清晰地表达，对市场地位则采取定性说明和定量表达相结合的方式予以阐述。

以污泥干化服务企业/项目为例，其市场地位愿景规划可表述为：

在规模达××亿元的污泥干化服务市场上，本企业/项目在××时点拟获得××%的市场份额。营收达到××亿元规模，年毛利润达××万元。

社会贡献愿景规划指南

如上所述，社会贡献愿景就是企业/项目的运营对社会发展/进步或变革所具有的影响。对这种影响的定位将对企业/项目的战略性目标与措施规划提供重要的支撑。同时，也将对优化外部人士尤其是战略投资机构、对企业/项目的评价/估值以及采取更为主动的合作行动产生重要影响，因此，这个愿景定位是发展愿景中不可或缺的部分。

同样，根据其内在性质，社会贡献愿景的要点只有一个，这就是阐述清楚希望本企业/项目所服务的目标顾客，由于企业/项目的服务而导致的状态改善（个人或家庭）或运营优化（各类机构）将对未来社会发展所产生的意义。

社会贡献愿景从外部的顾客端揭示了本企业/项目的运营目标定位。以污泥干化业务为例，其目标顾客为分布在各地的污泥处置中心，作为一类承担特定职责的机构，它们的运营改善乃至创新，将对所在地区的环境保护特别是土壤和水体保护产生重要影响，因此，该业务的社会贡献愿景就可作如下阐述。

本业务将对我国乃至其他有关国家或地区的环境保护、土壤和水体免受污染产生重要作用，进而为社会的可持续发展提供独特支撑。

路径规划指南

首先在此说明，这里的"路径"特指企业/项目为实现上述愿景所进行的总体行动规划，与各个阶段的行动规划不同，这里的行动规划是一种顶层规划。在商业计划书中，这个顶层规划包括两个方面的内容：一是阶段划分与目标定位，二是阶段关键措施规划。

（1）阶段划分与目标定位

作为顶层规划，商业计划书中面向愿景的"路径规划"的阶段划分要点有两个：一是总体阶段数量；二是各阶段的战略重点。总体阶段数量可以直接和明确地进行阐述，即直接给出企业/项目启动至愿景实现拟划分为几个实施阶段；战略重点也可理解为各阶段的总体目标定位，即该阶段拟达到的主要成果/成就，这也同时成为各阶段的名称标签。以污泥干化平台作业服务项目为例，其阶段划分与目标定位可以展现为：

本项目拟通过三个阶段来实现上述发展愿景，分别是：①布局—圈地阶段；②点火—燎原阶段；③生态生根阶段。

（2）阶段关键措施规划

这里提到的"关键措施"就是为实现上述阶段战略目标而规划的主要措施。这个部分规划的要点在于针对性和归纳性。"针对性"就是这部分展现的措施一定要与该阶段的战略目标紧密衔接；"归纳性"就是这些措施的内容展现是概况性的。严格地讲，这里的"措施"其实更接近于"项目"，每个措施其实就是某个带有特定目标指向的项目。

这些项目的具体内容包括但不限于技术开发、设备投资与基建、联盟构建、市场企划以及渠道开发等。这些内容一般不需要在商业计划书的正文中展现，可以根据需要以附件形式进行展现。由于各阶段战略措施/规划项目需要针对各阶段的目标定位，因此，这部分的内容以表格形式展现可能更为清晰。以污泥干化作业项目为例，其愿景部分的"各阶段关键措施规划"见表3-1。

表3-1　污泥干化作业项目各阶段关键措施规划表

规划阶段	阶段目标	阶段战略措施/关键项目规划	备注
1.布局—圈地	获取目标顾客，到阶段末获得40%的市场份额。形成本企业/项目的初期市场布局	（1）总体解决方案的全部关键技术/产品现场调试成功； （2）在各大区域落地不少于5个示范中心； （3）融资租赁解决方案全面落地	这里的"市场份额"是指在已有的污泥干化中心中与本企业/项目确定合作关系的中心比例
2.点火—燎原	完成第一阶段市场布局内所有顾客的作业代理服务运营模式落地	（1）完成并迭代优化远程作业代理的关键控制技术，使本企业/项目服务的可靠性绝对领先； （2）本企业核心资源特别是人力资源开发的系统规划与实施； （3）全面规划与实施成本优化行动，相比第一阶段显著提升污泥干化作业代理服务的运营效率，形成基于服务成本的反竞争壁垒	
3.生态生根	根据平台运营的需要，规划和构建面向顾客价值创新的商业生态系统	（1）升级本企业/项目的平台功能，使之涵盖生态企业服务功能，形成基于生态系统的新型服务体系； （2）构建面向生态组织的治理体系； （3）构建基于新型服务/供给体系的盈利模式，实现商业模式的升级换代	

基础与优势规划指南

"企业/项目发展基础与优势"是商业计划书的重要内容之一，这部分内容对于支撑商业计划书的功能具有不可替代的作用。但必须注意：这部分内容的归纳与展现必须要有高度针对性，决不能泛泛而论。这里的"针对性"是指商业计划中归纳的发展基础和优势必须面向发展愿景和实现路径。也就是说，这里所归纳的基础和优势是有利于愿景实现或有利于沿规划路径所付诸实施的战略措施的贯彻。

从这个意义上讲，发展基础与优势的归纳一方面展现了愿景实现的可信性，另一方面也对企业/项目未来的资源与能力开发提供了重点方向。

从商业计划书编制角度讲，这部分内容一般通过两个段落予以展现，即发展基础和竞争优势。

（1）发展基础

发展基础有两个要点：一是简明扼要地定义或界定发展基础的内涵，强调这里所归纳的发展基础是指实现上述发展愿景所需要的基础；二是以"名称+简介"的方式分类展现这些基础，包括但不限于科技成果与研发能力、产品（样品）技术、人脉资源、渠道或客户资源等。以污泥干化作业项目为例，其发展基础可展现如下：

本企业/项目发展愿景的实现具备了一定的基础，并且随着各个阶段战略措施的贯彻实施，有利于愿景实现甚至超前实现的基础将更加广阔。这些基础主要包括以下几点。

1）科技成果基础

本企业/项目在污泥干化机总体设计、遥控产品与元器件、网络安全等涉及平台运营的技术领域拥有多项科技成果，其中包含专利成果。

2）市场基础

本企业/项目在过去5年中已经累计为12个污泥干化中心提供有关污泥干化设备与配件，包括以项目形式提供服务所形成的顾客群体。

3）合作基础

本企业/项目在渠道供应、网络数据维护、设备加工组装以及专业培训等方面与国内外超过10家企业或机构形成了紧密合作关系，合作模式不断优化，合作效率不断提升。

4）人才基础

本企业/项目在启动愿景实现路径时已经具备的人力资源，特别是关键人才。对于科创企业/高新技术产业化项目而言，这方面的人才基础通常较为坚实，需要进行专门整理和展现。其要点有两个方面：首先，归纳揭示为实现发展愿景或推动总体路径各个阶段目标实现所需要的人才类型；其次，以上述人才结构为依据，分别展现本企业/项目在相应的人才大类中所具有的基础和潜力，以此展现人才实力基础。

（2）竞争优势

和发展基础略有不同，竞争优势是通过比较而得出的"强项"，因此，**竞争优势的归纳涉及两个逻辑环节：一是对竞争对手/竞品的界定；二是在此基础上对本企业/项目客观具备的强项进行归纳展现**。以污泥干化业务为例，竞争优势的部分内容可展现如下。

本企业/项目的业务目前没有产品/服务与我们完全相同的企业/竞品。以国内污泥干化设备提供商为主要对象进行对比，我们的主要竞争优势有以下三个方面。

1）核心产品功能优势

本企业/项目提供的污泥干化机通过基于有限元的内部设计技术，在热转化效率上处于国内领先。

2）服务能力优势

为配合平台型的O2O服务，本企业/项目在服务资源和快速处理能力上具有显著竞争优势。

3）研发资源优势

本企业/项目拥有配置齐全、合作模式多样化、分布式的研发资源，在核心产品升级换代、平台功能优化等方面具有显著优势，为平台运维的迭代升级提供了坚实的支撑。

愿景定位与路径规划陈述中的常见错误与特别提醒

（1）内容空缺

内容空缺是最常见的一类错误，就是在商业计划中忽略本板块内容，即空缺愿景定位和相应的路径规划内容。**由于愿景定位集中体现了企业/科创团队关于未来发展的目标指向，以及这个目标背后所蕴含的顾客价值识别，因此这类错误会极大降低商业计划的质量和水平**，并导致投资人和潜在合作者对科技创业/高新技术产业化项目核心人员战略能力的负面评价。导致这类错误出现有两个主要原因：一是决策层缺乏战略视野，以及在顾客价值创造方面的进取心和主动意识；二是核心团队缺乏关于市场和产业演化趋势的判断能力。

（2）模糊

模糊是一类较为常见的错误。虽然在总体体系中也开辟了"愿景定位"或类似内容板块，但内容模糊，其主要表现就是愿景定位的口号化、空洞化。用一些普遍适用的宏大向往，如"服务于目标顾客的价值创新"或"致力于提升我国机械加工产业的国际竞争力"这样的口号来代替具体企业/团队的发展愿景。

（3）错位

错位的意思是，用并非愿景定位的内容来替代愿景定位和路径规划。例如，有一些企业/团队会用单纯的财务指标来代替核心愿景，或者用"让目标顾客获得持续满意"这样的经营原则来代替发展愿景。

> **特别提醒：**
>
> "发展愿景"是对"我们将来将成为一个什么样的公司"这个问题的清晰回答，体现的是决策层的价值意识和战略视野，高质量的愿景定位需要建立在对目标市场、供给方案、经营业态和产业格局等问题的系统梳理之上。

三、载体公司与融资方案规划

1. 总体说明

什么是"载体公司"与"融资方案"

（1）载体公司

公司是依照有关法律主要是《中华人民共和国公司法》（以下简称《公司法》）设立的，是以营利为目的的企业法人组织。公司的创始人或发起人依据有关法律向政府有关职能部门（我国是国家或各地市场监督管理局）申请登记注册，由登记机关审核登记而正式成立公司。

在商业计划阶段，一般将根据发展需要拟设立的公司称为"载体公司"。这里的"载体"特指目标公司是特定要素的承受体：①特定的资产或资源，包括但不限于起始技术成果/高新技术（原属于发起人），如母公司的部分品牌资源、关系资源、核心人力资源等。当科创企业/高新技术产业化项目依托于母（总）公司、集团、总院（部）等机构发起人的资源而建立时，这一称呼更多反映了拟设立公司与这些发起人机构的关系。②未来的股权投资。③其他与科技产业化有关的资源，如新增设备、厂房、人员等，这里最为核心的是未来的核心产品技术、工艺技术及相关的资源。

载体公司的规划内涵有两个层次：

首先，是指公司登记注册所要求明确的主要内容，如股东及其出资、注册资本/股份总额、法人代表等注册参数信息。这些参数数据给出了法律意义上的公司基本信息。

在我国，迄今为止依法设立的公司组织有两类，即有限责任公司和股份有限公司。法律规定了这两种公司组织在股东规模等方面具有一定区别。总体来讲，有限责任公司是股东规模较小、设立较为灵活的公司。由于股东人数具有上限,这类公司承担的责任也随之较为"有限";相比之下,股份有限公司的股东规模较大,其公司责任较大,故其设立过程及审核过程较为复杂。就其性质特征来讲,科创企业较为常见的公司类型为有限责任公司,而高新技术产业化项目的载体公司是两种类型都可以作为选择。这两类公司的主要区别见表3-2。

表3-2 有限责任公司和股份有限公司的主要区别

	有限责任公司	股份有限公司	备 注
股东规模	股东存在上限,其股东人数不得超过50人,最少可以是1人	股份有限公司至少应有2名发起人,发起人人数应在2人以上200人以下。股份有限公司对于股东人数没有上限要求,以上市公司为例,任何购买其股票的主体都是上市公司的股东,不限人数	股份有限公司的发起人也是公司的主要股东或原始股东
注册资本	有限责任公司的注册资本不必实缴,其注册资本是股东认缴的资本总额,股东在章程中可以自由约定实缴注册资本的时间	股份有限公司的设立方式分为发起设立和募集方式设立。发起设立的,股份有限公司的注册资本是全体发起人认购的股本总额。发起人应全额实缴股本,否则不可以向其他人募集股份	
资产与经营规模	由于股东人数较少,一般地讲,这类公司的资产与经营规模相对较小	股东人数较多,这类公司的资产与经营规模相对较大	
组织机构	由于资产和人员规模较小,有限责任公司的组织结构相对简单	由于经营规模较大,股份有限公司通常需要设立较为复杂的组织机构和管理体系	

续表

	有限责任公司	股份有限公司	备注
公司设立的条件	设立有限责任公司，应当具备下列条件： （一）股东符合法定人数； （二）有符合公司章程规定的全体股东认缴的出资额； （三）股东共同制定公司章程； （四）有公司名称，建立符合有限责任公司要求的组织机构； （五）有公司住所。 有限责任公司章程应当载明下列事项： （一）公司名称和住所； （二）公司经营范围； （三）公司注册资本； （四）股东的姓名或者名称； （五）股东的出资方式、出资额和出资时间； （六）公司的机构及其产生办法、职权、议事规则	设立股份有限公司应当具备下列条件： （一）发起人符合法定人数； （二）有符合公司章程规定的全体发起人认购的股本总额或者募集的实收股本总额； （三）股份发行、筹办事项符合法律规定； （四）发起人制定公司章程，采用募集方式设立的经创立大会通过； （五）有公司名称，建立符合股份有限公司要求的组织机构； （六）有公司住所	有限责任公司变更为股份有限公司的，或者股份有限公司变更为有限责任公司的，公司变更前的债权、债务由变更后的公司承继

其次，是指拟设立公司的组织结构，包括总体组织结构类型，如直线型、直线职能制型、矩阵型等组织结构设计；主要的业务与管理部门设置；管控与激励体系设置等。这些组织结构规划将决定未来公司的内部结构构成和人员配备情况。

载体公司规划的两个模块如图 3-10 所示。

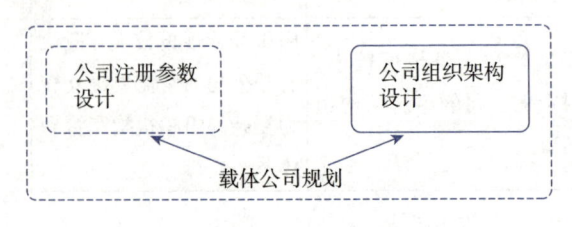

图 3-10　载体公司规划的两个模块

（2）融资方案

融资方案是指股权融资方案，其基本内容包含三个方面：第一，指定阶段（期间）拟融资的总额；第二，所融资金的规划用途；第三，拟采用的融资渠道，或者说拟选择的投资对象。

为什么要做载体公司与融资方案规划

（1）载体公司规划的意义

公司是市场环境中正常开展经营活动的合法主体，是一个在市场中开展经营活动的必要的"身份标签"。虽然这个身份标签只要按照《公司法》有关规定和市场监督管理局的有关注册登记指南即可获得，但这个身份标签所含的约定、承诺等公司参数，需要通过谨慎的规划设计来完成。

随意的公司参数规划，如随意确定公司名称、主营业务、注册资本、股本总数、发起人及其出资比例等，将导致所设立公司产生先天缺陷，对公司未来发展产生各种隐患。

正确的公司规划至少有以下两个方面的重要作用：

首先，指引相关的公司发起设立、登记注册行动。在公司规划阶段，科创团队核心人员需要仔细斟酌公司原始股东的构成、各股东的股比、出资形式、退出条件与退出安排等公司参数。这样，就可对实际的公司登记注册行动提供指引，或者直接提供相关文件材料，如公司章程。

其次，在商业计划中提供公司规划信息，可以帮助外部支持者主要是股权投资人、政府以及其他利益相关者形成关于科技创业/高新技术产业化项目的理解，提升整体创业方案的合法性。相比之下，**当商业计划缺乏关于公司规划的陈述，或者公司规划存在可以识别的缺陷时，科技创业/高新技术产业化项目的可行性、核心团队的能力以及项目发展前景等都会受到质疑，这种情况并不罕见。**

（2）融资方案规划的意义

相当多的科创团队/初创企业都迫切希望获得资金支持，但对于究竟需要多少资金、如何合理使用所融资金、如何保障投资权益等这些问题缺乏清晰认识，这不仅导致首期融资行动的低效和困难，还将导致资金使用不合理，"牺牲"各方利益。从总体上讲，融资方案的规划具有以下重要意义。

首先，明确资金需求。通过融资方案规划，系统盘算本项目的未来资金需求。要知道，尽管股权投资不存在商业银行贷款的"借债还钱，连本带息"问题，但股权投资人都会要求载体公司承诺相应的经营业绩，也就是提出某种形式的"对赌条款"，融资规模越大，相应的业绩承诺要求就越高，对科创企业来讲这也构成了经营压力。因此，通过系统规划确定最佳的资金需求，对于投融资双方均具有重要意义。

其次，明确资金用途，为融资后的有关投资或采购行动提供行动指引。这方面的规划也将对与股权投资方的沟通提供重要的支撑。让投资者知晓和理解他们投入的资金将使用在哪些方面，这是取得他们的信任并做出投资决策的重要手段！

2.如何进行载体公司与融资方案规划

载体公司规划

在商业计划书中，载体公司规划主要涉及三个方面的内容，即：公司名称（含公司类型、公司注册所在地）、经营范围、注册资本。

公司名称规划

公司名称一般由四个部分组成：行政区域名称、字号、行业或经营特点、组织形式。

行政区域名称是指公司注册地所在行政区域名称。这一项内容取决于科创企业拟将公司注册在何地，也就是哪一个省市行政区域，如南京市、合肥市等。因此，这一项内容的规划，实质上是对公司注册地的选择。科创团队可根据有关省市行政区域的产业环境、招商政策、市场环境、人力资源供给潜力等因素，选择最合适的公司注册地。

字号是指公司自身的特定名称，如华为、斯通、锦江、好味道等。字号规划相当于给一个人取名。其基本原则是：**这个公司字号或名字的风格，要与公司的主营业务属性、公司的发展理念以及发展愿景等相匹配**。科技型企业要大气严谨，服务型企业要温馨直观。

此外，不论字号设计采取哪一种风格，字号别致、独特且易于称呼（不拗口）等都是必须注意的事项。对于科创企业/高新技术产业化项目的决策者来讲，应该认识到：公司字号/名字的设计是一个需要考虑多种因素、相当专业的问题，较为合理的方式是委托专业人士或机构设计，而不是仅仅根据自己的偏好和文学修养来"闭门造车"。

要认识到：未来更换公司字号/名字是一个难以想象的事情，换句话说，在使用一段时间后更换公司字号/名字，其代价通常相当大，至少会显著大于公司规划阶段委托专业人士设计公司字号/名字所需费用。

行业或经营特点是指公司的主营业务所属行业或经营领域，如"仪器仪表""航空""保险""制造""餐饮"等。关于这一参数要强调的是：一定要根据公司的核心业务性质来确定上述行业或经营领域。如果企业未来的核心业务不止一个，可设计一个较宽的行业概念来描述行业特点，如"科技""数据服务"等。

组织形式是指公司的类型，即有限责任公司和股份有限公司。如前所述，有限责任公司的股东人数较少，1~50人均可。这类公司的注册采取注册资本认缴制，即由企业股东认定也就是承诺认缴金额、出资期限等，即可进行公司注册。认缴的金额没有最低限制，一元钱也可以。认缴的出资期限，则可以和公司的存续期一样长。其他重要的特点包括：

1）允许发起人自主约定首次出资比例，取消首期出资额至少需达到认缴注册资本总额20%的规定。这意味着公司设立时全体股东（发起人）均可以"零首付"。

2）允许公司发起人自主约定出资方式和货币出资比例，不再限制公司全体股东（发起人）的货币出资金额占注册资本的比例。

3）实行注册资本认缴登记制度。公司实收资本不再作为工商登记事项，公司登记时无须提交验资报告。

4）实行年度报告制度。不再执行企业年度检验制度，实行企业年度报告公示制度。

根据上述公司名称四个部分的定义，下面是一些符合上述四个部分定义的公司名称：哈尔滨松花影业有限公司、上海迈靠汽车制造有限公司、海南白礁餐饮有限公司等。

经营范围规划

经营范围是市场监督管理机构核发的营业执照中载明公司可以从事的经营业务集合。尽管经营范围在公司设立后可以申请增加或做其他调整，但理想的做法是在发起设立阶段进行必要的分析规划，以尽可能全面地概括其经营业务。

除了核心业务以外，重点考虑两方面业务是否进入经营范围：一是与核心业务相关的业务，如核心业务为制造业时，相关业务包括但不限于安装测试等特定服务、培训、融资租赁业务等；二是企业在未来计划开展并与主业具有一定关联的业务，如核心业务为设计发明业务，未来可能开展的相关业务包括知识经纪、平台经营等，均可纳入这里所指的经营范围。

注册资本规划

这里主要是指注册资本额、认缴期限、股本总数等参数规划。

如果拟设立公司为有限责任公司，则其注册资本额不需要在登记注册时实际缴纳，注册资本额不需要考虑发起人股东的实际缴纳能力，注册资本额更多反映的是发起人规模和发起人对公司的承诺以及他们的经济实力。

虽然我国《公司法》对有限责任公司注册资本认缴期限没有严格限制，但过长的认缴期容易导致未来公司的利益相关者尤其是投资人对公司的负面看法，因此，除非有特殊原因，一般将此期限规定为 5~10 年较为合理。

发起设立公司时，股本总数与每股定价（每股价格）有关，其公式为：

$$股本总数 = 注册资本 / 每股价格$$

一般地讲，公司发起设立时将每股价格设置为 1 元 / 股比较合适。如果公司对于未来有开展资本运营的考虑，这时需要根据资本运营的需要而专门规划其每股价格。

公司核心层与治理结构信息

公司核心层信息主要包括发起人股东及其持股比，董事会构成与董事长、总经理等。

发起人股东及其持股比

发起人股东中一部分人为科技创业 / 高新技术产业化项目团队核心人员，通常称为"内部人"，但可以不限于这些人员。**除了实际参与科创企业 / 项目运营的核心人员，公司还可吸引其他相关人士或机构作为发起人股东。这些自然人或机构拥有公司未来发展所需的关键或重要资源**，如上下游产业资源、关键技术、资金、社会关系资源或个人声望等。

发起人股东的持股比设置，第一个原则是：内部股东的持股比要大于外部股东的持股比。当然这是指公司发起设立时的设置。对于股份有限公司而言，随着公司的发展，外部股东人数和持股比例可能不断增大。一旦公司上市，就可能出现外部持股者持股比大于内部股东持股比的情况。

第二个原则是：在有同等投资入股意愿的情况下，越关键的人士 / 机构其持股比也应相应提高。

董事会构成与董事长、总经理

《公司法》对公司董事会的设立和权利有相应的说明。这里所说的"董事会构成"主要是指具体的人员构成。需要注意的是：公司董事会成员也就是公司董事不一定必须是公司股东。公司也可以根据需要选聘非股东人员担任公司董事，即外部董事或独立董事。

这些外部董事或独立董事作为某些领域的专业人士，如财务会计、企业管理或行业专家加入董事会，可以提高董事会的效能，在重要决策上保障决策质量。当然，这需要相应的制度作为保障。

董事长和总经理是公司运营管理的最为关键人员。董事长必须是科创企业发起人或高新技术产业化项目的实际控制人。总经理通常也是内部核心人员。但如果公司的核心业务/业态定位与科创团队或高新技术产业化项目核心团队人员的专业有距离，这时应该考虑在外部选聘合适人员担任公司总经理。

公司的组织架构信息

这里的"组织架构"主要是指公司拟设置的职能部门、主要岗位以及部门之间、岗位之间的关系等。在管理学领域，人们通常将企业内的部门体系称为"组织结构"，并认为以部门为单元的组织结构就像人体的骨骼体系一样，发挥着支撑人类活动的功能。在本书中，"组织架构"与"组织结构"的含义基本一致。前者更强调部门体系及其逻辑关系；后者则更侧重于各部门的职能定位。如果不加特指，二者可以视为等同。

组织架构/结构的规划以及迭代优化问题，产生于现代组织中的最优分工与协调问题。从本质上讲，有效的分工与协调是建立在合理的组织结构基础上的，也就是说，**如果没有一个正确的组织架构/结构，那么合理分工和高效协调就不可能实现。**

因此，任何一种发展思路或运营模式都需要确立相应的组织结构。公司的组织结构一方面可以体现公司业务的运营是如何通过分工与合作而实现的;另一方面,也可反映出公司未来的人力资源配备情况。结合起来,合适的组织结构是科创企业/高新技术产业化项目实现其经营目标和发展愿景的主要保障之一,同时,组织结构也是其他有关工作(如人力资源开发、专项投资等工作)的依据。

迄今为止,企业常见的组织结构有直线制、直线职能制、矩阵制和事业部制等类型。每种类型都有其自身的优势与缺陷。科创企业/高新技术产业化项目需要根据发展战略、发展愿景、市场类型、商业模式等因素,选择最适合自己的组织结构。

直线制

直线制是一种最为简单的组织结构,由两类单元构成:管理/决策单元和业务单元。一个管理者(部门)直接领导指挥若干个作为业务单元的下属部门/团队/个人。每个业务部门/团队/个人的分工取决于公司总体的核心业务定位与工艺技术安排。协调事宜由位于顶部的管理者/部门负责。直线制组织结构示意图如图 3-11 所示。

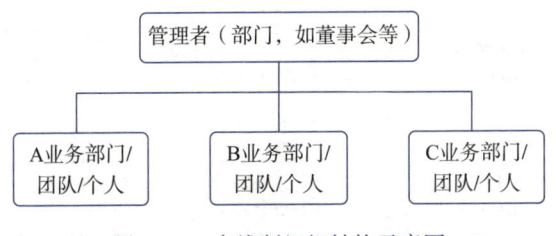

图 3-11 直线制组织结构示意图

这一组织结构的最大优点是简单和节约。简单就是内部的分工协调关系较为单纯;节约就是这种组织结构对人力资源尤其是管理和服务方面的专业人力资源的需求很低,可以在很低的人力成本下运营。这对于规模较小、处于初创期,外部环境较为简单,经营规模不大的企业/高新技术产业化项目来说是一个很现实的组织结构类型选择。

但直线制组织结构也存在明显的缺陷，这种组织结构无法协调规模较大、核心业务较为复杂的企业运营活动。一旦企业的经营活动涉及较为复杂的业务活动，如产品制造与组装调试、供应链开发与运维、渠道创新与运维、技术开发等，并且企业的规模较大，业务单元分工较细，需要更多更专业的支持与服务时，管理部门/决策者就将难以完整、高质高效地履行其职责。直观地说，这种组织结构虽然"省人省事"，但无法保障企业/项目的有序运营。

直线职能制

直线职能制是在直线制组织结构基础上发展起来的组织结构，由三类单元组成：①管理/决策单元；②职能服务/指导单元；③业务单元。其中，职能服务/指导单元就是为弥补管理/决策单元的专业指导、监督、服务能力不足而增加的新一类组织单元，如图 3-12 所示。这些部门包括但不限于财务部、总工办、企划部、采购部等。

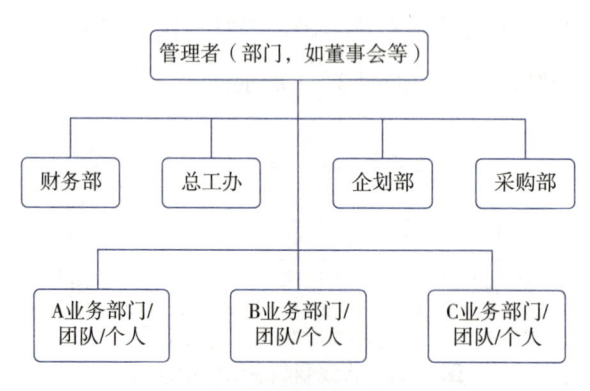

图 3-12 直线职能制组织结构示意图

直线职能制组织结构的最大优点就是克服了直线制组织结构在专业指导和服务上存在的缺陷。也就是说，这类组织结构能够通过位于中间位置的职能部门弥补顶部管理者在专业能力上的不足，为下部的业务单元提供较为优质的指导和服务。这在企业的核心业务流程较为复杂、外部的市场竞争较为激烈，因此对企业运营提出较高要求时尤为重要。事实上，直线职能制是迄今为止企业界最为常见的组织结构形式。

这种组织结构的缺陷或不足主要有两个方面：首先，相对于直线制组织结构，这类组织结构增加了图 3-12 中的职能单元体系，这意味着这类组织结构对人力资源的需求较高，对相应的资源开发、工作协调的要求也较高，这些都将提升企业的运营成本；其次，这类组织结构中各部门尤其是职能部门之间的沟通合作往往会出现障碍，这将对组织的整体运营带来十分不利的影响。

矩阵制

矩阵制是一种较为特殊的组织结构形式，主要针对多元化供给，或者虽然是单一供给，但面向多市场服务的情况。如果把每一个围绕某个供给物的运营活动体系，或者同一个供给物在不同市场上的运营活动体系视为一个特定的项目，那么矩阵制组织结构也可称为"项目制组织结构"。

矩阵制组织结构由两类组织单元构成：一是业务线单元，即针对每个不同的供给物或者不同市场的活动主体单元；二是职能单元，即支持业务线单元的每个专业化支持单元。矩阵制组织结构如图 3-13 所示。

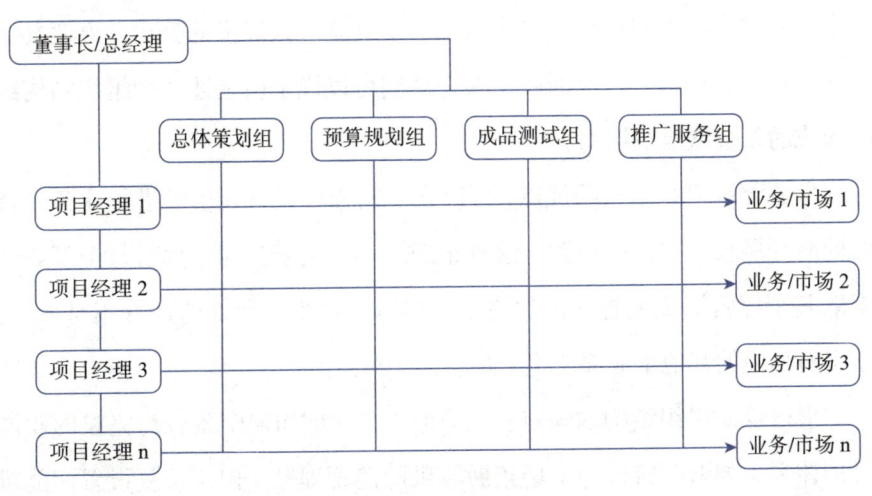

图 3-13 矩阵制组织结构示意图

矩阵制组织结构的优点就是能够支持多个业务或项目的高效率运营，特别是每个业务/项目的迭代优化、创新等都能获得较好的开展。每个支持部门在为业务/项目提供专业服务与支持时，其自身也能得到不断提升。尤其是各类专业人才可以动态化地加入不同的业务/项目，不仅其能力可以不断地得到提升，其积极性和主动性也可以得到有力保障。

这类组织结构的缺陷同样是人力资源方面的，具体地讲，这类组织结构对一类特殊人才——项目经理的需求很高，甚至可以说依赖度很高。而这类项目经理型人才要求具有复合型知识，全面负责项目的运营，有能力协调、监督乃至指导多个专业职能的工作。然而满足这种要求的人才较为稀缺。也就是说，这类组织结构的实现需要较高甚至苛刻的资源条件。

事业部制

事业部制组织结构一般适用于较大规模的公司机构。总体来讲，这类组织结构由两个单元组成：一是总部职能单元；二是事业部单元。其中，每个事业部单元相对独立地负责一个或若干个经营业务，并且每个事业部单元又有自己的组织结构，如直线职能制或矩阵制等。每个事业部可以是一个纯粹的内部组织单元，也可以是一个具有法人资格的公司，方便其开展相对独立的经营业务。因此，**事业部制可以说是由上述几种组织结构组合而成的复合型组织结构**。

事业部制组织结构的优点：可以在不同领域或不同市场进行业务经营的同时开展较大规模的经营，这种组织结构有利于公司总部对每个事业部采取基于经营绩效额管理控制措施。同时，每个事业部的运营相对独立，不会对公司的其他事业部产生干扰。

事业部制组织结构的缺点：一是每个事业部均需配备较为完整的职能管理体系，如财务管理、市场拓展、供应链管理等。由于重复设置职能机构和人员配备，导致人力资源成本较高。二是这类组织结构的管理层次较多，容易导致整体效率的降低。

事业部制组织结构示意图如图 3-14 所示。

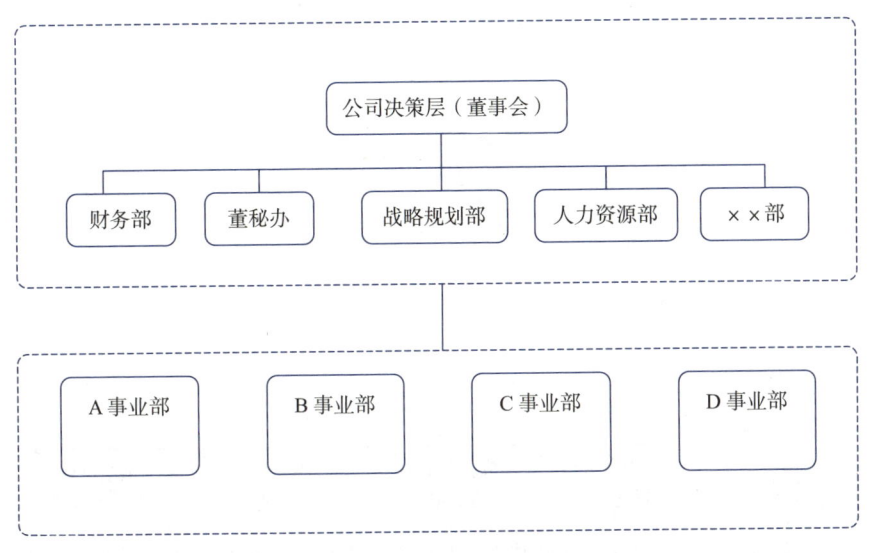

图 3-14 事业部制组织结构示意图

融资方案设计

融资方案的主要参数（问题）包括：融资额度（企业需要多少钱）、融资渠道设计（拟吸引哪些投资人进行股权投资）、股权投资方式（增资还是购买股权）、新进入投资的每股定价、投资人退出方案等。

融资额度

融资额度问题的准确内涵是：科创企业/高新技术产业化项目在某个指定的期间或发展阶段所拟融入的资金总额。对这个总额的规划，涉及两个方面：一是关于科创企业/高新技术产业化项目资金需求的分析与规划；二是关于不同类型融资成本的分析。

科创企业/高新技术产业化项目资金需求的分析，其实质是对用资项目的规划与资金匡算，如图 3-15 所示。

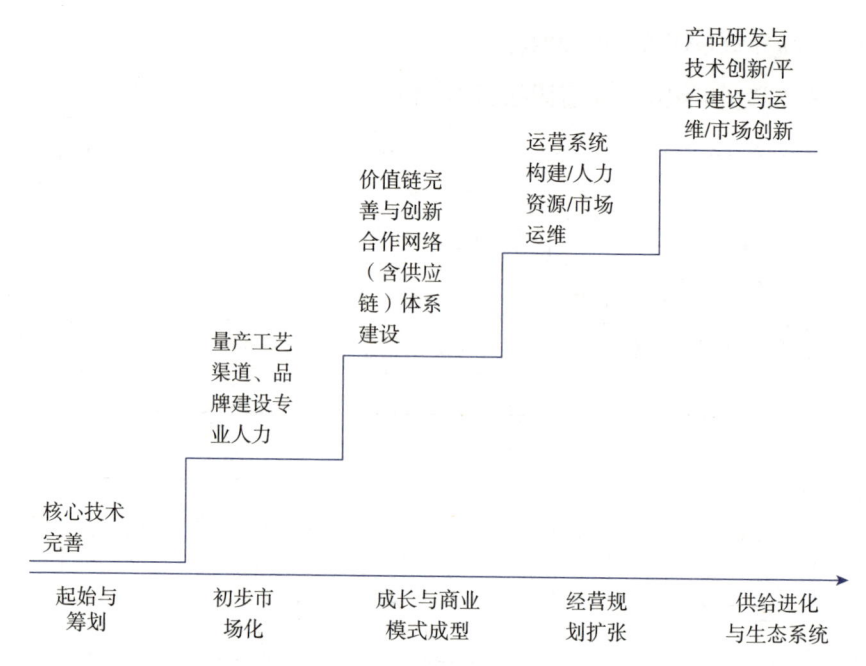

阶梯图（从低到高）：
- 核心技术完善
- 量产工艺渠道、品牌建设专业人力
- 价值链完善与创新合作网络（含供应链）体系建设
- 运营系统构建/人力资源/市场运维
- 产品研发与技术创新/平台建设与运维/市场创新

横轴阶段：起始与筹划 / 初步市场化 / 成长与商业模式成型 / 经营规划扩张 / 供给进化与生态系统

图 3-15　科创企业/高新技术产业化项目进程各阶段的主要资金投向

在既定期间或阶段，企业/产业化项目的用资主要取决于两个基本因素：一是企业/产业化项目的发展阶段。在企业/产业化项目的不同阶段，用资项目的重点分布是不同的。二是企业/产业化项目的阶段发展战略与相应的资源/能力开发计划。这两个方面将共同决定特定阶段企业/产业化项目的资金需求，进而决定融资额度。

根据科创企业/高新技术产业化项目的阶段属性以及载体公司的阶段战略/重点措施，规划者首先梳理归纳需要投入专项资金的项目并测算该专项（如设备购买、人员培训、渠道构建与运维、品牌建设与企划等）的资金需求，在此基础上，测算本公司可用的自有资金，这些资金主要来源于实收资本、销售收入等，资金需求扣除自有可用资金，其差额就是需要融资的额度基础。

所谓"基础"，就是这个差额不一定要全部转化为融资额，还需考虑载体公司的后继收入、融资成本等因素，综合确定融资额度。

融资渠道

融资就是通过非销售收入途径获得资金输入，是任何企业开展经营的常见行为，是科创企业/高新技术产业化项目载体公司推动（如技术研发、专项投资、资源开发、企业并购等）经营行动的重要条件之一。对于科创企业/高新技术产业化项目载体公司而言，**由于载体公司发展的阶段性和跳跃性，合理和强有力的融资尤其重要**。

总体来讲，载体公司融资有两个基本途径，即债务融资与股权融资，如图3-16所示。

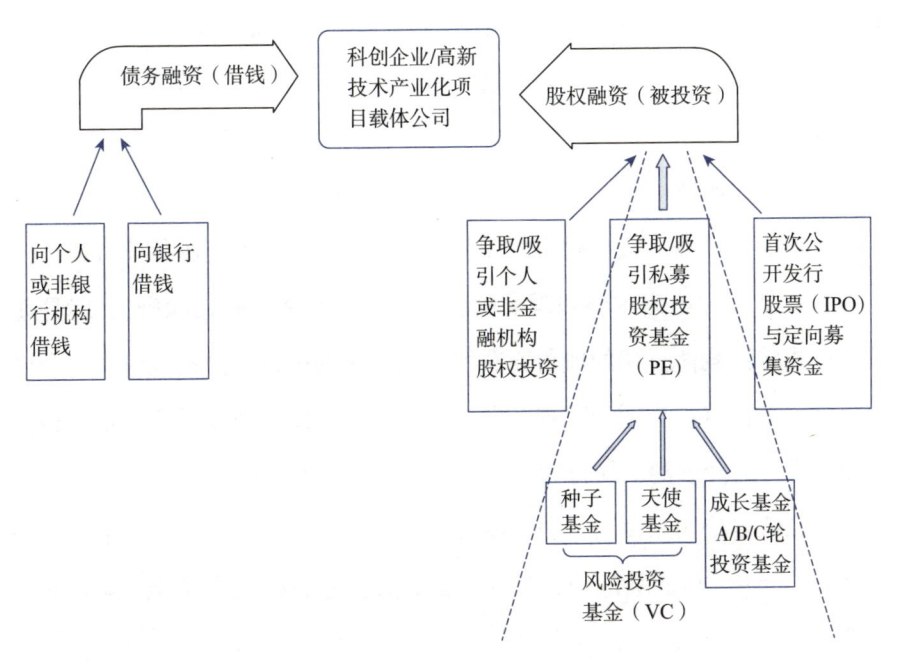

图3-16 科创企业/高新技术产业化项目融资基本途径/类型

（1）债务融资

所谓"债务融资"，就是载体公司通过举债借钱的方式融入资金。资金提供方（主要是商业银行）以债权为条件，向载体公司提供相应的资金。凭借债权，提供资金者有权要求融资者也就是载体公司要约定日期连本带息偿还给借钱方。从逻辑上讲，科创企业可以借助此途径获得所需资金，但这种融资方式对于初创公司来讲具有多重障碍。

首先，无论向个人/机构还是向商业银行申请债务融资，也就是借钱，都需要提供抵押物或担保人。对于初创公司来讲，这两个方面均存在困难。其次，即便获得了债务融资，载体公司还需要按期还款付息，否则有可能引起法律纠纷。也就是说，这种类型的融资对于载体公司来讲具有较高的融资成本。

从投资方角度看，规模较小的初创型企业，其净资产规模较小，因此其抵押物的价值较为有限。又由于这类企业的市场前景不明朗，未来的收益稳定性难以保障，因此，借钱给一个初创企业总是面临较大的风险。

综合而言，这种类型的融资对于科创企业来讲，只是特殊情况下的特殊融资方式。

（2）股权融资

相比债务融资，股权融资对于科创企业/高新技术产业化项目载体公司而言，是一种更为重要和现实的融资途径。**所谓"股权融资"，就是通过新增或转让载体公司的股份而获得资金输入的过程**。严格地讲，这个过程就是一个特定交易行为过程，即股权投资与载体公司以后者新增或转让的股份为标的开展的交易行为。

站在载体公司角度看，股权融资的对象（资金提供者）总体包括三种类型：①个人/非金融机构股权投资人；②私募股权投资基金；③公共投资者。

个人/非金融机构股权投资人

这是指载体吸引到个人或非金融机构（如从事投资银行业务的证券公司）直接投资入股于载体公司，其资金成为公司股本金，而这些投资人也成为公司股东。这种情况主要发生于公司设立初期。其特点是简单快捷，但融入资金一般较为有限。

私募股权投资基金

投资基金是由多个投资者出资组成并委托他人投资于约定项目、投资者按出资份额共享收益、共担风险的资本集合体。所谓"私募",是指这里提到的"多个投资者"是以非公开方式组织起来的。

私募股权投资是指以非公开方式募集资金,然后投资于非上市公司股权的一种投资方式,或者说是指通过私募形式对私有企业,即非上市企业进行的权益性投资。在投融资交易协议中双方约定了将来的退出机制,即通过上市、并购或管理层回购等方式,投资人出售所持股份,通过其所持股份价格上溢而获得预期利益。

私募股权投资基金的发起人(通常简称为LP)以定向联络、闭门会议等形式向可能的投资人介绍拟投资的项目及有融资需要的载体公司,在交流沟通基础上获得潜在投资的认可,以法律规定途径形成私募股权投资基金。这个基金的发起人进而寻求专业机构也就是基金管理机构(GP),由后者具体管理这个基金的投资事宜,即将基金的资金全部或部分投入载体公司(在基金管理机构看来就是目标公司),后者获得资金输入。

依照其组织形式,私募股权投资基金有三种基本类型:

(1)信托型基金:根据《中华人民共和国信托法》原理设立的、以基金管理公司和基金托管人为受托人、以投资者为受益人和信托设立人的基金。

(2)公司型基金(投资公司):由股东根据《公司法》设立的从事投资活动的公司。投资公司可根据公司章程由董事会及管理层开展专家管理、投资组合,也可根据公司章程或股东会决议,委托基金托管人负责监管投资公司资产安全性,委托基金管理公司负责运营投资公司资产。

(3)合伙型基金:投资者依《中华人民共和国合伙企业法》设立的从事投资的合伙企业(含有限合伙企业)。

私募股权投资基金的设立与股权投资的关系,如图3-17所示。

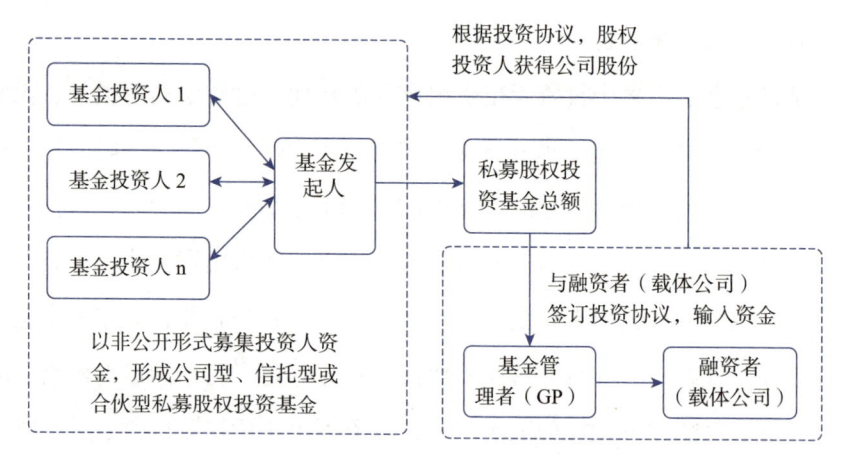

图 3-17 私募股权投资基金的设立与股权投资的关系

公司型基金、信托型基金或合伙型基金一旦设立，就具有法律支持的行为人特征，可将其募集的资金通过签订投资协议的形式投资于目标公司。这个协议将规定私募基金委托某个管理公司来具体负责资金拨付、投后孵化与服务等相关事宜。因此，**私募股权投资基金的投资过程就涉及三个主体：私募股权投资基金、基金管理者、融资方（载体公司）**。

相对基金投资者（图 3-17 左侧的基金投资人 1、基金投资人 2、基金投资人 n）来说，某个基金是他们的投资对象，即把他们的资金投入到某个私募股权基金之中；而相对于融资方（最终投资项目或载体公司）来说，私募股权投资基金和基金管理者又扮演着投资主体的角色。以下文中如果不作特别说明的话，我们将私募股权投资基金和基金管理者统称为股权投资人。

任何一个已设立的私募股权投资基金，其总体投向是各种各样的载体公司，但不同的投资人有其不同的投资重点。这里的重点主要是根据融资企业的经营成长周期而划分，由此形成所谓种子基金、天使基金、成长/发展基金 A/B/C 轮等。图 3-18 是不同类型基金的投向阶段。

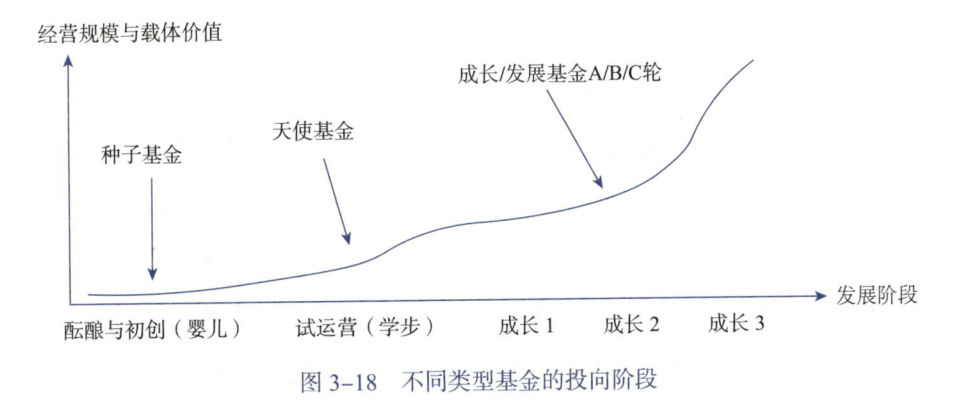

图 3-18　不同类型基金的投向阶段

种子基金

种子基金一般是投向企业成立初期或酝酿期阶段。所谓"种子基金"，是指专门针对处于"种苗"阶段的科创企业/高新技术产业化项目投的股权投资基金。这类基金的数额一般不大（融资方也不需要大数额的资金输入），基本分布在 5 万元~50 万元人民币之间。

种子基金主要是为了支持融资对象的技术研发、创业构思或与创业构思有关的创意细化、技术细节深化、关键技术深化等。从投资人角度看，上述技术深化或创业构思就像种子一样，一旦获得包括资金在内的支持，就有可能成长为有一定价值创造能力的公司组织。伴随投资对象的成长（这种成长往往是非线性的，某一点之后可能出现几何甚至指数级成长），投资人可获得丰厚回报。

天使基金

天使基金一般是投向企业创办初期到市场定位、拓展这一阶段。在这个阶段上，企业（科创企业/产业化项目的载体公司）需要解决产品完善、工艺技术孵化、市场搜索与定位等艰巨的问题，这些问题的解决通常都需要投入资金，而这一阶段恰恰又是企业未能获取大规模销售收入的时期，因此亟须通过融资来解决资金短缺。所谓"天使"，就是拯救人类于水火。天使基金的投入意味着融资企业获得了"雪中送炭"一般的支持，所以这类基金称为"天使投资"。

从投资人角度看，虽然融资企业目前的经营业绩微弱，甚至无业绩，但由于该融资者企业具有一定的发展潜力，只要予以包括资金在内的支持，有望推动企业经营和能力等方面全面提升，进而促进企业价值提升，投资由此获利。

当融资者企业处于酝酿期、试运营期时，该类企业的资源能力较低、市场环境严峻，从总体上讲，这类企业的发展前景具有较高的不确定性，因此，投向处于这个阶段企业的股权投资基金有可能收获极高回报，但也面临较大的不确定性，即风险。因此，**人们也常把种子基金、天使基金投资等统称为"风险投资（venture capital，VC）"。**

成长/发展基金 A/B/C 轮

成长基金是相对天使基金投资阶段更往后的投资基金。具体地讲，就是融资者企业的产品技术、工艺技术（特别是量产化技术体系）、运营管理体系已经建成，市场定位已经形成且获得了一定的市场份额。这时企业需要通过资源扩张，例如，通过并购来实现经营规模生产能力的快速放大，实现总体经营绩效的快速提升，如市场占有率、营收、利润、企业竞争能力等方面的快速提升。

相比前两种基金，这个阶段企业的融资规模要大得多，并且这一阶段的科创企业/高新技术产业化项目载体公司不仅需要纯粹的资金提供者，还需要那些以股权投资方式提供资金，以及融资者企业发展所需的其他资源，如关系资源、人力资源、科技资源等，这种股权投资人也称为"战略投资人"。

由于全面提升载体公司的经营绩效和竞争能力，该公司能够成为行业中的优质企业，这需要一个比前两个阶段更长的时间，因此，成长类投资基金又进一步划分为首轮、次轮、三轮或 A 轮、B 轮、C 轮基金。

与前两种基金一样，随着成长型基金的投入，融资者企业也就是载体公司的经营绩效、竞争能力甚至企业价值不断提升，有时甚至显著提升，这个阶段的股权投资由此获益。

一般来讲，三轮或 C 轮股权投资基金进入后，载体公司还需要继续进行股权融资的话，这时通常会考虑通过公开上市（IPO）的方式进行股权融资。

公共投资者

公共投资者是指通过证券交易市场购买上市公司股票而进行股权投资的个体，包括自然人和机构。融资者企业则需要通过首次公开发行股票（IPO）实现上市来利用公共投资者实现融资。融资者企业上市以后还可以通过证券交易市场以定向募集、发行公司债等形式进行融资。

由于公共投资者数量庞大（根据证券交易所规则，公共投资者甚至可以包括境外机构与个人），因此，融资规模也十分巨大。当然，也正因为投资者的数量巨大，就对融资者企业的经营资质、发展实力、资产质量、管理水平、公司治理水平等要求也较高。

股权投资方式、新进入投资的股比定价

不论是个人或机构直接进行股权投资，还是私募股权投资基金对企业/产业化项目进行股权投资，都需要通过具体的方式实现投资（资金进入载体企业）——股权授予的交换活动。总体来讲**有两种基本的投资方式，即增资扩股投资方式和购买/转让股权投资方式**。现实中，可以采取以下具体的股权投资方式：

（1）增资扩股投资方式

所谓"增资扩股"，就是载体公司对股权投资人新发行一部分股份，后者以一定价格向载体公司投入资金以获得上述股份。这种情况将导致载体公司一方面获得了资金流入，也就是股权投资人投入的资金；另一方面，由于增发了股份，载体公司的股份总数将相应增加。这种投资方式的具体内容安排通常以《××公司股权投资协议》的形式体现出来。增资扩股投资方式如图 3-19 所示。

在增资扩股投资方式下，股权投资者向载体公司投入资金 D，获得公司新增股份 B。这意味着此次股权投资中，股权投资者以每股价格 p 进行股权投资，公式如下：

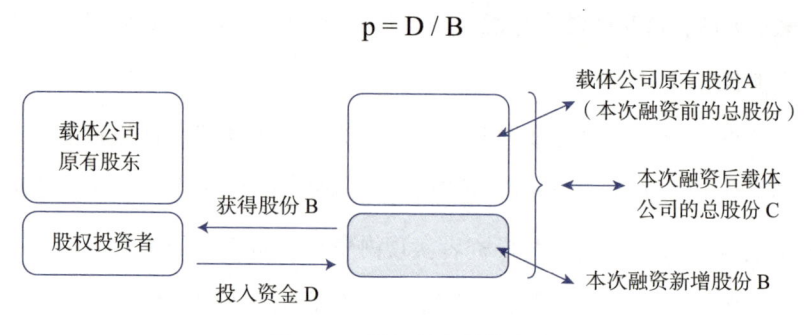

$$p = D / B$$

图 3-19 增资扩股投资方式

在实际的投/融资交易中，载体公司以每股价格来表示的公司价值可以通过对公司的分析和估值来确定。其基本过程是：首先，对该公司的总体价值进行估计测算，具体方法可以参照市盈率方法、现金流贴现法等。假定公司估值后的总价值为 M。其次，用公司的估值总额除以公司的总股份（假定为 K），就可得出每股价格的估计值 p，其公式如下：

$$p = M / K$$

在这种情况下，股权投资人投入资金 D，可获得载体公司的股份为 B，其公式如下：

$$B = D / p$$

由此可见，在股权投资人投入资金确定的情况下所能获得的载体公司股份额取决于公司的（投前）每股价格 p，而这个价格又取决于公司的估值水平以及公司的总股份数量。

当载体公司无法进行正常估值时，投融资双方经常采取简易方法确定交易方案，即围绕"（投资人）投入 x 数额资金，换取/获得该载体公司 y 数额股份"，这样的对价决定投资协议的核心内容。

（2）购买/转让股权投资方式

购买/转让股权投资方式是指载体公司的现有股东将自己持有的股份，

部分或全部让渡给他人，也就是股权投资人，后者将资金投入公司完成投资行为并由此获得公司股份。这种投资方式的具体内容安排通常以《××公司股权转让协议》的形式体现出来。

（3）其他投资方式

现实中，也可以采取混合投资方案，即上述两者并行使用，投资者的资金一部分用于购买现有股东的股份，另一部分用于购买载体公司的新增股份。

投资人退出方案

"投资人退出"，是指股权投资以一定价格将其持有的载体公司股份进行转/出让，以便获得投资回报的行为。由于减持或全部转让了其所持公司股份，因此被视为部分或全部退出载体公司。可见，"退出"也就是股权投资变现其投资收益的过程，这对于股权投资人来讲是极为重要的经营环节。

一般地讲，投资人退出的安排作为投资经营行为的重要环节，将在"投资协议"或者"股权转让协议"中用专门章节予以说明。但在商业计划书中，这个退出方案的关键安排或关键点也有必要予以说明或展现。作为商业计划中"融资方案"的一个必要部分，这种说明体现了融资方案的完整性，这种完整性将对潜在投资者的决策产生重要影响。

3. 商业计划中关于载体公司与融资方案的规划指南

板块功能定位

"载体公司与融资方案"板块的功能，就是澄清"我们将搭建一个什么样的运营实体，也就是什么样的公司组织，以及我们在特定时期如何实现所需要的融资"这两个相关的问题。

通过图3-20，人们将对下列问题形成清晰的认识：

（1）经营的组织形式与可行性；

（2）未来公司的治理安排及其可行性；

（3）核心团队的配备及其可行性；

（4）基于公司发展的资金需求；

（5）融资方案及其可行性。

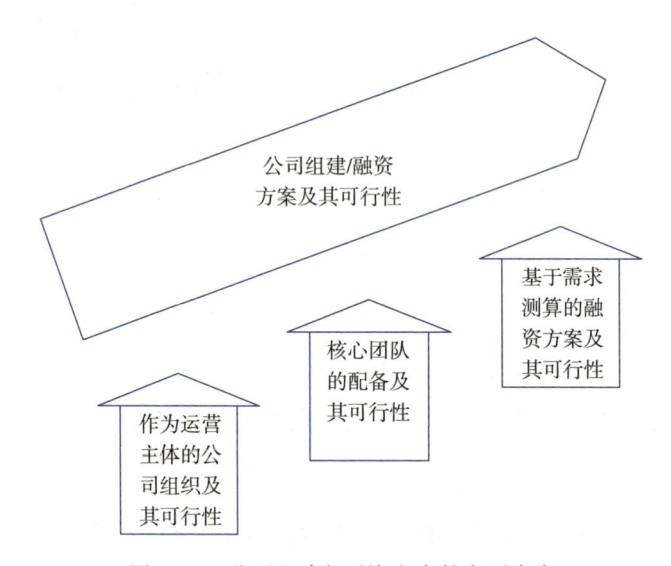

图 3-20　公司组建与融资方案的主要内容

中心议题与标题设计

中心议题

本板块的中心议题有两个：

首先，我们将构建一个什么样的公司组织。

其次，为了推动公司健康发展实现发展愿景，我们准备如何筹集资金。

标题设计

本板块的标题设计有两种思路：

一是将两个议题平行表述出来，表述为：

（1）公司组建与融资方案；

（2）公司设立与融资方案。

标题设计的优点是较为全面准确地反映本板块的内容；不足之处是不排除有一些读者不太了解公司组建与融资的关系，从而对这个板块中心议题产生模糊感。

二是单一标题，突出公司方案，将融资问题规划置于这一标题内，标题设计表达为：公司组建方案。

这一标题设计的优点是主题/议题突出、明确；不足之处是未能准确反映本板块的全部内容。需要说明的是：融资问题及其解决方案是科创企业/高新技术产业化项目载体公司能健康发展，进而影响其价值提升以及经营风险的重要问题，在标题中展现有助于人们对商业计划书逻辑完整性的认可。

上述标题中，较为全面和规范的是第一种设计。

思维导图与板块框架

公司组建与融资方案的商业计划陈述由三个部分组成，其思维导图如图 3-21 所示。

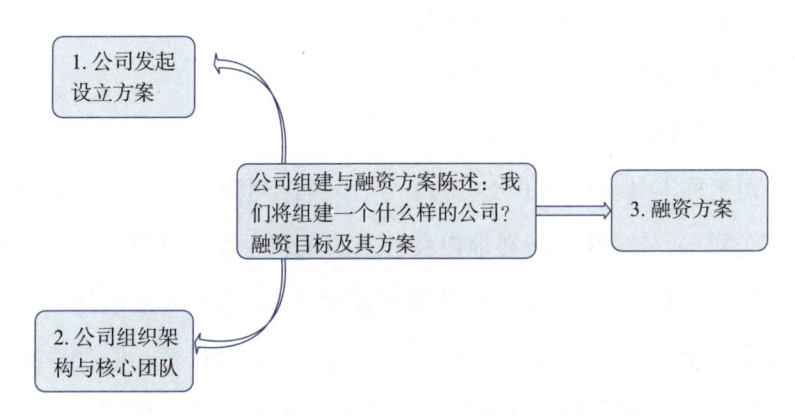

图 3-21　公司组建与融资方案规划思维导图

根据图 3-21 的思维导图，本板块的基准框架如下：
（略）

公司组建与融资方案（优先推荐标题）

1. 公司发起设立方案

（1）拟设立公司的基本信息（公司类型、注册资本、注册地、公司名称等）；

（2）公司发起人。

2. 公司组织架构与公司核心团队成员

（1）公司组织架构；

（2）公司核心团队成员。

3. 融资方案

（1）3~5年拟实施的重点项目及其资金预算；

（2）融资渠道规划；

（3）股权融资方案。

条目规划指南

公司发起设立方案的规划指南

在"公司发起设立方案"条目下，可以分两个自然段分别陈述：①拟设立公司的基本信息；②拟设立公司的发起人信息。为了强调两方面内容的不同主题，也可在自然段前加上序号以示区分。

公司的基本信息主要包括以下几点内容。

1）公司名称

公司名称本身就包含了公司的字号、公司类型（股份有限公司还是有限责任公司）、公司注册所在地以及公司的主营业务等重要信息。在商业计划编制时，有可能载体公司尚未正式注册完成，这意味着载体公司的名称尚未最终确定，这时可以暂时用××这样的符号代替。但合适的方式是用某个暂用名称代替并在其后注明（暂定名），如江西浅影（暂定名）数字技术服务有限责任公司、江苏贝栅（暂定名）电子商务有限责任公司等。

2）注册资本

直接给出相应的注册资本数额即可，通常这个数额的单位为万元人民币。如果以其他货币或单位计量的,需要在数额后予以特别说明。

3)主要发起人及其持股比

发起人信息是关于载体公司的重要信息,发起人的构成和出资情况更能体现出该公司的背景、起始资源条件,进而影响该公司的发展潜力和空间大小。

发起人可以分为两类:一类是已经确定出资入股载体公司的机构或个人;另一类就是有意向加入公司发起人行列的机构或个人。在商业计划书中,可以有选择地展现这两类发起人。展现的原则,是向特定的阅读者提供最有利于公司融资或寻求其他帮助的信息。

公司的组织架构与核心团队

在这个条目下主要陈述两个要点:

(1)公司的组织架构

公司的组织架构主要揭示拟设立的载体公司将采取何种组织结构形式。这部分内容主要包括公司主要的职能部门以及部门之间的联系。前者可以通过文字叙述的方式予以陈述,后者则适合用相应的组织结构图形加上对结构图中有关职能部门的职责简介的方式予以反映。

需要强调的是:**围绕科创企业/高新技术产业化项目的所有行动包括市场定位、业态定位、盈利模式等,都必须有相应组织体系予以支撑**,因为载体公司的所有经营活动都需要借助有效的分工与协调才能顺利实现,在商业计划书中表达载体公司的组织结构,可以向各类阅读者(公司潜在的支持者或相关者)表明商业计划的完整性和可行性。

最佳组织结构设计的原则就是适用性,即适合公司发展的需要,不应脱离公司发展的实际需要和资源条件(主要是人力资源条件)而追求组织结构的完美性。

(2)核心团队

核心团队是指载体公司运营体系的关键成员,包括高管人员、关键技术人员等。注意：这里的"核心团队"与公司的主要发起人不是一回事。前者是支撑公司运营与发展的关键人员，后者仅仅是公司的发起人股东，他们中的一部分人甚至都不在载体公司任职。当然不排除有人既是公司发起人又是核心团队成员。例如，载体公司总经理就有可能是这样的人。

商业计划书对核心团队成员的介绍采取个人分段式描述，即一个自然段介绍一人。**与介绍发起人不同，对核心成员的介绍需要较为详细**。因为这种信息对于提升人们对科创企业/高新技术产业化项目的价值评估（估值）具有十分重要的支撑作用。对核心成员的介绍主要包括以下几个方面：

1）性别、年龄等自然情况；

2）受教育背景，包括但不限于毕业院校、所获得的学位等；

3）职业经历，包括但不限于此前供职过的单位、从事过的工作、担任的职务、取得的主要成绩等；

4）主要能力特长、所获得过的荣誉等。

需要强调的是：商业计划书中对核心团队成员的介绍，其任何内容都必须准确。作为一个陈述性文件，商业计划书向有关人员（如投资人、政府、合作者等）提供关于科创企业/高新技术产业化项目的未来运营信息，由此影响阅读者对项目未来发展前景的认识。

但是，这样的认识不会仅仅取决于商业计划书的陈述，在必要时（例如，股权投资人决定投资方案之前），人们会对项目或载体公司进行调查，典型的如尽职调查。如果商业计划书所提供的信息不正确，更不用说虚假信息，那么不论这个商业计划的其他部分有多么完美，都会因此而失去潜在投资人的信任。

融资方案

如前所述，融资是载体公司顺利运营的重要条件，因此也是商业计划书的主要内容之一。这个条目的陈述涉及三个方面：一是载体公司的资金需求规划陈述；二是融资渠道规划陈述；三是具体的（股权）融资方案参数。

（1）未来××年载体公司融资数额

拟融入资金的数额取决于公司的资金需求，这个资金需求又取决于公司在××期间拟实施的专项投资，包括但不限于技术研发专项投资、工艺设备投资、人力资源投资、市场渠道与品牌工程投资、企业并购等。因此，这个部分的陈述重点是载体公司拟投资的专项项目，对这些项目的陈述需要包括以下基本信息：

1）项目名称；

2）项目的目的与目标简介；

3）项目拟起始时间；

4）项目投资额预算。

上述内容也可以用表格形式予以综合，这样可以使相关信息展现更加突出和概括。例如：

（略）

××载体公司计划实施的专项项目及其投资预算如表3-3所示。

表3-3　××载体公司计划实施的专项项目及其投资预算

序　号	项目名称	项目的目的与目标简介	项目拟起始时间	项目投资额预算（单位：万元）	备　注
1					
2					
3					
…					
n					

对于表3-3中各个拟投资项目的目的与目标简介，有时还需要进一步展开，并由此阐述该项目可行性的说明，**为使主要内容更加突出，同时又保证相关内容的完整性，对项目必要性、可行性的说明可以用附件的形式附加于商业计划书的后面。**

（2）融资渠道

融资渠道是对载体公司拟融资的途径或方式进行说明。这里的"融资方式/途径"主要是指政府政策支持基金、股权融资以及载体公司发债等。这里可以采取"比例分配"形式展现融资渠道规划内容。也就是说，对于上述（1）中归纳的拟融资总额，阐述拟通过各个融资渠道的比例。例如：

（略）

对于已经形成的项目规划和融资总额，计划通过争取政府政策扶持、私募股权投资以及载体公司发债三种形式筹集所需资金。其中，通过政府渠道融资数额占比15%；股权融资基金占比80%；载体公司发债占比5%。

（3）股权融资方案

股权融资是整个融资方案最为核心的部分。对于科创企业/高新技术产业化项目决策层而言，这也是个较为专业和敏感的部分，对于投融资双方的利益和风险都具有较为显著的影响，因此也是各方较为关注的内容。商业计划书中关于这个要点的陈述主要包括以下内容。

1）融资总额

融资总额阐述拟通过股权融资方式输入的资金总额。这个数额不能大于本条目第（1）点中关于融资数额及其第（2）点融资渠道分配的说明。

在股权融资数额陈述后，最好附加关于这部分资金的使用安排简述。

2）转让股份及每股价格

对于上述关于股权融资总额，提出相应的出让股份。实际上，这是在载体公司估值基础上的对价安排，即"我（融资方）以多少股份置换你（股权投资方）的多少资金（投资额）"。这是股权融资方案的核心。

这个部分有两种阐述方式：一是直接表述法；二是估值推算法。

直接表述法就是直接给出对价条款陈述。例如：

"……投资方融入资金3000万元，获得公司23%股份，即23万股（投资后的公司总股份为 100 万股）。"

这种表述简单明确，容易理解。

估值推算法就是先给出公司的估价估计，然后根据投资方投入的资金数额，推出投资后该投资人获得的公司股份。例如：

"……经测算，公司（投前）估值为 1.5 亿元人民币（具体的公司估值数据与模型见本计划书 ×× 部分或附件说明）。本次融资前公司总股份为 100 万股，折合每股 150 元（每股壹拾叁元人民币）。投资方拟投入 3000 万元人民币，投资后拥有本公司股份 20 万股。"

这种表述的特点较为严谨、专业，由于附加了公司估值数据，使投资资金与所获股权的对价依据较为清晰，有利于潜在投资人的决策制定。

3）公司对业绩的承诺（对赌条款）

这个部分内容是对股权融资方案的重要补充，主要包括融资方也就是载体公司对股权投资做出的业绩承诺。在商业计划书中，这个业绩指标不用太细致全面，主要可以用销售额或投资项目的进度来表示，因为业绩承诺部分的内容要在投融资双方专门商定的《×× 股权投资协议》中进行界定和说明。这里所做的说明是为了使整体融资方案更加完整和严谨。

4）投资人退出方案

所谓"退出（Exit）"，就是股权投资人所持股份在何种情况下、以何种方式、何种价格实现转让。 一般地讲，载体公司股权持有者有三个基本的退出途径：一是内部转让，也就是公司回购；二是转让给后来的股权投资人，如相对于天使轮或 A 轮股权投资人，B 轮、C 轮股权投资人就是后来的投资人；三是载体公司实现上市即 IPO，投资人出让所持股份实现（溢价）退出。

同样，在商业计划书的这个部分中，通常只需要进行简要的说明即可。

虽然仅仅是简要说明，但对于提升商业计划书的融资方案板块说服力是十分重要的。

公司规划与融资方案陈述中的常见错误与特别提醒

（1）公司设立方案的草率与随意

有些项目的商业计划书对其未来载体公司的发起设立方案过于草率。具体地讲，就是对载体公司字号、主业定位以及注册资本数额等基础参数未加必要的斟酌，其陈述中低质量的信息乃至"有破绽"的信息过多。例如，公司字号（通常人们所说的公司名称）过于一般、大众化，使阅读者经常发现这些名称存在重复使用的情况。例如"四海科技有限责任公司""奔腾物流有限责任公司"等。主业定位也就是行业属性不准确、不规范或定义过窄。注册资本数额与主营业务不匹配。当主营业务属于资本密集型业务时，注册资本相应需要较高，反之则可较低。不考虑这一原则而随意确定，将导致计划书的可信性显著降低。

（2）公司组织架构方案的缺位与"失调"

一方面，有些商业计划书在公司设立方案部分完全不提及公司的组织架构。当公司的规模较小、业务较为简单时，这是可以接受的。但当公司规模较大、业务流程较为复杂，客观上需要公司构建合理的组织体系以便驱动经营有效开展时，忽略载体公司的组织架构陈述，将对计划书的功能实现产生不良影响。

另一方面，也有商业计划书对公司组织架构的阐述不当，主要是所设计的组织架构与核心业务（业态）不匹配，或者与公司发展阶段和资源状况不匹配，单纯追求所谓的组织结构完美。例如，在存在显著的人力资源约束情况下，构建矩阵型组织体系。这同样会降低商业计划书的可信性。

（3）融资方案中需求预算的缺位与随意

融资数额是融资方案的核心信息，但很多商业计划对这个数据的阐述缺乏必要的支撑，也就是缺乏对融资数额的需求测算，这导致商业计划书关于融资数额的陈述缺乏依据，进而严重影响融资方案的质量。

> **特别提醒：**
>
> 融资后的投资项目清单是支撑融资总额预算的必要基础，是融资方案中最重要和基础的信息，不可忽视！

第二部分

建军挂帅 —— 高效企业的组建与领导

第4章　公司的组建与成长管理

一、困境解析：东施无法效颦

内心的困惑：我们有优秀甚至顶尖的专家级人才，我们企业的员工学历水平远高于普通企业，我们有先进甚至最好的技术研发平台，有极具竞争力的产品，甚至有非常优美高档的办公环境，但为什么我们企业的工作还那么乱？为什么核心成员还超负荷地忙？最后，为什么公司形象、对外交往与沟通效率等总是不尽如人意？

外在的困境：万事俱备，东风也到。但企业这艘船总是有漏洞，需要企业主要领导花费不在计划之内的时间精力去处理各种突发的事件，而且这些需要"救火"的事件往往又不是企业的主要领导擅长处理的。

在企业创始人看来，这艘即将远航的船外形优美、动力强劲，但内部噪声和不应有的漏洞却不时发生，经常对我们计划的工作与目标实现产生严重干扰。问题在于，从外观看，企业这艘船基本完美，和别的企业相比，我们在某些方面甚至更加强大和坚实，我们应该航行得更优美从容才对，为什么会这样？

二、快速通过混沌期

混沌期是公司成长中最为矛盾的一个时期，在这个时期，公司核心成员对事业的期待或野心、发展意愿或信心、投入工作的激情等都是最高的。但由于各种资源的缺乏，这个时期也是公司或创业项目最为脆弱的时期。

这个时期的组织工作需要解决以下三个方面的关键问题。

首先，是核心层的齐心协力问题。

所谓核心层，就是发起设立公司的"元老人物"，他们既有代表个人的自然人，也有代表某个机构的法人代表。他们是载体公司成立的基础，他们中的大部分人也都将作为灵魂人物直接参与公司运营。如果这个层次的人员无法形成高度合力，反而由于在重要问题上缺乏共识和预见而相互提防，就相当于公司肌体中潜伏着致命隐患。为此，需要在重要问题上形成共识以便消除这些元老们的后顾之忧，使之全身心地投入到公司发展事业中去。

其次，是内外事务的高效协调问题。

高新技术企业/科创型企业的发展涉及多重事务、多项联络，核心成员往往是任务确认者，但在处理完成行政性事务方面，他们既没有时间也缺乏需要的专业能力，如文字能力、沟通能力、信息/数据处理能力等。这时公司发展需要一个"事务处理器"。

最后，是关键岗位关键个人的行为协调问题。

在高节奏发展过程中，公司需要将所有资源、全体成员的主动性与关注点等聚焦到发展的重点之上，实现这种战略聚焦的一个前提是所有成员特别是公司的关键人员能够充分理解并支持公司发展的重点定位。这时就需要一个透彻了解公司发展的思路、策略、重点措施，同时又具有高度沟通传播能力的人来完成对公司战略的传播与解释，使公司在重大发展问题上形成和保持高度的认同与执行力。

针对这三个关键问题，为支撑公司健康有序发展，这个时期的高效的组织建设要解决好三个"一"：达成一个基础协议、构建一个支撑团队、物色一个重要角色，如图 4-1 所示。

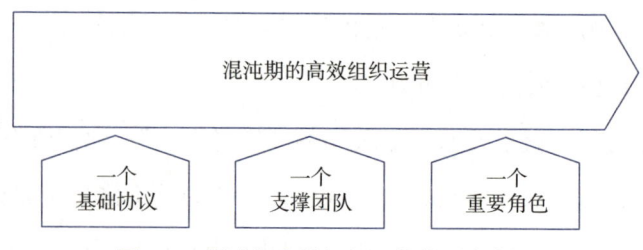

图 4-1 混沌期高效组织运营的三个支柱

1. 幸福和睦的基本保障：发起人协议

上述"一个基础协议"是指"发起人协议"。一般地讲，发起人就是公司的原始股东或原始出资人。这些人有的是自然人，如某项技术成果的发明人，有的代表某个机构，如股权投资机构。所有的发起人在成立公司并以该公司为载体追求某个事业成功这个问题上有着共同意愿，并因此走到一起。

和公司雇员不同，发起人不仅具有特殊法律地位，而且拥有一定的对公司发展有重要作用的资源，如技术、经验、关系、资金等。因此，发起人团队的团结一致齐心协力对公司的健康发展，尤其是在遭遇挫折、困境时的抗压性发展至关重要。

问题是，发起人在观念、判断等方面产生差异是不可避免的，当出现不可调和的矛盾时，理性、有序解决争端对公司平稳发展至关重要，在这里，"理性、有序"的基本条件就是在事先拟定的发起人协议中对有关的重要问题予以沟通、形成共识、作出规定。事实上，发起人协议并不能促进发起人团队的和谐、事业激情以及对公司愿景的信心，作为事先的"君子协定"，这个协议是一个预防产生因发起人产生矛盾而导致公司基础出现混乱，甚至反目成仇的前置性手段。

> **特别提醒：**
>
> 发起人协议好像是一对对婚姻既忠诚又理智的夫妻，在情感浓厚气氛和谐时商定的婚前协议。这个协议的作用一定好于处于对抗、敌视状态下的解决方案。

因此，在公司设立时，必须高度重视发起人之间就某些重要问题达成一致。这种一致性需要通过协议的方式明确下来，以便所有发起人在各自拥有的责任、权利、义务等方面形成清晰认知。具体地讲，发起人协议需要在以下 7 个涉及公司设立，发起人责任、权利、义务，公司解散等基本问题上形成约定。

（1）哪些人是本公司的发起人？我们是否遗漏了有价值的发起人，如有必要最好再拉这个 / 些对公司发展有重要作用的人进来？现有的发起人中是否有不合适或目前不合适的人？

（2）我们要成立的公司的主营业务是什么？现有的定位是否过窄或过宽？这个业务定位确定体现了我们大家所认同的事业吗？

（3）公司的股份如何分摊？也就是各个发起人承诺的出资额分别是多少？如何出？

（4）发起人的权利与义务有哪些？这是发起人协议中最为关键的部分。除了《公司法》中陈述的基本权利外，这个部分需要在充分沟通的基础上增加"定制化"内容，这些内容的核心是如何保护发起人的经济利益。我们知道，作为公司的出资人，其经济利益即投资回报主要有两个方面：

一是分红，即根据公司盈利和发起人的持股情况，享受利润的一部分。

二是股权转让，即以一定价格出让所持股份。相比之下，后者是出资人获得股权投资回报的主要途径。因此这里提到的定制化内容主要围绕这方面利益设置有关的权利与义务，基本内容包括：

第一，股权转让与认购 / 增资方面的权利。

明确发起人转让所持股份的条件，即在何种条件下发起人可以转让其所持股份；程序，即转让所持股份的过程环节，如申请、报价、达成初步意向、内部通报、争议协商等；转让对象的确定，即明确什么样的人或机构可以成为发起人转让股份的对象。一般地讲，转让对象应该首先是公司的其他发起人，只有在所有其他发起人放弃接手的情况下才可考虑外部认购者。

第二，对新增股权投资的审批权利。

项目载体在其发展初期将寻求/接受多轮股权投资。虽然每次这样的投资将增加公司的资本，为公司发展提供血液，但也将稀释发起人所持股份的占比即股比，并且有可能导致每股收益的减少，进而导致股权价值的降低。因此这类决策的审议、决定也需要事先规定有关权利与义务，包括但不限于审批权、否决权等方面的规定与安排。

第三，对以专利为主要形式的无形资产估值定价的程序、争议协调方案等审批权利。

科创企业/高新技术产业化项目在其发展过程中将不断引入所需的无形资产，包括但不限于技术专利、科技成果、创意等。**这些无形资产有的将以股抵价的方式完成交易**。有些这样的交易可能涉及较高数额的标的。**对这样的交易的标的估值、交易条件、风险防范等问题处理对公司以及发起人的利益会产生较大影响，因此需要对这类问题的审核决策权做出安排**。

（5）筹备费用如何安排？公司筹备必然产生有关的费用，数额可大可小，需要明确这些费用在发起人中如何分配？各发起人如何履行有关的付费责任？对于许多发起人来说，他们承担的公司筹备费用可能并不大，但这种安排体现的公平、共担原则对所有人来讲都是十分敏感的事件。

（6）公司的解散过程与相应的责任如何安排？人有旦夕祸福，公司组织同样也有各种意外事件导致其无法继续生存。发起人协议需要明确：一旦出现这样的情况，那么约定的程序是什么？在此过程中每个发起人需要承担何种责任？

（7）难以调和的争议如何最终裁决？在有关重大或敏感问题上产生分歧是难以避免的。虽然存在多种分歧/争议的解决机制或途径，如充分沟通、彼此退让等，但仍不能排除有些争议无法调和。**协议需要明确这种情况的最终裁决机制或途径**。发起人协议的关键内容如图 4-2 所示。

第 4 章 公司的组建与成长管理

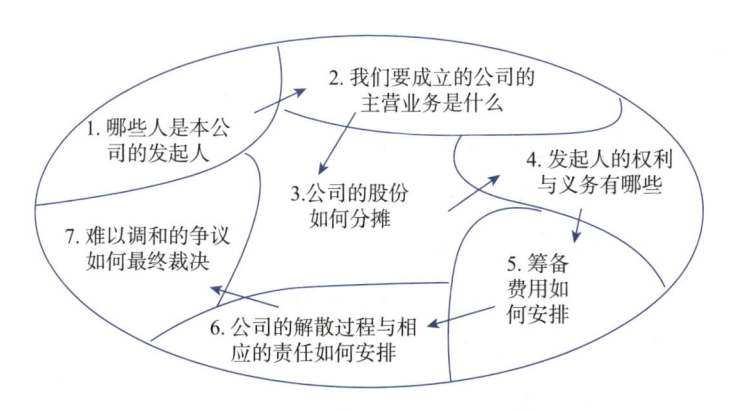

图 4-2 发起人协议的关键内容

这方面的安排也许永远不会实际用到，但其价值不全在于实际使用它时产生的降低甚至消除协调成本，而在于提升所有发起人对公司未来运营的可预见性，这种可预见性将对全体发起人全心全意服务于公司发展提供重要和不可替代的保障。

以下是一个有限责任公司发起人协议的基本框架。

第 1 部分　发起人信息

本协议于 × 年 × 月 × 日由下列各发起方签署：

甲方：　　　　住所：

乙方：　　　　住所：

丙方：　　　　住所：

（略）

发起人为个人的，应写明姓名、年龄、籍贯、民族、住址、联系方式；法人应写明单位全称、法定代表人姓名和职务、住所地、联系方式。

第 2 部分　公司的经营宗旨与经营范围

第 3 部分　注册资本、出资额与出资方式

本公司的注册资本为人民币____元整，各发起人全部以现金出资，其中：

甲方：出资额为____元，以现金出资，占注册资本的____%；

乙方：出资额为____元，以现金出资，占注册资本的____%；

丙方：出资额为＿＿＿元，以现金出资，占注册资本的＿＿＿%。

（略）

第 4 部分　发起人的权利与义务

1.《公司法》规定的基本权利与义务

2. 定制化规定的权利与义务

第 5 部分　公司筹备、设立的费用承担

第 6 部分　本协议的解除

本协议可解除情形的规定。

第 7 部分　争议的最终裁决方式

2. 事务处理中枢：办公室

科创企业/高新技术产业化项目由于其产品/工艺过程包含密集技术，其经营活动必然涉及多方向、多层次的交流，由此产生大量行政事务，包括但不限于会务、材料组织与整理、洽谈筹备与协调、宣传策划与组织实施等。

一方面，这些工作通常头绪多且时间紧、突发性强；另一方面，在其发展混沌期，企业不可能也没必要构建负责的管理体系来处理上述事务，这时，一个重要的组织策略就是构建一个较为紧凑精干的办公室作为后方中枢。

换句话说，**这个时期的企业组织架构可以简化为一个直角三角形的精练结构，即决策者、业务团队、办公室**。由于市场开拓、环境响应、技术迭代、资源筹集及开发等事务缠身，主要决策者需要花费较多精力于业务类问题上。这时，一个精干高效的办公室中枢将发挥重要的能量放大效应，即将公司的核心成员能力充分释放以推动公司高速发展。这种"放大"是双向的，如果不能构建和利用这样的事务处理中枢，那么核心成员的功能将受到极大限制甚至被埋没。

建设和利用好事务中枢最关键的一点，是物色和合理使用这个中枢的首脑，也就是办公室主任。一个称职的办公室负责人对于这里所说的后方中枢系统的高效运营至关重要。事实上，**往往是一个这样的人决定了整个中枢系统的效能**。因此，对于科创企业/高新技术产业化项目来讲，绝对值得企业花大价钱或以其他方式招聘这样的人才并合理使用，如图4-3所示。

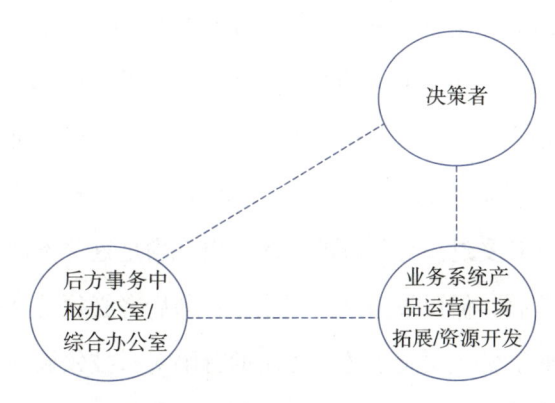

图4-3　作为中枢的办公室/综合办公室

这不能不使我们想起中国历史上最高效、最霸道的后方支持中枢首脑，汉高祖刘邦的超级办公室主任、汉初三杰成员之一——萧何。在其波澜壮阔的争霸进程中，刘邦选择并确定了萧何作为其后方中枢的协调者，也就是我们所说的后方中枢首脑。萧何在支持前方、协调资源乃至物色人才（如韩信）方面发挥出无与伦比的作用。他起到的作用有多大，刘邦的说法最具权威性，这位名震千古的王朝开创者在对其部下总结其霸业成功原因时说：

公知其一，未知其二。夫运筹策帷帐之中，决胜於千里之外，吾不如子房。镇国家，抚百姓，给馈饟，不绝粮道，吾不如萧何。连百万之军，战必胜，攻必取，吾不如韩信。此三者，皆人杰也，吾能用之，此吾所以取天下也。项羽有一范增而不能用，此其所以为我擒也。

白话解释就是：（关于我们的成功）你们只知其一，不知其二，运筹帷幄之中，决胜千里之外，我比不上张良；镇国家，安抚百姓，供给军饷，粮草不绝，我比不上萧何；连百万之军，战必胜，攻必取，我比不上韩信。这三人都是人杰，我能用他们，所以才能夺取天下。而项羽虽然也有像萧何这样的人才范增，但不能好好利用，所以他败给了我！

那么，科创企业/高新技术产业化项目应如何选择上述办公系统首脑？一个重要而简洁的原则是"三不一重"。所谓"三不"，是指不唯学历、不唯资历、不唯成果。由于其人员构成以及核心资源等均与科技高度相关，这容易导致科创企业/高新技术产业化项目载体的流行文化中较容易滋生出对关键岗位领导资质的"技术偏好"，即重要岗位的管理人员必须是科技人才，或至少是受过高等教育的人才。也许满足这些条件的人才中有优秀的办公系统首脑，但反过来绝对不成立，即后者必须是这样的人才。后方中枢首脑的职能性质决定了这个体系的首脑对科技领域的专业知识没有必然要求，尤其是在科技研发方面的要求。

所谓"一重"，就是重这个岗位需要的专项能力，主要包括：①极高的协调动员能力。这个能力建立在高亲和力，也就是日常中人们口头所说的"高情商"基础上。②文字材料组织能力。③会议筹备、组织能力。④后勤支持指挥能力。⑤企划宣传策划与实施能力。

当企业业务、资产规模扩大之后，企业的管理职能体系将逐步系统化。上述一些能力指向的职能，如企划宣传等，将由新设立的职能部门承担。在这种情况下，对办公系统首脑的能力要求可以相应降低。

3. 物色前线政委：首席战略官

本书的读者大概无人不知这样一句话：古往今来，能成大事者无不求贤若渴。但同样的人群，很少有人能够明确：在高新技术产业化或科技创业进程中尤其是初期的混沌时期，上面那句话中的"贤"人具体是指什么人？从一般意义上讲，虽然有能力、有才华、有抱负的人都可称为"贤"，但对于特定时期的特定组织而言，就不能满足于这样的模糊认知；否则，组织决策者将很可能陷入重重被动而难以解脱，进而导致组织运营陷入困境。

对于混沌期的高新技术产业化公司或科创企业来说，其决策者迫切需要求贤的一个关键对象，就是担任公司战略协调和推动者的首席战略官。

首席战略官的任务

首席战略官的任务有三个方面：

首先，与决策层（当然他们本人也可能就是组织决策层的一员）一同，完成公司阶段战略的分析与制订，在此过程中，他们负责将决策者的战略思想、思路、判断、定位等战略要素，系统化为有关的文件，这就是战略结构化。

战略结构化之所以重要，是因为只有结构化的战略才能够实现战略的表达和传播。只有通过有效的表达和传播，战略才有可能真正得到理解、认同、贯彻和控制，进而实现迭代优化甚至创新。反之，决策者的战略即便已经明确，但也会由于只停留在决策者脑中而无法得到高质高效的贯彻，更谈不上过程控制和迭代优化。

其次，负责传播、解释、沟通决策者确定的战略，包括发展愿景、路径安排、阶段目标、关键措施等，解释其必要性、紧迫性以及具体措施所蕴含的意义。在此过程中，首席战略官不仅要确保组织中的关键人员充分理解公司的战略构想、路径安排以及重点措施，解决人们心中可能存在的疑惑、不解甚至消极情绪，还要通过充分沟通，将对战略优化有价值的意见、判断、信息等回传至决策层，以便决策层进行战略调整和优化。

> **特别提醒：**
>
> 在战略实施过程中，理解产生动力！

对于任何有正常思维能力的人来讲，他们对某个外部指令的执行动力和行动效率，与其对这样的外部指令的理解程度直接相关。对于需要主动性的工作来讲，更是如此。对于战略实施来讲，实施者对战略的理解程度，尤其是关键员工对战略的理解程度将极大影响实施的效率与质量。这一点，很多决策者只有模糊的认识，甚至基本无知。当他们把主要乃至全部精力放在战略本身的合理性以及其他战略实施资源的开发应用上，而忽视这一因素的影响时，战略的贯彻通常会遭致失败。

最后，负责所在组织战略实施过程中的协调、管控与激励。战略实施是一个持续的过程，此过程中涉及诸多跨部门/岗位的资源与行动协调、沟通、进展动态感知与应用、考核与激励落实等方面的工作，这类工作需要集中统一归口管理，否则将出现更多的混乱与矛盾。首席战略官是负责统筹落实此方面工作的最佳人选。

战略理解—战略实施效果的关系如图 4-4 所示。

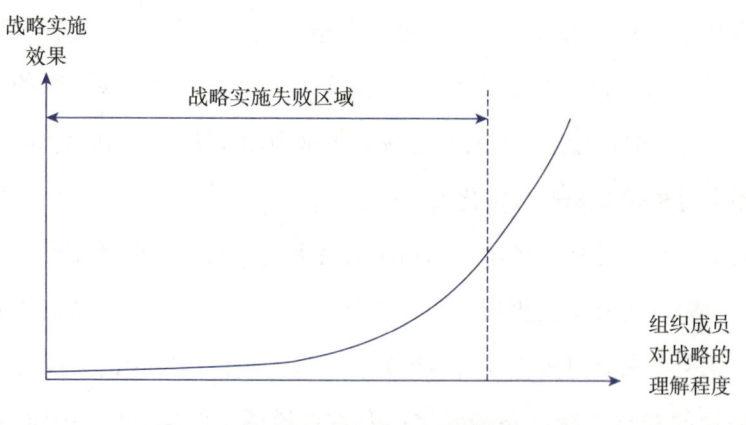

图 4-4　战略理解 — 战略实施效果的关系

首席战略官应具备的才能与素质

早在 21 世纪初时，就有一家美国著名的人力资源咨询机构发布动态报告，指出未来对于各类高价值创造公司尤其是高科技型企业来讲，最重要也将最稀缺的高管岗位就是首席战略官。他们对数十家公司的首席战略官任职情况进行过调查，提出：能胜任首席战略官的人才，需要两个方面的核心技能。

（1）人力资源管理的专业知识与经验

首席战略官应有较为系统的人力资源管理的技能与经验。这对于他们开展有效的目标梳理、组织沟通、氛围营造、绩效考核等工作至关重要。

（2）数字技术方面的专业知识与经验

数字技术应用几乎覆盖任何企业组织的各个方面，包括办公系统、综合管理系统（如ERP）以及设计、工艺、制造环节的智能化等。具有这方面的专业知识和管理经验，是首席战略官的又一重要技能。

此外，首席战略官最好还要具有一定的理工专业知识，以便他们能够与技术领域的人员结成较为融洽的关系。当然，**优秀的表达能力或者"口才"，也是这个角色能够尽职胜任的重要条件**。

这样的人才也许不太容易找到，但这绝不是可以放弃对这类人才追求的理由。请记住三点：

第一，这样的人才虽然稀缺，但绝不是没有！你之所以难以发现这样的人才，很可能是因为你的努力不够，更重要的原因是，你的意识不够！因此，从树立意识做起很重要！

第二，对于一个企业组织来讲，这样的人才有一个就够了。无论是搜寻还是利用这类人才的代价都可能较高，但一个称职的首席战略官所能创造的价值，绝对配得上搜寻和利用他的代价。

第三，决策者可以由其本人，再加上其他有关的职能管理者，共同行使首席战略官的职责。这可以作为人才空缺下的替代措施，但综合各种因素的考量，这种替代性做法产生的效果，远不如寻求和聘用合理的首席战略官给企业发展所产生的效果。

三、俯视成长：如何避免"勤勉的死亡"

1. 俯视成长

著名的组织成长管理学者哈佛大学教授拉瑞·葛雷纳指出：任何一个诞生于市场环境中的企业都可视为一个有生命的有机体。在企业组织的成长过程中，存在着一些具有共同性的特征阶段，每个这样的阶段都有着类似的组织发展动力和相应的策略，而这样的发展又会引发一些特征性的危机，**企业组织就是在快速发展与相应的组织危机二者交替中前进的**。这也就是管理学家近年来所强调的"成功是失败之母"这句话的背景。

拉瑞·葛雷纳所划分的企业组织成长阶段如下：

第 1 阶段：通过创造性的成长和领导危机

这个阶段的企业组织是一个典型的"婴儿期"组织：首先，企业刚刚诞生，也就是说这是个幼龄阶段的组织；其次，该企业的资产规模很小，包括设备、资产及人员规模等都较小。这个阶段，成功的企业主要是通过一个十分有特色的产品"挤入"市场获得成长能量的。

这个特色显著的产品来源于核心人员的创造性和高度的产品专注。从"傻子瓜子"到宜家家具，再到淘宝平台，无数成功的婴儿期企业就是在开发了这种穿透性产品/服务的基础上获得成长的。在企业成长的婴儿期，这种产品层面的创造性几乎占据核心人员的全部精力，因此他们既无时间更无兴趣在企业管理上付出努力。

事实上，这个阶段的企业由于规模较小，也的确不需要系统、规范和严密的管理。这个阶段的核心成员之间存在高度频繁的沟通交流，但这种交流基本都是以非正式方式进行的，一切都围绕着产品/服务的面市，快速行动、快速调整、快速取得成果。这种极为功利、实效化的运营方式是促成这个阶段的企业这架"飞机"加速飞离地面的主要原因。

在获得初步的市场成功后，企业将迎来第一波亢奋期，这个期间的基调就是扩张：扩产能、扩销量、扩投资、扩规模。然而问题也随之产生，这就是"混乱"——任务重叠、标准空白、监控缺失，所有这些叠加起来会导致一个致命的问题：成本失控。由此导致企业成长中的第一个危机，即领导危机。

领导危机产生于这样的情况：企业迫切需要采取措施提升成本控制能力，为此需要导入合理分工、定额标准、工作规范等基础管理措施，但核心成员的能力和兴趣点与此存在差异。他们虽然也能看到问题，但不愿也无法改变自己，这就容易使原来多处存在但并不显著的"跑冒滴漏"恶化为崩溃性局面。

第 2 阶段：通过指导的成长和自主危机

为摆脱领导危机，那些优秀的企业开始导入系统的企业管理，主要包括在各个层次形成正式的分工、导入系统化的工作规范和定额指标、导入业绩指标和相应的考核激励等，也就是给一个原本混乱的组织"上规矩"。由于分工明确、职责清晰、管控严谨、激励到位，使得企业可以系统性解决混乱和成本失控问题，由此进入第 2 个快速发展阶段，这就是通过指导的成长。

但问题也由此产生：虽然组织的正规化和严谨的管控体系减少了混乱，但严格的分工和职责划分也限制了一部分员工的积极性和主动性。这对那些科技研发人员以及中层、基层管理者尤为突出。这些人往往有思想、有抱负，因此具有更大的主动性和自主需求。

但严丝合缝的组织规范对他们的主动性、工作激情形成了严格限制。这会导致这些人的不满、失望甚至敌对情绪。当这种由于限制产生的负面情绪越来越尖锐时，将出现消极行动甚至敌意性流动等情况。骨干、关键人员的流失将导致企业陷于困境，这就是"自主危机"。

第 3 阶段：通过分权的成长和控制危机

俗话说"解铃还须系铃人"，既然问题产生于有主动性和工作激情的员工（通常是骨干员工）的行动空间被限制，那么，**解决问题的出路就是赋予他们自主空间。具体做法就是分权**。例如，给各个团队、部门、事业部等以更大的自主权；把原本作为成本中心的经营单元改变为利润中心。

在公司政策允许的范围内，赋予项目团队、部门特别是经营单元的负责人具有充分的决策权。上级部门按照"例外原则"进行管理，即制度、政策规定以外的事情由上级部门/人员负责处理。这种以分权为基本目标的变革可以缓解甚至解决原本存在的自主危机。

但新的问题又随之产生了，这就是本位主义开始出现并蔓延。这里的"本位主义"就是上述那些团队、部门、经营单元的管理者只顾本单位的权利，不重视甚至忽视企业组织的整体发展。见到对自己有好处的事情就争就抢，见到问题就像踢球一样开大脚踢走，不管踢到哪里，只要不在我这里就行。

这种行为导致企业出现了所谓的"控制危机"，即对组织整体利益、整体发展的失控。当这种失控到达一定程度时，将对企业发展产生严重摧残，甚至使企业这架已经飞到一定高度的"飞机"出现失速而下落坠地。

第 4 阶段：通过协调的成长和官僚主义危机

如何才能摆脱控制危机，使企业进入新的健康成长阶段？下一个选择是通过协调改进与创新。这里的"协调"就是促使企业各个方面各个层次的人员，主要是主管人员和骨干人员，都能自觉关注企业的整体利益。基本的思路就是导入共享原则，即把所有人的利益与企业的整体发展挂钩，在总体发展成果中分享自己的利益。

其主要措施包括改变此前的考核激励方法，导入股权激励、强化公司总部的协调功能，如资源调配、长期发展愿景定位及其传播等。通过这样的协调措施，企业可以纠正此前严重侵蚀企业健康发展的"本位主义/山头主义"、各种短期行为、机会主义行为等。企业由此进入新的发展阶段即"通过协调的成长"阶段。

这一阶段的发展将推动企业进入大体量、高成熟的"巨人"阶段。企业的市场地位显赫、资产规模巨大，其社会影响也十分巨大。从某种意义上讲，这类企业往往都带有了一些"贵族"色彩。毕竟，和它一起创立甚至先于它发展的很多企业早已失败或消失，而能发展到这样高度的企业想不自豪都难。伴随这一阶段的延续，一种新的问题再次形成，当这个问题发展到一定程度时，将出现企业成长中的第4个危机：官僚主义危机。

这里的"官僚主义"是指这样一种现象：企业组织中较为普遍地存在着冠冕堂皇的消极行为，并且这些行为还受到企业现有制度的保护。在官僚主义流行的企业组织中，"话难讲、脸难看、事难办"的情况较为普遍，但这不是问题的实质，实质是这些现象很难靠个人努力所能够解决，其不仅受有关制度的保护，相应的理念甚至还成为了企业文化的一部分。

严重的官僚主义危机同样会导致企业进入"病态"，由此进入下坠轨道。尽管企业可以凭借其巨人地位延缓衰亡过程，但不能改变下坠趋势。不能排除在有关内外部条件影响下，相应地企业的陨落可能会很快。

第5阶段：通过合作的成长和未知的危机

拉瑞·葛雷纳归纳出的**摆脱官僚主义危机的出路，是通过合作的成长**。这里的"合作"是指企业全方位调整其管理的理念、思维，通过重新集聚所有人的积极性、主动性，将企业组织捏合成一个有机的合作体，主要措施包括：

◆ 积极构建以合作为基础的组织文化；

◆ 简化各种制度，消除不合理的规章制度；

◆ 进行各个层次的组织创新，积极倡导构建和利用项目型组织即矩阵型组织；

- ◆ 按照工作丰富化原则改进工作设计和相应的流程再造等。

通过这样的战略措施，企业可以摆脱官僚主义危机进入新的快速发展阶段。在拉瑞·葛雷纳看来，能够进入到这个阶段的企业是一个小众群体，代表了企业组织的最高层次。这类企业的发展又将遇到什么样的危机尚不明确。

拉瑞·葛雷纳归纳的企业组织成长阶段模型如图4-5所示。

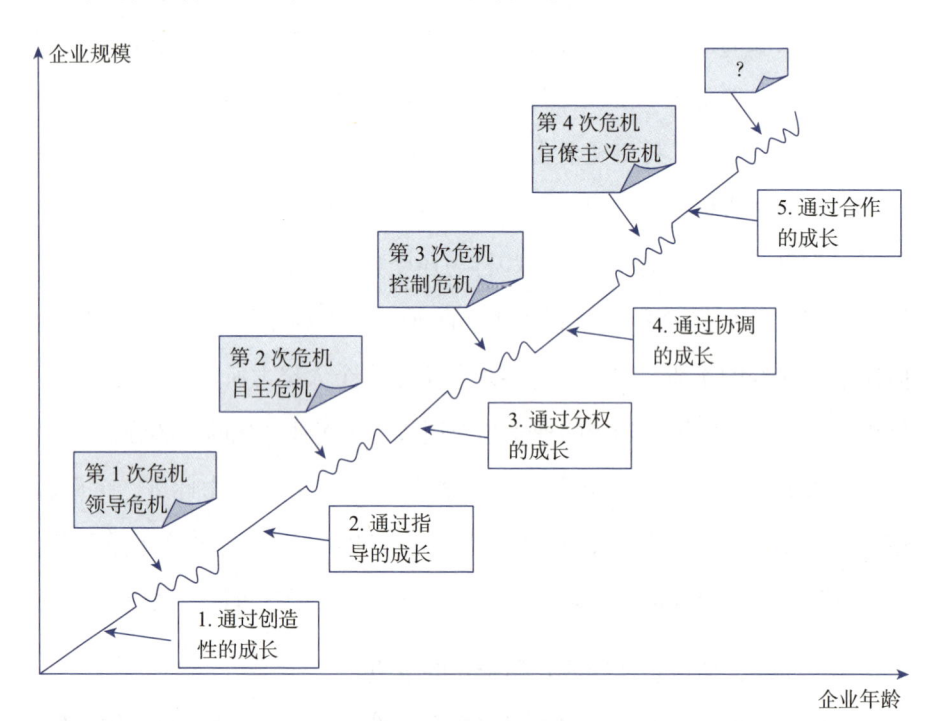

图4-5 拉瑞·葛雷纳归纳的企业组织成长阶段模型

2. 如何避免"勤勉的死亡"

现实中有许多高新技术产业化公司或科创型企业，凭借其独特的技术优势与雄厚的科技资源、人际关系、资金资源，以及所选择的风口赛道，似乎从一开始就占据了所有成功要素。但很多这样的企业往往陷入"高开低走"的衰落轨道。它们既有先天优势，又有后天努力，但种种勤勉并未形成正向动力。现在我们知道，企业的成长过程有其内在规律，按照这样的成长规律，我们对这类企业的决策层提出三点建议，以帮助企业摆脱"勤勉下的死亡威胁"。

（1）一定要搞清本企业所处的成长阶段，杜绝简单抄袭

首先要提醒的是：任何企业都有自己独一无二的成长轨迹，企业决策者在考虑制订重大战略时，一定要首先搞清楚本企业处在成长过程的哪一个阶段。尽管现实中的企业，其真实状况不可能与拉瑞·葛雷纳模型所描述阶段特征完全一致，但基本特征相符是很可能的。

企业需要结合自己所处的阶段，正确分析定位企业发展的主要动力、问题、障碍，结合有关的外部环境状况，提出阶段发展的针对性策略，包括但不限于战略重点、组织结构优化、激励体系优化或创新、资源开发或创新等。企业绝对不能简单寻求一家或若干个所谓"标杆企业"，然后不问情由地简单模仿抄袭。

这样做，除了简单省事节约了企业的学习成本以外，几乎没有积极意义可言，原因很简单：**由于所处成长阶段、外部环境等的不同，别人的成功经验对你的企业可能根本不适用，甚至可能产生副作用**。有时，想简单省事地推进企业管理水平，恰恰会使你的企业要走更长的路，甚至陷入更恶劣的崎岖的困境之中。

特别提醒：

对于任何标杆企业，包括那些已经取得巨大成功的行业头部企业，除了其精神层面的东西（如顾客至上、环境责任、尊重员工等理念）外，其他如竞争战略、组织优化、文化建设等，均没有任何模仿价值！

（2）正确理解问题现象，尽早发现主要危机

作为一个有机组织，任何企业都和人一样不可能不生病。"生病"其

实是有机体成长的一个必经环节。因此，对于企业中出现的问题，如销售放缓、人心不稳、沟通不畅等，都不要过度紧张。所谓"过度"，就是拘泥于现象本身，而不了解问题现象背后的原因。

孩子的生长痛可以被视为一个"问题"，但这个问题恰恰是一类不需要紧张的问题，因为是不可避免的。重要的是：要尽早探求和确认问题背后是否潜伏着危机？什么危机？**在澄清可能的组织危机的基础上，采取针对性措施，包括一些可能会"伤筋动骨"的变革性措施，就是明智正确的选择**。在确认有必要导入这样的措施时，不要犹豫，也不要恐惧，因为这是任何企业成长的必要条件。

（3）只有做好自己，才能成为最耀眼的明星

再次强调：企业只有根据自身所处的成长阶段、所遇问题的性质、根源以及外部环境特征，采取针对性措施来解决自身特有的问题，消除自身特有的危机，才能以最高效率推动公司的成长。这是一个始终寻找自我、突破自我、实现自我的过程，而且必须兼采众长，但一定要以我为主。只有做好自己，才能成为最耀眼的明星。

第5章 治军三招

一、困境解析："将"不知兵

科创型企业或高新技术产业化企业的决策者可以较有把握地判断和理解一名科研人员的专业特长、业务能力乃至个性特点，但对于组织成员而言，即使是身边的核心人员对其心理特征、价值观和行为偏好等，都可能不完全理解，甚至完全不理解。

> 为什么当我觉得同志们应该舍身向前、全力攻关时，看到的却是迟疑、回避甚至退缩？说好的共同为伟大理想而奉献的精神哪里去了？说好的团结合作、砥砺前行的精神哪里去了？我已经带头践行了这样的精神，为什么得不到应有的响应？

当管理者对其员工尤其是核心员工的心理和行为不甚了解时，就意味着他们基本上不了解自己的组织。这种情况的直接后果是：他们既不大可能对组织成员提供正确的激励，也不会形成组织健康发展所需的动力。当这种情况积累起来后，也意味着组织的抗衰能力受到严重侵蚀。这就是很多看上去相当有实力的科创型企业，在遇到挫折进入低谷时，会出现决策者预料不到的"崩盘"的主要原因。

归根到底，是决策者不了解组织成员的心理机制、行为机制，因此无法推动系统的组织激励，这是科创型企业到一定阶段会出现"三军倦怠"的根本原因。

在这样的情况下，如何走出这种组织困境？这里有三招值得科创型企业的决策者高度关注。

二、第一招：角色转换

科创企业/高新技术产业化企业的管理者通常都是有科技背景的专业人员。在产业化前或企业成立前的技术研发阶段，这些人员的主要乃至唯一的角色就是科技专家，然而，产业化后或企业成立之后，这些人成为企业组织的经营者而不是单纯科研团队的领导者，简单地说，他们需要从科技人员角色转换为管理者角色。这一转换的成败将直接决定他们所领导的企业发展的成败。

那么，到底什么是管理者？更直接地讲，管理者的工作与科技人员的工作，其本质区别在哪里？我们可直接给出答案：

管理者的工作的本质就是：管理者通过他人实现组织目标并创造组织盈余的行为集合，即管理行为的三要素是通过他人、实现组织目标和创造组织盈余。

通过他人。他人包括自己的下属、同级甚至上司。"通过他人"首先需要承担这一角色的人有管理者转换意识；其次是有管理者转换能力。相比之下，阻碍角色转换的首要障碍来自前者，即意识方面的障碍。很多有科技背景的专业人员迟迟无法形成"通过他人"的意识，这既有个性方面的原因，更多的则是专业研究工作形成的意识固化。

实现组织目标。管理者通过他人只是手段，目的则是追求组织目标的实现。为此，管理者首先要有能力去分析识别和判断组织的合理目标是什么。因此，他们需要形成环境分析与判断的能力，以及综合别人意见判断的能力。

创造组织盈余。这里没有使用"盈利"这个概念，是因为管理不仅仅要实现以财务指标体现的经营业务，还包括非经营性成果，如企业的社会责任承担、可持续发展能力、员工的进步等。

三、第二招：为组织赋魂

所谓"组织"，就其本质而言是指有着共同目标，且通过特定的规范衔接起来的群体。组织的本质属性就是共同目标和共同遵守的规范。前者具有个体行为指引功能，后者具有个体行为约束功能。

对于组织中个体行为的约束有两种基本机制：一是以规则、制度等正式文件形式施加的行为约束，这种约束更多地起到"底线控制"的作用，也就是行为不能侵犯的界限；二是以文化构建形式施加的行为约束。相比制度等规则体系作用于个体的行为本身，文化影响的则是人们的思想，通过思想引导实现对行为的调控，从这个意义上讲，文化的行为影响功能则更加强烈和牢固。

然而，和规则、制度等形式不同，文化的构建和实际形成经历的过程要复杂得多，当人们对文化的本质、构建方式、形成过程等不甚了解时，这个过程不仅复杂，而且是混乱、低效的，现实中，对企业组织发展至关重要的文化构建的失败率极高。这也将导致在技术、硬件资源等要素基本相同的情况下，具有良好文化的企业组织将全面超越未能做到良好文化的企业，并且很难被反超。

在人类发展过程中，不论是军事、经济、科技方面的组织，还是更高层面的国家，建立了具有良好文化的组织一定是在竞争中占据优势地位的一方。因此，但凡是带领组织创造了卓越成就的领导人，无一例外是文化构建方面的高手。

1. 什么是企业文化

我们可以从直观和本质两个层面揭示什么是文化：从直观层面看，文化就是流行于组织中的"风气"。风气有什么作用？都听说过"随大流"这句话吧？这里的"大流"就是风气，它会对处于这种风气中的人的思想及行为，产生隐蔽而顽固的影响。更重要的是，这种影响不仅能抵消制度等因素的影响，甚至导致个体行为的反制度倾向。

从本质层面看，文化就是"共享的价值观"。注意，文化不是泛指的价值观，能够成为文化核心的价值观必须是那些被大多数甚至全体成员共同认可的价值观。这是一个中性的定义。它只强调了价值观的"共享"性，并没有要求被共享的价值观必须是积极健康的。事实上，在很多组织中，那些被强烈共享的价值观可能既不积极也不健康。这就是我们常常从直观上感受到存在不良风气的地方。

> **特别提醒：**
> 优秀的组织文化就是卓越组织的"魂"，文化的实质就是组织共享的价值观。优秀的组织文化来自决策者的意志，但必须得到组织成员的接受与认同；否则，决策者的价值观仅仅就是少数人的理念，而不可能成为组织文化。

2. 优秀文化构建的总体路径

优秀的组织文化如何形成？从逻辑上讲，所谓"优秀文化"，是指构成文化核心的价值观有利于组织的发展。也就是说，这些价值观能够支撑组织愿景和战略的有效实现，因此，绝不存在普遍适用的优秀组织文化。尽管优秀的组织文化中会存在一些共性的部分，但真正体现组织文化特色的是那些与具体的组织使命、发展目标、运营战略相匹配的价值观，使命、目标、战略的不同，意味着优秀组织文化都是有差异的。

> **特别提醒：**
> 为了省事，抄别人的组织文化一是难以抄袭成功，更关键的是：即便抄得像那么回事，结果也会更加糟糕。张飞成功移植了诸葛亮的个性，那会是什么格局？

因此，优秀文化的构建一定是以目标——战略为导向的。也就是说，构成优秀文化的价值观一定来源于组织使命与发展愿景，落脚于面向发展愿景的组织战略，这样的过程可以划分为三个阶段：基础构筑阶段（明确发展愿景与企业战略）、核心凝练阶段（提炼目标价值观）、传播成型阶段（扩张共享面形成组织文化）。

基础构筑阶段

基础构筑阶段的目标是为企业组织的文化建设奠定基础，这个基础就是企业的发展愿景、实现路径以及战略安排。需要再次强调的是，任何一个企业组织的文化建设，其目标都是构建一个共享的价值观体系，即共享的理念、行为规范和准则体系。这个体系的根本职能，就是服务于企业愿景的实现和相应的战略贯彻。

企业文化中可以包含一些普遍适用的价值观，如踏实做事、合作、奉献精神等。**但企业文化的主要内容，应该聚焦于本企业组织的愿景实现和战略实施所需的价值观。**

忽视基础构筑是绝大多数企业组织在文化建设中常犯的错误。很多企业决策者为了快速建成文化，不惜采取对标、模仿甚至照搬照抄等方式试图绕过文化建设的基础构筑，这种做法轻则导致文化建设的效果被大大降低，达不到组织文化应有的作用，重则对企业的健康发展产生抑制甚至破坏作用。

核心凝练阶段

所谓核心凝练，是指在明确本企业发展愿景、实施战略的基础上，梳理、归纳为实现上述愿景和高效推动战略实施所需要的目标价值观，包括目标理念、目标行为规范、准则等。

注意：这种目标价值观仅仅是少数核心人员重视、认可的价值观，尚未能成为组织文化，因为它们尚未被多数人了解、理解和认同。因此，"**企**

业文化就是老板的思想"这句话是有瑕疵的，领导信奉和追求的价值观有较大可能成为组织文化的一部分，但在得到其他组织成员的认可之前，这仅仅是有可能。

为什么要把企业决策者的价值观作为组织文化的主要来源？原因很简单，这些少数人对企业的发展愿景、实施战略的理解最为系统全面，他们有资格提出有利于企业发展的目标价值观。当然，他们梳理、归纳的目标价值观也应包含来自其他组织成员的有建设性的思想和观念。

传播成型阶段

所谓传播成型，是指把决策层明确下来但尚未被企业广大成员了解、理解、认同的目标价值观扩张为共享价值体系。这个阶段的工作既可由企业组织自身的职能部门实施，也可由第三方专业机构负责实施。简单地讲，这是一个面向全体组织成员统一思想、统一认识的过程。从改变认知、接受新理念、新规范和新准则的角度讲，这个操作过程也是贴切的。

为了高效、可靠地导入新的价值观，这个阶段需要从多个方面、多个层次对员工的思想意识进行干预和影响。

从技术层面讲，这个阶段需要导入所谓视觉识别系统（Visual Identity，VI）、行为识别系统（Behavior Identity，BI）等。前者通过图案、色彩、标识等特定视觉符号，强化企业组织的目标价值理念；后者则是通过口号、标语等特定内容体系，强化员工的行为规范、意识准则。

此外，企业还需要通过有计划的专题活动，如宣传贯彻、竞赛、交流等，推动目标价值观共享面的扩张。

传播成型阶段是一个周而复始的过程。只要宏观环境、目标市场的变化要求企业重新调整战略甚至进行战略创新、商业模式创新时，就有调整企业文化以便对新愿景、新战略提供高质高效的支持。

企业组织文化建设的总体逻辑与路线如图 5-1 所示。

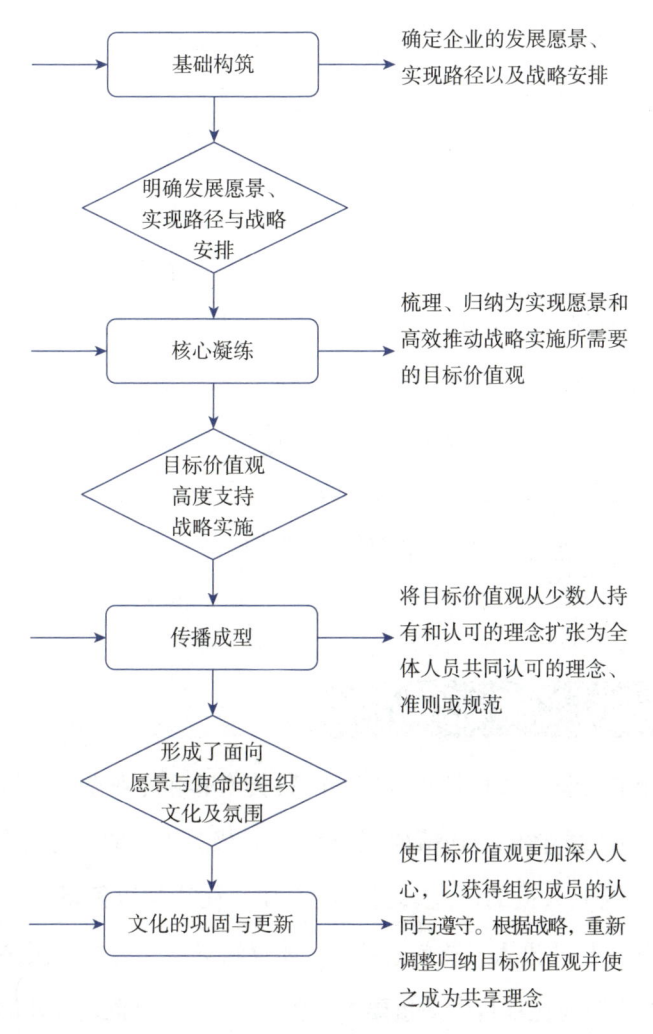

```
基础构筑  →  确定企业的发展愿景、
              实现路径以及战略安排
    ↓
明确发展愿景、
实现路径与战略
    安排
    ↓
核心凝练  →  梳理、归纳为实现愿景和
              高效推动战略实施所需要
              的目标价值观
    ↓
目标价值观
高度支持
战略实施
    ↓
传播成型  →  将目标价值观从少数人持
              有和认可的理念扩张为全
              体人员共同认可的理念、
              准则或规范
    ↓
形成了面向
愿景与使命的组织
文化及氛围
    ↓
文化的巩固与更新  →  使目标价值观更加深入人
                      心，以获得组织成员的认
                      同与遵守。根据战略，重新
                      调整归纳目标价值观并使
                      之成为共享理念
```

图 5-1　企业组织文化建设的总体逻辑与路线

毫无疑问，**企业决策者在组织文化构建中具有决定性的特殊作用**。然而仅仅了解这个事实是远远不够的，人们还需要明确的是：企业的主要领导者在组织文化构建中的具体任务与职责是什么？这样，他们才有可能担负起应尽的职责。

首先需要说明的是：企业决策者在组织文化构建全过程中需要扮演若干个角色，而不是只有单一的任务。这些角色是从文化构建的阶段性产生出来的。

在基础构筑阶段，企业主要领导者扮演主导者这一角色。因为企业的使命确认和相应愿景定位属于战略性决策，所以无论从职责、资源拥有、能力等哪个角度讲，企业主要领导者都是决定这些问题的主导者、拍板者。

在核心凝练阶段，企业主要领导者扮演的是创建者和协调者角色。所谓创建者，是指一些目标价值观最初就是由主要领导者亲自提出的。此外，他们还通过协调资源，对各个方面的核心人员、专家等从其他途径梳理归纳的目标价值观进行评价、筛选、精练，最终形成相对完整的目标价值观组合。

在传播成型阶段，企业主要领导者扮演的是鼓动与参与者角色。他们需要以参与者身份参与到各类主题活动中，和公司员工一起体验、交流认识、分享思想，进而推动共享价值体系的形成。

四、第三招：以激励驱动三军

虽然企业的核心成员都具有较高的科技素养和专业态度，但科学合理的激励对于激发群体的合作精神、奉献精神是极为重要的。之所以"重要"，是因为对于专业人员的研发、创意性工作，往往难以衡量其工作量，更难以衡量其实际的投入，这就意味着：**如果缺乏科学有效的激励，科创企业/高新技术产业化项目中最重要的一类要素——科创型人才的内在价值将处于失控状态**。由于这种失控，这类企业的成长将充满风险！

1. 激励与激励因素

虽然激励与激励因素在各种场合被不断提起，但十分奇怪的是很少有人能够清楚理解这两个词。"请问，您觉得什么是激励？""什么是激励？嗯，我想想，激励嘛就是鼓励呗！""那请问，什么又是鼓励呢？""嗯？鼓励？鼓励就是激励！"这种所谓循环论证的情况在揭示什么是激励时常会出现。

那么，到底怎么解释"激励"呢？首先，激励是一种特定的管理行为；

其次，这种行为的实质是管理者运用有关的激励因素影响被激励者，从而实现某个管理目标的行为。那么，什么是"激励因素"？激励因素是指对人们的思想和行为具有稳定影响的因素。

注意，这里的关键是"稳定影响"，其中"影响"是指个体对激励因素产生的心理与行为反应。"稳定"则满足两个基本条件：一是，这种影响除了个别人以外，对于大多数人都存在；二是，对同一个人而言，这种影响除了个别情形，大部分时间都存在。

例如，"天气"这个因素可能会对某些人的情绪产生影响，但这种影响不一定稳定，因此我们很难将"天气"这一因素视为激励因素。而人们对于"赏识"或"赞扬"通常会感到高兴、激动，因此我们说"赏识""赞扬"比激励因素要可信得多。激励的对象与过程如图5-2所示。

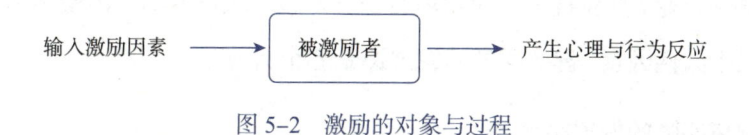

输入激励因素 ⟶ 被激励者 ⟶ 产生心理与行为反应

图 5-2　激励的对象与过程

现实中，激励因素可以各种形式存在，但具体是什么可以成为激励因素，还要看激励的对象是什么群体。

> **特别提醒：**
> 选择正确的激励因素并加以合理运用，这就是激励行为的本质含义。

2. 双因素理论

美国心理学家赫茨伯格1959年提出了一个后来流传甚广的理论，即双因素理论（Two Factor Theory）。他创造性地把组织中的激励因素根据其作用划分为两大类：一类是"保健因素"；另一类则是"满意因素"。

保健因素是指那些防止人们产生心理不满的因素。要注意：没有不满不代表就是满意、快乐。这就像人体中的免疫系统，有了这个系统人们可以抵抗疾病，但这并不代表人就是健康强壮的。也许就是这个原因，赫茨伯格将此类因素称为"保健因素"。例如，在一些组织中，工作环境就是一个保健因素。这意味着良好的工作环境仅仅能够防止人们产生不满，但不能产生其他性质的激励作用，如基于满意的奉献精神。

"满意因素"则比较好理解，这就是能够给人们带来满足感的因素，如科学合理的考核制度、发展机遇/成长机会、工作丰富化等。

赫茨伯格特别指出：一个组织中的双因素究竟是什么，不能一概而论。即便是同一个组织，随着时间的推移、人员结构的变化以及外部环境的变迁，都将对组织中双因素的分布及改变产生影响。

3. 科创企业/高新技术产业化项目中针对核心人员的两个满意因素

科创企业/高新技术产业化项目中针对核心人员的满意因素不尽相同，但有两个共性因素：健康明晰的发展愿景和个人成就感。

健康明晰的发展愿景

健康明晰的发展愿景能够使人明确公司未来的发展方向和水平。对于有事业追求的人来讲，这种愿景定位本身能够促使他们对加盟的企业组织产生敬佩感，进而产生归属感，后者将诱导或触发被激励者的奉献精神、合作意愿以及专注投入的工作态度。

个人成就感

个人成就感是这类企业中核心成员普遍持有的内在追求。通过取得成就证明自己的才能、眼光以及价值，这些人将拥有巨大的满足感。这与薪资收入、劳动保障等可能是这些人的保健因素完全不矛盾。企业决策者可以通过以下途径或措施来提升核心成员的成就感。

（1）改进工作设计，使之更加满足工作的丰富化要求

工作丰富化具有两个标准：一是该工作具有一定的挑战性；二是该工

作产生的总体绩效可以得到明确体现。满足这样标准的工作本身就能够为特定人员带来事业上的动力。

（2）提供股权，使核心成员能够从企业成长中分享个人利益

提供股权的作用：一方面，通过显著不同于薪酬的股权收益，核心人员可以获得经济方面的成就感；另一方面，将个人的经济成就、社会成就等与企业成长联系起来。也就是说，将个人成就与企业发展愿景的实现情况联系起来，即把成就预期作为满意因素来激励核心成员，使之对企业发展注入更多的关注与投入。

4. 股权激励的框架与关键措施

如上所述，股权激励是为组织成员提供个人成就感的极其重要且不可替代的措施，也是促使一个企业组织的核心员工形成与企业共存亡意识的基本途径。理解股权激励首先需要对相关概念有基本的认识。

与股权激励相关的概念

（1）股票

《中华人民共和国公司法》第一百二十五条规定，公司的股份采取股票的形式。股票是公司签发的证明股东所持股份的凭证。1993年颁布的《股票发行与交易管理暂行条例》第八十一条进一步界定，"股票"是指股份有限公司发行的、表示其股东按其持有的股份享有权益和承担义务的可转让的书面凭证。

（2）股份

股份是自然人或机构持有的某个公司的资产份额。对于该自然人或机构而言，其所持股份是以其持有的公司股票数额为基础的。

（3）股权

股权就是使员工通过获得公司股份，也就是公司部分所有权的方式，依法享有的支配权，如参与决策、享有收益权（如分享利润）等。

2015年,《财富》杂志报道:**世界500强企业中有85%的企业使用过股权激励,股权激励是重要的激励方式**。

华为2015年年报显示:华为投资控股有限公司是100%由员工持有的民营企业。股东为华为投资控股有限公司工会委员会(持有98.58%)和任正非(持有1.42%)。公司通过工会实行员工持股计划,员工持股计划参与人数为79 563人(截至2015年12月31日),参与人均为公司员工,约占公司总人数的45%(华为总人数约17.56万人)。

股权激励的方案设计

方案设计是股权激励的核心内容。股权激励的方案主要包括7个方面的具体内容(见图5-3)。将这些关键问题的优化设计集成起来,就得到一个合理可行的股权激励方案。

股权激励方案的关键问题

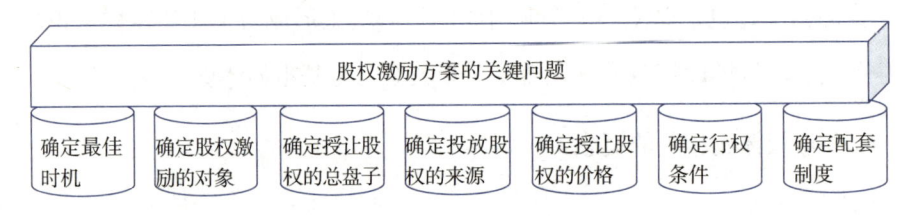

| 确定最佳时机 | 确定股权激励的对象 | 确定授让股权的总盘子 | 确定投放股权的来源 | 确定授让股权的价格 | 确定行权条件 | 确定配套制度 |

图5-3 股权激励方案涉及的关键问题

(1)确定最佳时机

虽然股权激励是一种重要且不可替代的激励措施,但其效果首先取决于导入这种激励的时机。如果时机不合理,不仅有损激励效果,甚至还会产生诸多负面影响。公司导入股权激励的最佳时机涉及四个关键条件,这些条件的满足情况将基本决定时机的合理性。

首先,公司发展迫切需要核心人员的长期奉献与合作精神,现有的激励手段无法实现上述激励效果。任何公司都存在核心人员效应,即关键的少数人对公司发展产生主要的影响。科创企业/高新技术产业化项目中这种核心成员效应尤其突出。同时,公司发展又需要这类人具有与公司共进退、追求长期发展目标的意愿与动力,否则公司将难以取得实质性成长。

在这种情况下，股权激励就是极其重要和现实的选择。

其次，公司发展处于风险阶段、业绩在低位徘徊，但发展动力已经形成，成长拐点可以预见。在这种情况下，一方面，股权的激励效果可以通过分红、股权转让收益等获得证实，进而兑现激励目标产生更大的动力；另一方面，这个时机的股权由于公司业绩偏低而定价较低，可以降低股权激励的成本。

这就是说，股权激励的合理时机分布在公司初创与经营初期，即企业经营适应 / 风险期，如图 5-4 所示。当然，具体在这个阶段的哪个时间点，还要看企业是否形成了成长动力，这通常是企业在其经营的关键环节取得突破或有突破趋势，如挖掘了关键市场、产品功能取得突破、工艺技术取得突破使产品的成本降低、质量水平取得显著进展，或有取得进展的可能。

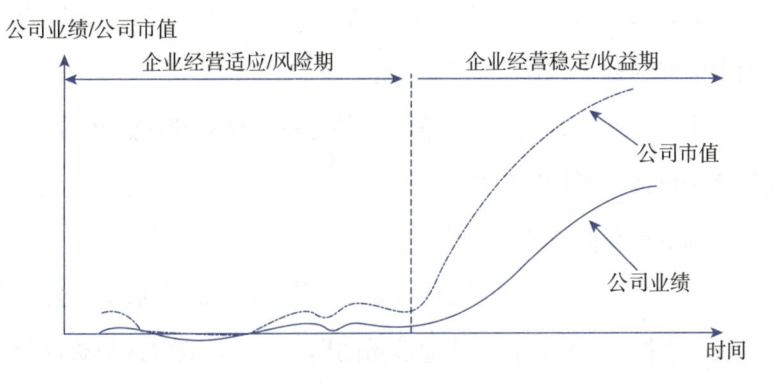

图 5-4 股权激励适用的优先阶段

当企业经营的未来趋势或命运不清晰时，股权激励会由于被激励者无法判断这个激励给自己可能带来的收益而失去其效果。

再次，创新型商业模式已有雏形，关键板块（如新型盈利点）已经证实基本可行。只有当企业基本明确了商业模式时，才能进一步确定未来需要开发哪些新的能力，什么样的资源与能力是支撑商业模式所必需的。在这样的情况下，企业才有可能最大限度地合理确定激励对象、行权条件等股权激励方案的关键问题。

最后，公司考虑与资本市场对接，或者已经有股权投资机构对公司产生兴趣和投资意向。这时，股权激励将产生较为显著的激励效果。股权激励的核心机制是使激励对象能够分享公司价值增值所带来的利益。公司上市或获得股权投资是实现这一利益的主要途径。当这一途径已经出现或有可能出现时，需要启动股权激励的方案设计与导入工作。

（2）确定股权激励的对象

显而易见，**股权激励的对象应是在公司具有战略价值的核心人才**。这里所指的"核心人才"一不能仅看学历，二不能仅看职位，三不能仅看经验。判断这种核心人才有三个基本标准：一是该人员对公司已经明确的商业模式的巩固和利用具有关键作用，或者这个人是否属于商业模式所要求的关键人力资源；二是公司发展是否离不开这类人员的长期奉献意愿，或者公司发展是否需要这类人员具有与公司共进退的意愿；三是该人员的能力和已经做出的业绩是否在良好以上。

在很多情况下，**确定股权激励的对象是一个相当敏感的问题，至少在初期不宜张扬而应低调缜密地进行**。

（3）确定授让股权的总盘子

"总盘子"是指某一次股权激励拟授让的股份总额。通常，公司会首先大致确定一个拟授让股份占公司总股份的比重，然后确定这个总盘子。这个比重的确定既会影响股权激励所需授让的股权，又将影响股东结构，以及原有股东的股比，更重要的还可能影响公司的治理结构。因此，公司需要对这个比重和相应的总盘子有一个总体考虑和精确计算。据统计，云集在硅谷的科创型企业的股权激励总盘子，一般控制在占总股份的15%~20%。

（4）确定投放股权的来源

"投放股权的来源"，是指公司授让给激励对象的股份出自何处。从总体上讲，有两个基本来源：一是公司现有股东所持股份，通常是大股东所持股份；二是公司拟新增加的股份。这两个部分是公司的实际股份即"实股"，其持有者将获得有关法律赋予的权利。

与实股对应，公司还可以投放"虚拟股份"，即不在工商登记的总股本中的虚拟股份。这部分股份享有与实股同样的分红权利，但不具有法律赋予公司股东的其他权利。尽管如此，由于虚拟股份不涉及股东结构改变、不影响公司治理体系、简便易操作，因此这类股权激励也是一种有价值的激励手段。股权激励中投放股权的来源如图5-5所示。

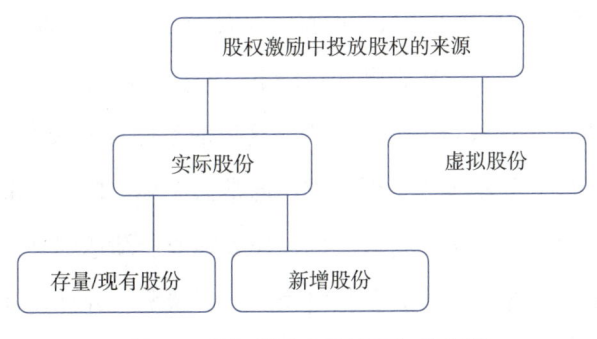

图 5-5　股权激励中投放股权的来源

（5）确定授让股权的价格

"授让股权价格"，是指拟授让股份（实股）的每股价格。一般情况下，由于未取得公司的实际股份，不享有法律赋予股东的权利，因此虚拟股份默认的价格是零。实际股份中，存量股份的定价和新增股份的定价通常不一样。前者价格较高；后者由于新增股份导致总股本增加，新增后每股价格当然有所降低，因此定价也相对较低。

不论以哪一种方式投放实股，由于是激励而非其他原因，如公司股东退出套利，因此，股权激励时，实股的每股价格要在实际估值基础上打折。**对具体激励对象的打折幅度主要考虑两个因素：一是该激励对象对公司长远发展的重要性程度；二是公司对本次股权激励的期望激励程度。**这两个程度越高，打折幅度越大。此外，越是早期导入的股权激励，其股权定价亦应相对较低。

（6）确定行权条件

"行权"是指作为股权激励对象的股份持有者，将其所持股份转让以便获得股票溢价收入的行为。这种股票的溢价收入是股权激励所含有的经营利益的主要内容。公司的任何股东所持股票的市场价格即"市值"，是其所持股份的价值的基本决定因素，后者是个人财富的重要组成。

而股票价格与公司的整体发展水平、发展趋势密切相关。也就是说，由股票价格决定的股份价值与公司发展的状态与趋势密切相关。要想增加个人所持股份的价值，就必须关心公司的整体发展，这就是股权激励的核心机制。

设置行权条件就是确定在哪些条件下，股权激励对象可以将其持有的公司股票出售以实现收益。一般地讲，这里的条件有两大类：一是基本条件，主要是持股时间不少于最低要求，通常为3年。持股人未在持股期间发生过有害于公司的行为。持股人的工作表现或业绩达到公司期望的基本要求等。二是特定条件，主要包括公司的经营状况、外部投资人追加发生的股权投资行为等。

如果公司已经上市，则行权条件要与交易机构的相关规定相符。

（7）确定配套制度

股权激励计划除了需要对时机、对象、价格等问题进行分析确定外，还需要出台或调整有关制度，以便支撑股权激励计划的有效实施。这些配套制度包括但不限于：

◆ 企业的业绩考核办法；

◆ 有关的矛盾或问题的协商与仲裁办法；

◆ 公司股权激励管理办法；

◆ 公司职务/支撑系列管理办法等。

第三部分

破冰起航 —— 缺兵少弹下的前行

第 6 章　计划之外的行动

一、困境解析：无处不在的资源短缺

一个完善的商业计划是否能够指导企业/团队的所有行动？答案是"否"！从功能角度讲，商业计划是一种顶层布局，是对企业的目标市场、商业模式、战略性资源开发、中期愿景及其总体路径、融资方案等战略板块进行的谋划。

这种谋划没有也不可能对组织运营的全部行动做出指导。在按照商业计划总体发展路径推进的过程中，包含众多战术层面的活动环节，这些环节有其目标、任务、资源要求，但没有正式计划的指引。

困境在于：这些计划之外的行动可能会面临特殊的外部环境，如高度不可预知的外部条件、强烈的资源与时间约束；另外，这些活动进展的质量与效率，对企业/团队的运营、总体目标的实现具有重要影响。简言之，这些计划之外的行动对管理者提出了特殊挑战（见图6-1），如果应对不当，将极易导致整个进程的迟滞甚至阻断。

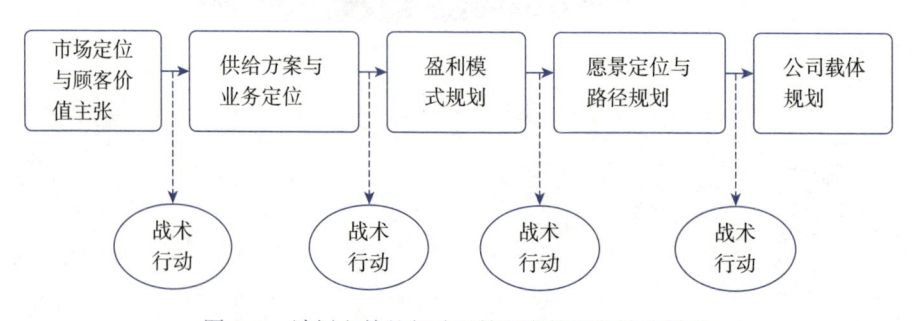

图 6-1　计划之外的行动对管理者提出的特殊挑战

二、以资源拼凑克服窗口约束

1. 窗口约束

无论是前沿科技产业化还是科技创业的进程中，总会不时出现这样的情况：某个重要目标的实现，如赶出一个样品、把成本/价格控制在某个水平之下、打造出一条工艺线、形成一个合作联盟等，有强制性完成期限要求，在这个强制性期限内，企业/团队缺乏完成既定目标任务所需的合格材料。

事实上，对于任何一个既定的计划目标，人们很难在具备全部所需投入要素的情况下开展相关工作，换句话说，对于有强制性完成期限要求的任务而言，资源短缺是一个常态，不同的仅仅是短缺的程度。我们称此为计划实施中的"窗口约束"。窗口约束冲击着正常的工作节拍，破坏着人们的事业与工作环境，严重时将对组织生存产生致命的威胁。

2. 人类学的一个发现

法国著名人类学家列文·斯特劳斯（Levi. Strauss）在其1962年出版的影响甚广的著作《原始心灵》(*The Savage Mind*)中，提出了他称为拼凑（bricolage）的人类种群进化独特机制，以此解释人类在进化初期如何度过物质资源极度匮乏的情况，或者说如何适应生存资料极度匮乏的环境。

虽然列文·斯特劳斯并未给出这种行为的具体内涵，但顾名思义，"拼凑"就是无所不用其极地利用可以获得的身边可以拼凑的资源来形成生存保障。作为人类学家，列文·斯特劳斯注意到正是这种拼凑资源的能力区分出不同种群的进化差异。

列文·斯特劳斯的这个发现对于关注初创型企业的管理学家提供了重要启示，即几乎所有的初创型企业都会经历一段资源匮乏的时期。后来人们又发现，即使进入到成熟期后，大型的企业组织同样会面临列文·斯特劳斯所分析的那种情况：一件不得不做的事情在完成期限之前合适资源不充分。例如，在严寒到来之前搭成一个房子。

这种由于完成期限限制导致的资源短缺可以称为资源的相对匮乏。也就是说，资源拼凑不仅仅是由于资源的绝对匮乏，资源相对匮乏同样也需要通过有效的拼凑行动加以解决。

3. 如何拼凑产业化初期的拼凑版图

什么是"拼凑"

为了在企业管理中合理有效地应用拼凑策略，需要首先明确什么是资源拼凑。我们可以从行为观察和内在实质两个方面完成对这一行为的观察。

行为观察：从外部看，资源拼凑就是在没有条件的地方创造出/拼凑出所需要的条件，以便某项必须完成的任务得以完成。

进一步讲，这种行为有以下三个属性或特征：

（1）利用手头现有（at hand）资源

有效的拼凑者都会随时随地观察、发现、聚拢并在需要时加以利用的不起眼的"零碎杂物"（odds and ends）。这些因地制宜获取的零碎杂物可以有多种形态：从有形物质到无形的关系、习俗等。将手头、身边现存可获得的东西作为解决问题的资源，与根据目标的需要打造所需的东西，这是两种不同的思维和行动。后者在工程领域是基本的逻辑，即工程师们根据产品的需要设计并生成零部件。

（2）凑合着（making do）向前挪动是首要目标

有效的拼凑者根据灵活标准，而不是固定准则，在必要时利用任何手头凑合的东西解决问题以将事情朝前推。他们会灵活地设定最低标准或底线，及时行动，而不是坐等所谓获得了合格材料或合规条件满足后再推动任务前进。即使在推动任务中有瑕疵或问题，他们也会灵活对待。只要大方向是按照规划路线前进，即使个别环节的做法不那么规范，也会以"凑合能用"的态度去权变处理。

（3）通过创造性组合实现新功能/作用（Combination of Resources for New Purposes）

有效的拼凑者在灵活选择凑合能用的材料来克服资源短缺以及刚性任务期限时，还会对拼凑来的材料或要素进行创造性组合，以便克服拼凑材料的缺陷使之焕发出新的价值。 这种行为的背后，实际上体现了拼凑者对现有制度、规则/规范、习俗等条条框框的反固化思维。所谓"反固化"，一是不墨守现行的规则体系；二是具体灵活对待。拼凑行动的内涵如图6-2所示。

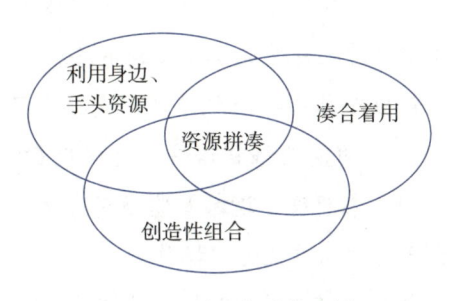

图 6-2 拼凑行动的内涵

如何拼凑（拼凑什么）

资源拼凑可以发生在企业经营的各个领域或环节。只要是在规定期限内完成某项任务出现资源短缺时，都存在资源拼凑的必要。从总体上看，我们可以从拼凑资源的类型角度归纳拼凑可以发生在哪些方面，换句话说，哪些领域可以有资源拼凑的机会。

（1）企业运营的各类投入要素

原材料、零部件、设备/设施等有形资源。在生产组装新产品、改进工艺生产线、提供某种新服务等任务过程中，经常由于时间节点、成本/价格等方面的限制或特殊要求，需要企业经营者通过资源拼凑来克服资源短缺问题，即使这种资源短缺是暂时性的。**很多时候，旧材料、报废的零部件、提取完折旧的设备等并不完全都是无用的。相反，通过恰当处理，这些在很多人看来毫无用处的资源可以成为资源拼凑的合适对象。**

2021年1月7日，特斯拉CEO埃隆·马斯克以1950亿美元身价超越亚马逊创始人杰夫·贝索斯（Jeff Bezos），成为全世界最有钱的男人。

大家对马斯克的评价都是"地球上最可怕的疯子""硅谷疯子""科技疯子"。

他的"疯"，源于他的超前。现在的互联网巨头们研究的，都是他玩剩下的。同时他还是被官方承认的"钢铁侠"原型。

美国发射一次火箭的芯片组成本，约1.4亿元人民币；而马斯克Space X火箭的芯片组，仅用了2.6万元人民币！他不仅成为了世界上第一个发射私人火箭的人，还把火箭芯片的成本降低到不足原来的0.019%！

为什么可以这么便宜？原因之一就是马斯克摒弃了NASA（美国航空航天局）为火箭专门设计的复杂编程语言，直接用C++和Python来编写火箭主芯片程序。人们从未想过，遨游星空是用身边最"接地气"的代码写的，通过任何一台普通的电脑就可以操作。

"用一台普通的电脑就可以编写！""我正在和火箭发射用同一种编程语言！"

外界纷纷惊叹，整个科技圈都沸腾了。

人们从未想过，遨游星空不再这么遥不可及，用身边最"接地气"的代码，也可以触达。

看完马斯克的成长之路，你就会发现，他非常善于借助科技的力量。

劳动力。人工是企业运营中最基本的投入要素，人工短缺在各类工作进程中经常出现。在这种情况下，可以通过向上游，如供应商、下游的买方以及平行单位、左邻右舍，即社会中的其他人员等渠道"划落"人员来解决问题。例如，征集志愿者就是现代社会中常见的一种人员拼凑方式。从这个意义上讲，如果人员拼凑渠道选择得当，往往可以拼凑到较为优质的资源。

这种拼凑也经常发生在同一企业组织之内。例如，项目组负责人以向本单位其他部门借用人员的方式进行人员拼凑。关键是，这样的人员拼凑不是简单的"划人头"，而是拼凑来的人员的确能够发挥部分作用。

技能。在企业组织中，一人拥有多项技能的情况就为技能这种资源的拼凑提供了诸多可能性。基本的方式是采取一人多岗或一人多用。现实中，各类组织（如项目团队中很多人员）由于业余爱好或继续学习等方式，身兼多种才能，尽管这些才能在未加仔细观察时难以发现，但几乎是存在于各种组织环境之中，也成为资源拼凑的主要内容/渠道之一。

数字互联网技术的高速发展和普及应用，为资源拼凑提供了前所未有的机遇。不仅仅可以通过外包等方式完成劳动力资源的拼凑，更为重要的是，人们可以将互联网上层出不穷的知识与信息资源作为资源拼凑的来源或对象。最为常见的形式是：人们可以通过一些搜索引擎（如百度、谷歌等）获取有关的知识或信息，从而完成相关的资源拼凑。有时，这样的资源拼凑产生的效果远远超出早期人们对资源拼凑所认知或期待的功能。

矿产资源勘查是社会经济活动中一类常见且重要的活动，这类活动需要投入密集的资金、技术、人才/知识资源。一个标准的矿产资源开采过程包括"初步发现—初级勘查—详查—试探开采—成规模开采—矿产资源加工"。在这个开发过程中，"初级勘查—详查"是十分重要且投入资源包括时间较多的阶段。详查是在初级勘查所获信息、数据的基础上进行的更为精确系统的调查确认地下/水下资源储量、分布等问题。

加拿大一家矿产开发公司发现：谷歌通过大量卫星拍摄和公开发布的免费地图信息可以作为初级勘查的基本资料加以利用，这样不仅可以大幅降低初级勘查的资源投入，还能节省大量时间。这就促使整个勘查—开发周期的缩短和成本的降低。这是互联网时代资源拼凑产生显著效益的一个典型事例，但远不是唯一的事例。

（2）潜在市场人群

在社会经济现实中，总会存在一些未被企业关注到但又具有需求的个人或组织，这些个人或组织的群体就构成了所谓拼凑的市场资源。"拼凑"通过向这些群体提供现有产品或服务，把处于沉睡状态的个人或组织群体创造为一个特定的市场，这就是市场资源拼凑。

这里所提出的市场资源拼凑，和营销学者长期关注的"市场渗透"不大相同。后者通常是指这样的行为：企业将其经营的产品或服务从一个细分市场拓展到另一个细分市场。例如，把某款儿童护手霜从华南地区市场拓展到东北地区市场。这两个亚市场都是人们已经认识到的总体市场中的一部分。拼凑行动则强调在人们已经认知和规划的总体市场外，拼凑出另一个用户群体。例如，利用老人的护手需求将其纳入产品/服务的目标市场中。

（3）制度/规则/法律等灰色地带

这是一个不那么直观但极其重要的拼凑对象或拼凑领域。有时，人们需要利用"另类的"而不是常规的规则/制度/法律/规范等解决一些迫切需要解决的问题，这也可以视为一种资源拼凑——制度/规则/规范等形式的制度资源拼凑。例如，用一种低于正式标准的权变标准来完成有关零部件的检验或选择，进而完成在常规标准制度下不可能完成的任务。

可以这么理解：上述低于常规的规则/制度/法律/规范等的规则/制度/法律/规范构成了一个这些制度的灰色地带，这个地带在必要时也构成决策者资源拼凑的一个特殊领域。换句话说，人们有时可以将这个地带作为资源拼凑的一个来源。这样的拼凑可以帮助人们突破某些限制，进而完成有关的任务。

例如，降低某个配件的某项技术参数标准，同时延长组装环节的工作时间，由此在规定时间内以更低的成本完成某个新产品的量产。这里就涉及两个制度资源拼凑：第一个是使用了灰色技术标准；第二个拼凑则是使用了灰色用工制度。不难看出：这类资源拼凑的实质是对某些现有制度约束的抵制，准确地说，就是不盲从。

以权变态度对待，同样是由人的态度决定的正式制度。这种资源拼凑的实现首先需要的不是发现资源的能力，而是破除约束的能力或意识。也就是说，**所有的资源拼凑都需要有破除既有认知约束的能力，而在拼凑制度资源上，这种能力的意义尤为突出。**

4. 两类拼凑模式

系统型拼凑

所谓"系统型拼凑"，是指企业组织在其经营的各个方面都坚持以资源拼凑的模式完成预设目标。可想而知，这种模式将使得企业组织形成应对资源贫乏的巨大能力。在某些宏观环境中，这种模式是企业生存与发展的重要依托。例如，在一些发展中国家，由于资金、人才、技术等多方面的资源贫乏，这种环境下的企业需要在各个方面采取资源拼凑的方式来摆脱资源贫乏的束缚。

系统型拼凑一方面依赖于企业组织主要领导者的能力和偏好，另一方面又将对企业组织的发展战略、组织结构、企业文化等产生影响，使企业更加依赖于拼凑行为。虽然由这些因素共同支撑的系统型拼凑可以帮助企业适应严酷的外部环境，但很多管理学家提出：这类资源拼凑也会将企业的产出即供给，限制在较低/较为粗糙的水平上。因此，想提升其供给水平的企业应该避免使用这种类型的资源拼凑。

选择型拼凑

所谓"选择型拼凑"，是指企业组织在某些特殊的任务实施过程中通过资源拼凑来实现有关目标，但在其他方面，则依照事先设计或规划的路径、方案、要求来实施相关工作，推动任务进程直至任务完成。

可见，这类模式是把资源拼凑作为一类补充性措施导入总体发展路径中的。在条件具备或基本具备的情况下，严格按照规划或设计方案的规定、要求开展相应的工作。但当在给定的期限内存在严重的资源短缺时，人们也绝不能消极等待或放弃任务目标，而是要立即通过高效的资源拼凑推动工作进展直至任务完成。

在这种模式中，资源拼凑被局限在暂时性、局部性的工作开展中，因此，这种拼凑行为更多地依赖于管理者的个人能力与意识。企业组织的整体战略、组织建设、能力开发、文化定位等并不受资源拼凑行为的影响。

5. 拼凑素养

既然资源拼凑是科创企业/高新技术产业化过程中不可缺少的一类行动，我们自然要提出这样的问题：什么样的人具有高超的资源拼凑能力？通过理论演绎和实践观察发现，拼凑素养来自以下几方面的要素。

习惯 —— 永远立足于主动

拼凑素养的首要支撑来自一种习惯，即"立足于主动"。简洁地讲，资源拼凑行动首先来自强烈的意识，即永远都不被困难牵着走，而是尽一切可能掌握主动。

享誉全球的成功学权威、美国哈佛大学商学院教授柯维指出：成功者之所以成功，就在于他们都锻造出了一些共同的内在习惯。在其《与成功有约》一书中系统阐述了成功者的七种习惯，其中，位列第一的就是"立足于主动"。

柯维的解释是：所有的平常人士对于外界加诸于他们的刺激，如赞扬或赏识、批评或藐视等，所做出的反应基本上是由刺激的性质决定的，赞扬我，我就开心；批评我，我当然会抵触。更一般地讲，遇到顺境自然就舒畅，遇到逆境当然就会退缩自我保护。

成功者则截然不同，他们对于所遭遇的各种外部刺激做出何种反应，选择权永远掌握在自己手中。换句话说，他们绝不会被困难甚至是巨大的困境本身所牵引，而是根据自己的目标、判断对外界刺激做出回应。资源拼凑就是在资源短缺这种外界刺激下可以选择的回应之一。拼凑能力的首个要素——立足于主动,如图 6-3 所示。

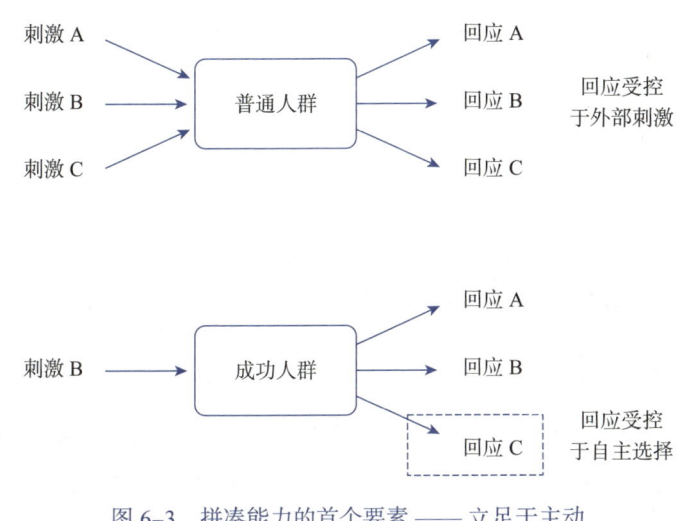

图 6-3　拼凑能力的首个要素——立足于主动

心智——变通与开放

资源拼凑素养的第二个要素是一种特定的心智:变通与开放的智慧。当面临资源拼凑需要时,其实每个人都有一个"身边或手头可以加以凑合着使用的零碎物件",但能否将这些客观存在但有诸多缺陷的东西视为可以利用的资源包(repertoire),则需要变通与开放的心智。**这种心智形成的最重要前提,就是不为固定的制度、规则、习俗等所固化或抑制的思想境界**。凭借这种心智,管理者可以在必要时根据其环境状况快速形成可用的资源包。

执念——咬定目标不放松

资源拼凑素养的第三个要素是执念——明确方向,然后咬定目标不放松的毅力与意志。由于始终明确终极目标或要解决问题的本质是什么,管理者就可以根据努力的方向,在其内心形成衡量判断某物是否有用的标准或准则。

> 资源拼凑失败或行动低效，即行动者无法快速发现、接受原本可以对终极目标有用的东西作为替代资源，很大程度上是行动者的思想受到有关孤立的条条框框的约束限制。所谓"孤立"，是指脱离了终极目标的方向，就事论事地使用有关制度、规则、条例、标准等。

三、以"随机应变"克服计划盲区

1. 两类计划盲区

即便最系统精确的商业计划在实施中，也会出现两类实践或行动区间，而在这样的区间上计划无法产生指引作用，这就是计划盲区。

计划盲区1：创业活动或企业运营进入所谓无法预知的环境

任何企业的外部环境都是不确定的，并且不确定的程度和性质有所不同。由于风险就是不确定性，因此，企业经营的外部风险就存在不同类型，如表6-1所示。其中，第3类风险即不确定性，称为奈特型风险（Knight uncertainty），即不仅某个现象如市场容量是随机的，并且其概率分布函数也是未知的。例如，一个基于突破性技术开发的全新产品，其市场规模就属于这种情况。在这种情况下，人们无法根据数学模型对市场前景进行预测，也就无法对有关的行动，如资源开发，进行计划。这就出现了第一类计划盲区。

表6-1　3类不同性质的风险/不确定类型

风险/不确定类型	第1类	第2类	第3类
特性简述	不确定事物出现的概率分布确定且已知	不确定事物出现的概率分布确定但未知	不确定事物出现的概率分布尚未明确

计划盲区 2：战术实施中的计划空窗

即便创业者根据商业计划原理和方法分析制订了一个系统的商业计划，但这并不代表创业者的全部行动都得到了计划指引。因为任何商业计划都是围绕既定的主题、为实现特定功能（如股权融资、业态构建等）而展开的，这些主题并没有也不可能覆盖所有的创业活动。例如，为实现各个主题而开展的战术性活动。如果这些活动面临的环境含有奈特型风险，那么这类活动具有双重盲区特征。

归纳而言，两类计划盲区的共同特征：第一，由于环境含有奈特型风险而无法预测，使得制订计划的基础工作——环境预测无法有效开展；第二，资源约束特别是时间资源约束严格，这同样使系统性的计划工作无法正常开展。

> **特别提醒：**
>
> 对于计划盲区中的活动即运营实践，"奏效逻辑"理论提供了一个有积极意义的计划替代手段，对于创业活动的指引具有独特意义。

2. 奏效驱动：做一个随机应变的奏效者

萨拉斯瓦西（Sarasvathy）的发现

萨拉斯瓦西是一位美国学者，她在实用主义哲学、有限理性决策行为等理论逻辑基础上，提出了一个较有影响的创业行为理论——奏效逻辑理论。这个理论首先揭示了客观存在的创业决策行为；其次，肯定了通过奏效逻辑指引决策的合理性，由此对进入计划盲区情况下的创业行动策略提出有价值的指引。

萨拉斯瓦西提出，在计划盲区情况下，合理的创业行动过程——奏效行动过程可以概括为三个阶段：第一，有资源识别/自我判断；第二，产生某种不可预知的效果或结局；第三，调整创业预期。萨拉斯瓦西进一步解释：创业过程起始于创业者根据既有资源包括个人想象形成初始意向或预期，这个预期可以理解为某个较为模糊或非结构化的愿景 V_1。

由于对环境的无知，决策者并不知道这个初始意向或预期是否切合实际、能否实现，这个意向或预期的形成，建立在创业者充分考虑自己可承受的损失和风险之上，尽可能寻找战略伙伴并寻求他们的理解与支持，通过这些主观/客观努力，决策者控制和利用创业过程中出现的偶然性、不确定性和意外事件。

在这种情况下不存在计划形态的愿景、目标和路径，但这并不重要，创业者可以由此出发开展的行动包括试错实践来向前迈进/挪动。行动/实践的结果使创业者能够看出初始意向或预期能否实现以及是否合理。如果创业者此前的意向或预期未能收到令人满意的效果，那么创业者会根据新的既有经验把愿景 V_1 调整为愿景 V_2，然后进行新一轮的实践。

这样的"行动—效果检验—调整—再行动"的过程就是开放的创业过程。与计划驱动的过程相比，这个过程的最大特点就是：以风险可控为基本原则的愿景生成、决策并行动、结果/结局观察、愿景再调整的过程，这个过程将伴随创业绩效的不断取得、创业过程得到推进，可以使企业/团队能够走出计划盲区而不是深陷其中。

奏效行动三部曲

从严格意义上讲，**"奏效行动"是一种在特定的不确定环境下开展企业运营的行动逻辑，或者行动策略**。这个逻辑或策略的顶层思维是：当遇到完全无法预测的生存环境时，则以自己的能力为起点，做力所能及的事情，由此将企业往前推进，这就是唯一合理的选择。

无论将其视为逻辑还是策略，受其指引的行动的目标都是生存，即以企业的生存为行动的首要准则。这在一定的环境和企业发展阶段是合理的。因为失去生存机遇，其他一切发展策略都没有意义。

按照这样的逻辑，奏效行动的过程主要由三个阶段组成：检视—调整

（愿景定位／目标／战略等）—行动（即兴行动），如图 6-4 所示。第 3 阶段行动的成果又成为下一阶段检视的依据。

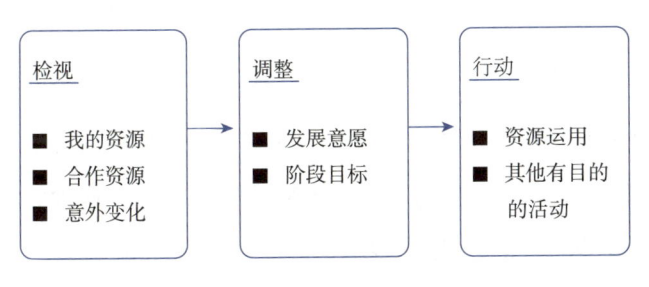

图 6-4　奏效行动三部曲

（1）检视

检视是奏效行动的起点环节。这个行动的目的十分明确：检讨和确认"我有什么？我的能力如何？"这些问题。具体检视的内容有以下几个方面：

第一，我的资源。"我有什么样的资源？"这是奏效行动的第一步。略知兵法的人都知道"知己知彼"一说。这个检视就是对"己"的一个重要认知和判断。具体地讲，这里的资源检视包括以下几点。

我（们）是谁（Who I am）？这是对我（们）自身属性的一个基本判断。这个问题的核心是围绕我（们）内在特质的检视，主要的内在特质包括人格／团队特征、品位、能力等。个体做出的这个判断不一定都对，但这个判断应该是行动的起点，事实也的确如此。

我（们）都懂些什么（What I know）？我（们）的知识特别是专业知识如何？拥有哪些经验？接受过什么样的教育或训练？拥有什么样的专长？等。

我（们）认识谁（Whom I know）？我（们）有什么样的社会关系资源？

我（们）能看多远（嗅觉力如何）（My imagination）？嗅觉力能够使人对尚未出现的事物及其影响、形式变化的趋势形成认知与判断。对这种能力的检视也是影响人们形成某种愿望的重要因素。

第二，合作资源。合作资源主要是指能够为创业企业／团队提供其所需资源的各类主体，如原材料供应者（垂直合作者，提供输入性资源）、互补产品提供者（水平合作者，提供配套性资源）、顾客（市场端合作者，提供资金资源）等。

这些合作主体构成了创业企业／团队的关系网络。这个网络的存在将降低创业决策者对环境认知的模糊性，即这个关系网络的各个主体对创业企业／团队做出的承诺将降低环境的不确定性。因此，这种关系网络的改变，即壮大或萎缩，将会对决策者的信心产生重大影响。

第三，意外变化。这里的意外变化是指决策者预知／判断之外出现的新情况。"意外"仅仅是指出乎行动者预测之外的变化，本身并不含有积极或消极含义。这种意外可能对行动者不利，但也有可能蕴含着积极的机遇。无论哪种情况，都要求创业者对其资源状况、愿景定位、行动目标、策略等做出调整。这些调整也是建立在对意外变化的快速、准确判断的基础之上。

（2）调整

这里的"调整"是指创业决策者根据变化的环境、自身资源的改变以及上一期愿望实现情况等权变因素，动态确定其下一阶段行动的总体愿望，即总体发展目标。目标则是指人们想要获得的成果或结果，如新企业、市场份额、销售收入、竞争优势和品牌影响等。

奏效逻辑导向的创业者对于超出预料的情况持一种开放态度，他们会将这种"意外情形"视为机会而不是问题，更准确地说，视此为一种常态，并对其做出迅速反应，主要是愿景、目标、路径选择以及行动方面的调整。有许多管理学者将这样的态度和行为称为"即兴行动"。

作为下意识同步反应的即兴行动，奏效逻辑与即兴行动密切相关。即兴行动是即兴创作本能（improvise）驱使下的随机行为。越来越多的人注意到：由于技术、经济乃至文化等多重因素影响，组织环境日益多变复杂，导致呈现出所谓乌卡（VUCA）特征，即易变不稳定（volatile）、不确定

（uncertain）、复杂（complex）、模糊（ambiguous）。

在这种情况下，企业组织中管理者的即兴行动对组织绩效具有至关重要的作用。前者是指组织成员超越单纯的执行某个计划或战略，并且在计划或战略框架下根据瞬息多变的情况做出瞬间最佳应对。这种即兴行为的基本定义是：根据外部变化瞬间调整计划，几乎同时展开执行计划的行动，然后快速产生效果，再进行瞬间调整……

一位著名的美国篮球职业联盟球星是这样谈及对即兴行动的理解的：

我在场上的目标非常明确：尽最大努力在每个回合得分。而对手的目标正相反：阻止我们成功得分。在教练布置的战术下我们展开各种实施行动：跑位、挡拆、佯攻、出手，与此同时，对方则想尽办法阻止我们，他们会采取各种意想不到的行动来破坏我们。当我组织进攻时，每分每秒都需要在观察、变化、行动中不断切换，我的很多动作在大多数情况下几乎就是下意识地做出的，我们越是进入这种即兴而为的节奏，就越有成功的可能，反而任何迟疑、等待、思考都会导致失败！

同步行动本能或者即兴行动技能可以通过不间断有意识的学习、训练来培养和强化。

（3）行动

行动是运用可以利用的资源，为实现既定目标或获取想要的结果而开展的活动。由于可以利用的资源以及阶段目标往往会出现意外变化，因此，**奏效逻辑下的行动就常常是一种"随机而变"的即兴行动**。这也就是本章所指的"计划之外的行动"。

第四部分

组织进化 —— 成为真正的链主型企业

第7章　从配套到链主的跨越

一、困境解析：越努力，越下陷

在中国，建立在科技创业／高新技术产业化基础上的科创型企业、高新技术企业，通常都承载着政府和社会的重望。这是因为国家不仅在这些企业的发展上投入了巨量资源，如前期的巨量研发投入、中期的专项投入以及企业化后的以补贴、优惠税率为基本形式的政策倾斜等，而且通常将供给侧结构性改革、解决"卡脖子"问题、实现在新兴领域的赶超等特殊使命赋予了这类企业。

我们在芯片、新型能源、网络安全等领域已经见到这样的情况，并将继续观察到这样的投入与期待。在这里，人们对这类企业有一个广泛认同或者默认的使命，就是这类企业可以且应当成为各个领域中有巨大影响力的企业，也就是近年来人们高度关注的"链主型企业"。

在新一轮全球分工体系重组中，这类企业是保障我国经济体系健康运行并形成国际竞争优势的重要微观基础，以至于培育构建这类企业被上升到国家战略的高度。因此，科创型企业／高新技术企业的使命中也包含了打造链主型企业这一国家战略所对应的职责。

然而，经过科技创业／高新技术产业化历程形成的企业组织，在实际履行上述使命方面做得并不够完善。许多这样的企业在创造 GDP、吸纳就业、填补国内空白（进口替代）方面取得突出成绩，但这种成绩与上面提到的企业使命并不相关。**营收、资产规模、产品升级等方面的成绩**

并不代表这类企业形成了高水平产业影响力,使之可以成为链主型企业。

> 高新技术企业即便取得了优异的经营业绩和产品优势,也不代表它们能够形成和发挥产业的影响力,尤其是国际供应链体系的影响力。有时,它们甚至可能成为被影响者而不是影响者,也就是远离而不是接近成为链主型企业!

一个基本的现实

一个基本的现实:我国的经济与科技,从总体上看仍然处于模仿、赶超发达国家的阶段。我国企业嵌入全球经济体系仍然是以提供配套产品为基础。我国的配套型机电产品虽然在全球产量中占据显著地位,但仍以附加值偏低的产品为主,这就是迄今我们仍然只是制造业大国而不是强国的真实含义。

从这个现实出发,人们更需要考察解决的问题是:<u>一个位于配套型位置的企业如何进化为链主型企业?或者说,有哪些路径可以促成一般意义的配套型企业进化为链主型企业</u>?因此,这里分析的是进化而不是泛泛的培育策略。

但当科创型企业/高新技术企业的决策者们未能了解和掌握这样的路径时,我们完全不能排除这样的情况:他们工作越努力,企业的销售额、资产规模越大,这些企业在微笑曲线上的位置反而越下陷,离成为链主型企业越远。

二、三条跨越路径

从简单的配套型企业进化为链主型企业,也就是从低影响力的简单配套企业跃为高影响力的企业,有三条跨越路径,如图 7-1 所示。

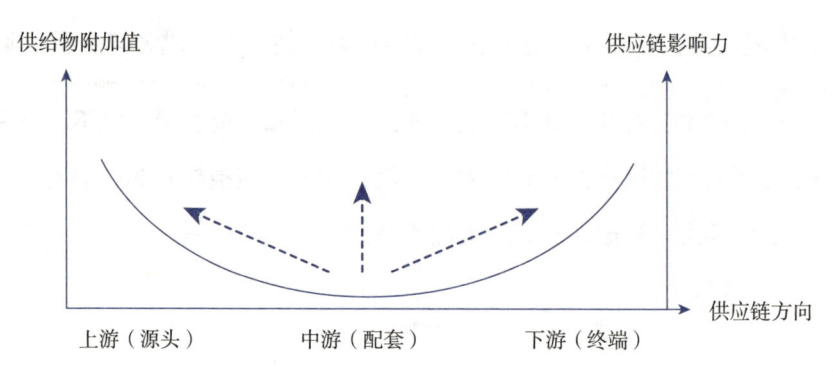

图 7-1　从低影响力的简单配套企业跃为高影响力企业的三条路径

1. 左向跨越——从简单配套型企业跃往控制型链主企业

左向跨越，就是从简单配套型企业向供应链上游跨越，跃往可辐射或控制分布于全产业链中下游企业的"控制型"链主企业。这种控制建立在对中下游企业重要投入要素的供给上。这种投入要素包括但不限于嵌入配套件、最终产品中的核心材料、支撑全产业链企业运营的关键工具和设备等。这种面向全产业链企业产品或运营的嵌入性和支撑性，使这类链主型企业也可称为"源头型"企业。

2. 右向跨越——从简单配套型企业跃往生态型链主企业

右向跨越，就是从简单配套型企业向供应链下游跨越，跃往面向终端消费者的"生态型"链主企业。生态型链主企业的本质含义在于，这类企业通过所谓"供给进化"从而实现了针对其顾客的价值创造进化，这种新型顾客价值使供方企业具有传统企业难以想象和企及的市场影响力，凭借这种对终端市场的影响力，这类企业自然就具有针对其供应链企业的巨大影响和控制。

3. 垂直跨越——从简单配套型企业跃往隐形冠军型企业

垂直跨越，就是从简单配套型企业跃往隐形冠军型企业。这类企业有两个基本特征：从外部看，向广域下游企业提供难以替代的配套产品；从内部看，通过高度的业务归核化形成规模不大但高度专业化的核心业务。这种"黑洞"般隐秘但又具有强大市场驱动能力的企业有一个流行于业界的学名——"隐形冠军"。这类企业凭借其在某一细分产品上强大的制造能力，能够对其上下游企业产生一定的影响，可以称为"驱动型"链主。

三、以"开放模式"跃往真正的上游

1. "居高临下"：上游的真实定义与业态实质

产业链上游是指这样的企业群体，它们研制销售不可或难以替代的"源头"供给。**所谓源头供给，是指位于产业供应链最上游、服务或支撑中游产业乃至辐射全产业链的供给要素**，按其对产业的影响或作用方式可以划分为两大类：一是间接辐射型上游企业；二是直接辐射型上游企业。

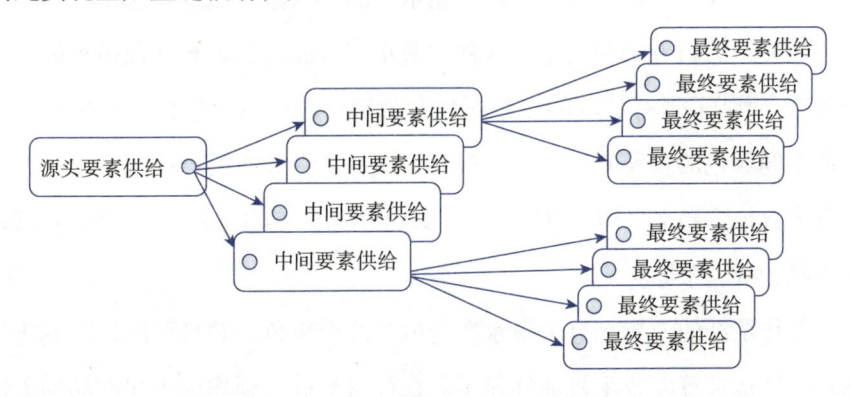

间接辐射型上游企业

间接辐射型上游企业通过其供给作用于中游企业的运营，这些供给的基本形态包括设备、原材料等，中游企业也就是配套型企业的产出中就包含了上游供给的要素，上游供给通过中游企业的产品/服务再辐射到下游，由此实现全产业链辐射，如图 7-2 所示。

图 7-2　间接辐射型上游企业的作用方式

由图可知，在间接辐射型上游企业中，其供给作为源头要素，嵌入中游企业的产品之中，后者的形成难以离开来自上游企业的这种源头要素。这种依赖关系就是间接辐射型上游企业的基础所在。下面的两个例子揭示了这种源头要素嵌入。

氢能源电池中的过滤材料

氢能源是一种十分理想的清洁能源，其具体的应用产品就是氢能源电池。这种电池的原理是：通过电解水的逆反应将氢和氧分别供给正极和负极，通过正极向外扩散发生反应，通过外部的负载到达负极，形成能量并将能量储存起来。氢能源电池也被很多专业人士称为小/微型"氢能源发电装置"。目前，氢能源电池在世界范围内尤其是日本、美国等发达国家得到大力开发和应用。

从产业链角度看，这种电池本身属于中间产品，它需要嵌入到各种终端用电产品，如汽车、飞机、高铁，或者各种终端用电场合，如家庭电力系统、岛屿发电设施、食品冷冻装置等。

在氢能源电池内所需要的一种电解水的逆反应是必须的过滤材料，通过这种过滤材料将氢和氧分离，再将这些氢和氧分别传递到电池的正极和负极，在特定回路中产生电流。**这里提到的"过滤材料"就是"源头供给要素"**。

新型显示产品中的电子墨水

另一个源头材料的例子是新型显示产品中的电子墨水。这是一种革新信息被显示的新方法和技术。这种"墨水"表面附着很多体积很小的"微胶囊"，封装了带有负电的黑色颗粒和带有正电的白色颗粒，通过改变电荷使不同颜色的颗粒有序排列，从而呈现出黑白分明的可视化效果，看起来像多数传统墨水一样，电子墨水可以打印到许多物体表面，如弯曲塑料、聚脂膜、纸、布等。

与传统纸的差异是电子墨水在通电时改变颜色，并且可以显示变化的图像，即像计算器或手机那样显示。这种材料嵌入到作为中间产品的柔性显示屏中，后者再整合到各类最终产品中去。

在上述两个例子中，基于源头要素的产业辐射如图 7-3 所示。

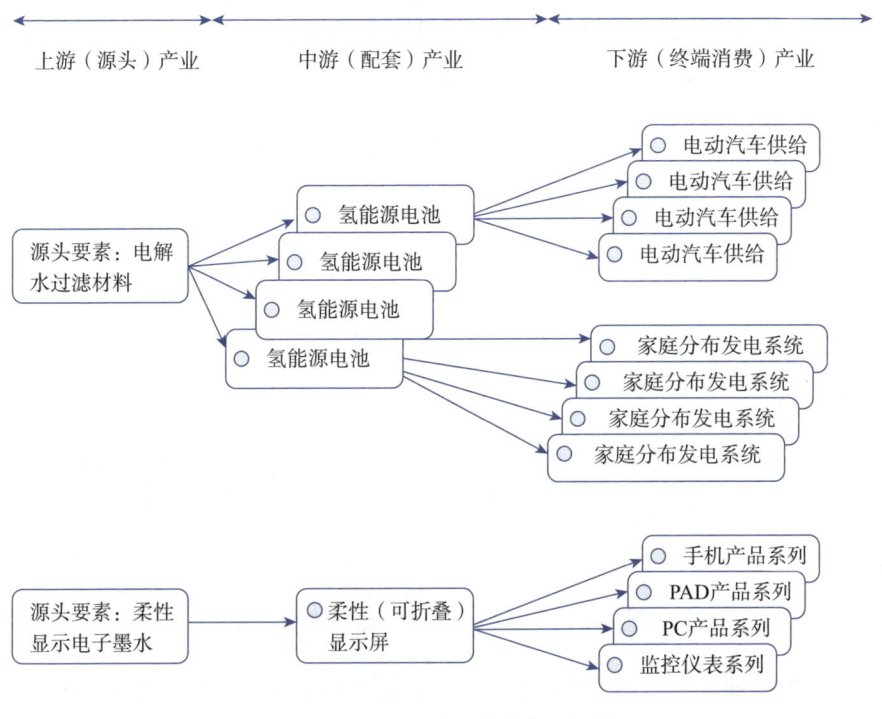

上游（源头）产业	中游（配套）产业	下游（终端消费）产业

源头要素：电解水过滤材料 → 氢能源电池 → 电动汽车供给 / 电动汽车供给 / 电动汽车供给 / 电动汽车供给

氢能源电池 → 家庭分布发电系统 / 家庭分布发电系统 / 家庭分布发电系统 / 家庭分布发电系统

源头要素：柔性显示电子墨水 → 柔性（可折叠）显示屏 → 手机产品系列 / PAD产品系列 / PC产品系列 / 监控仪表系列

图 7-3　基于源头要素的产业辐射

直接辐射型上游企业

直接辐射型上游企业将其供给直接作用于包括上游组织在内的全产业链企业的生产运营。这类供给包括但不限于辅助设计软件系统、企业 ERP 系统、某些通用检测设备等。

SAP 公司是一家成立于 1972 年的德国企业，该公司是全球企业管理软件系统的主要供应商。今天，SAP 公司服务于 15 000 多家中国企业，覆盖 94% 的全球 500 强企业。该公司提供的企业综合管理系统已经成为辐射全产业链各个区间，企业开展运营全过程管控的主要系统平台。后者提供的支撑性服务像中子一样穿越上游、中游、下游。

类似地，像阿里巴巴的云服务也具有同样的上游供给特征。

位于产业链/微笑曲线上游的"源头型供给"相比中游的配套型供给和下游的终端型供给，需要开展更为密集的科研开发活动，以确保其供给具有辐射性以及低/不可替代性。上述氢能源电池过滤材料、电子墨水、ERP 系统以及云服务系统等产品或服务的经营，都建立在远比其他企业更为密集的科技开发活动/资源投入的基础之上。直接辐射型上游企业的作用方式如图 7-4 所示。

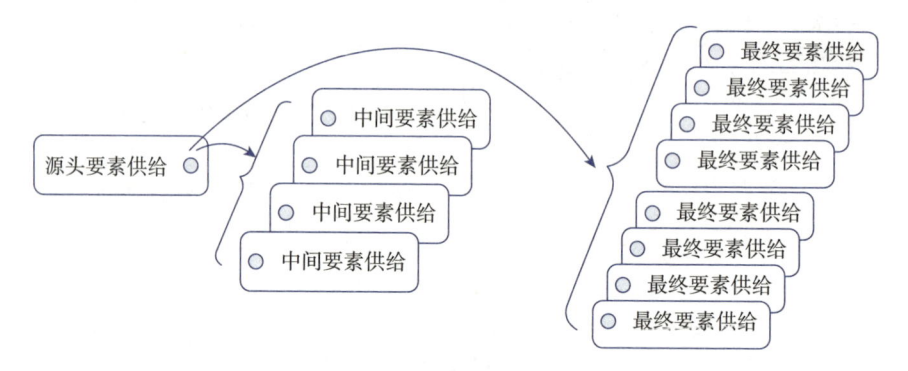

图 7-4　直接辐射型上游企业的作用方式

更准确地说，提供这类供给的企业，其研发活动占其总体经营活动的比例远高于其他类型企业，以至于在很多方面，如其内部组织结构、人员结构、管控体系乃至组织文化，都与中下游企业具有显著差异。这种研发型企业的健康发展需要高度关注一种称为"开放型"的商业模式，简称开放模式。

源头供给主要产生于研发业态，这种业务的供给形态主要是具有高技术含量的核心材料，如特征性芯片，或关键工具如核心设备或工业软件等。这些供给是其目标顾客在其生产经营中无法缺少的，后者也难以通过其他供应商获得同等性能的供给。

2. 何为"开放"？为什么要开放

科技研发业务的天敌：周期、成本与回报的不确定性

稍微了解科技研发的人都知道，与企业从事的已经规范化的产品/服务经营业务相比，科技研发活动具有高得多的不确定性。由于工艺体系、管理控制等方面的支撑效能，常规化产品/服务的生产或运营周期、成本、定价等均为确定事项。但科技研发活动不同，虽然这类活动都有明确的目标、时间和投入预算等规划参数，但科技研发活动能否实现目标、实际完成时间、实际使用的资金等都很难准确预测/预定。

归纳起来，科技研发活动的周期、成本以及回报都具有较高的不确定性，这导致大量企业无法或不愿开展必要的科技研发活动，这样的决策选择注定使该企业无法提供"源头型供给"而跻身上游产业。

任何一项科技研发项目都需要分解为若干个子项目，每个子项目又都可以划分为若干个专题。一个总体项目的研发周期是由各个子项目的研发周期决定的，后者又取决于子项目中各个专题的完成时间。研发项目的构成如图7-5所示。

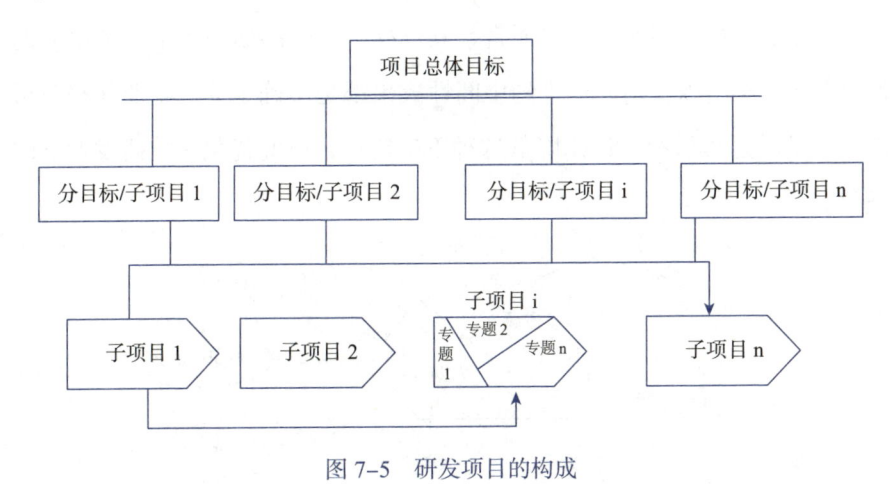

图7-5 研发项目的构成

专题研究是科技研发的基础环节。在这个环节上，科技人员需要开展相关研究并形成专题研究成果。我们把前者称为支撑性研究，后者称为中间性成果。这意味着：任何一项科技研发项目都可分解为若干子项目，后者又再分解为若干专题科研，也就是支撑性研究或过程性研发，通过支撑性研究，各个子项目又将产生若干项中间性成果。

这些成果可以有各种形态，包括但不限于无形的数据参数、有特定功能的程序代码、化学成分/分子式、特定的工艺等，或有形的具有特定功能的某种材料、芯片、电子电路等。这些中间性成果并不完全属于科技研发的预计目标，其中一些也不在人们的预知范围内。**对于这些中间性成果，有的企业会组织专利申请，但有的则并未予以关注。**

在全部子项目研究的基础上形成的项目最终成果为 ×。× 有可能满足立项时的计划目标所提出的要求，如性能参数、可靠性水平等，但也有可能不满足。在传统的企业研发模式下，如果 × 未达到目标要求（例如，× 作为一个样品，其参数未达到预先设定的要求等），企业就会认为研发工作失败了，这意味着科研投资无法产生预期的回报。当大多数研发工作均有较高的失败风险时，传统意义上的研发工作的绩效就很难得到保障。

由图 7-6 可知，科技研发活动与一般意义的企业运营活动的根本区别就在于：对每一项研发项目而言，其过程中发生的面向各个专题研究的研究投入/支出以及由此产生的中间性成果都是不确定的。企业几乎不可能通过某种过程管控手段来降低这种不确定性，以此优化科技研发业务的绩效。

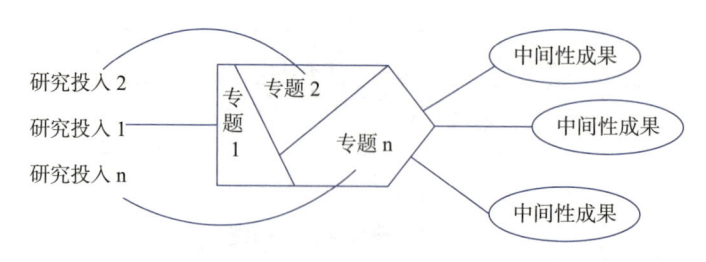

图 7-6 子项目 i 的中间性投入与成果

何为开放：将中间/过程性成果交易化

上述不确定性有一个显著的前提，即支撑研发总体目标的所有子项目研发活动都是封闭在企业之内的，这种封闭有两个主要特征：

一是子项目中针对各个专题研究（过程性研究）的资源投入（如人力、

物力、知识、信息等）都来自企业组织之内。

二是各个子项目/专题科研形成的中间性成果也基本/完全保留于企业之内。在传统研发模式下，这些中间性成果往往以"技术档案"的形式归档保存，有些情况下甚至还具有保密期，需要加密管理。在图7-7中，由子项目研发所产生的过程性投入和中间性产出/成果封闭于企业组织之内。

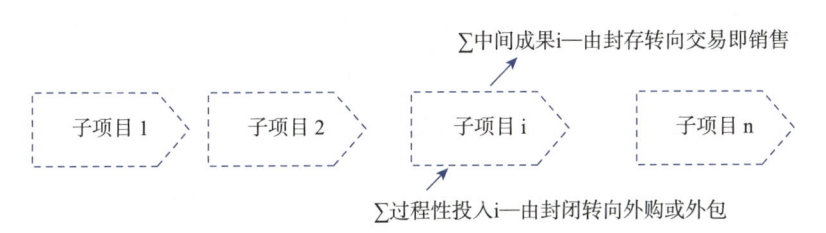

```
                         ∑中间成果i—由封存转向交易即销售
                                    ↗
┌─────┐  ┌─────┐  ┌─────┐      ┌─────┐
│子项目1│  │子项目2│  │子项目i│ ...  │子项目n│
└─────┘  └─────┘  └─────┘      └─────┘
                         ↘
                         ∑过程性投入i—由封闭转向外购或外包
```

图 7-7 "开放型"研发的两个方面

实际上，随着整体经济的发展和市场竞争的加剧，一方面，企业的新技术研发周期在大幅缩短，**任何一个研发项目都需要在子项目层面加快研发进程以缩短研发总周期**。如果存在外部效率更高的资源或现存成果，那么通过外包甚至直接外购获得过程性投入，将不仅降低研发成本，还可以显著提升对总体研发周期的控制。

另一方面，由于各个企业以及组织内研发团队研发活动的增加，从整个社会角度看，各种各样的"中间性成果"呈非线性增长，但在传统封闭模式下，这些中间性成果基本上都被封存于组织之内。如果将这些成果选择性交易（销售），那么不仅企业可以提升自己的研发业务收益，而且可以支持企业的研发业务，实现双赢乃至多赢。

> 所谓"开放"，是指将企业科技研发过程中的过程性研发和中间性成果对企业外部开放，具体地讲，就是通过交易获得或销售企业所需的科技成果和企业拥有的科技成果。

当然，开放型模式并不是将企业所有的中间性成果不经选择地全部销售，也不是所有的子项目所包含的专题研究均采取外包或外购形式完成。

前者会对企业的核心技术优势产生威胁，后者则不大可能获得全部所需的成果，因而，这样的交易更可能由于搜索成本、交易成本等过高而不经济／划算。

开放途径 A：直接外购或外包开发非核心科技成果

如上所述，由于企业研发活动周期与成本的不确定性主要产生于各子项目的专题开发研究，因此，作为科技研发的最基本单元，这些环节的研发活动可以通过开放——外包或直接外购有关科技成果进行进程加快与成本控制，由此显著降低总体研发的周期不确定性。

企业科技研发活动对外开放的主要部分是企业的非核心领域，或者，即使属于企业的核心领域，但企业现有资源也无法有效解决的部分。此外，将这样的研发活动对外开放，还需要可靠的外部资源／成果这个前提条件。在很多时候，企业的某个专题研发所需的支撑性成果并不存在，但存在与此相关的科技成果包括构思、原型以及适用于其他领域但具有启发性的科技成果，这些都可作为交易的对象纳入企业研发开放的领域并由此获利。

总体而言，针对企业科技研发过程中的子项目专题研发，直接外购或外包开发非核心科技成果，不仅可以降低总体研发周期的不确定性，还可降低总体研发成本。

开放途径 B：外销非核心科技成果

使科技研发有利可图的另一个更为重要的开放途径，是将总体研发过程中形成的有关中间性成果也包括最终成果通过特定渠道对外销售，将原本封存的具有潜在价值的各种研发成果通过开放交易为企业创造收益。

这种开放途径即销售本企业的有关科技成果的基本前提，是外部环境中存在对这些科技成果感兴趣的潜在买家。如上所述，科技研发企业竞争力的影响加剧，以及市场环境对企业科技研发周期日益严峻的限制，均对这种买家的形成产生刺激。

当企业以这种方式开放其科技研发业务产生收益，并且这种收益占其总收益的比重增加到一定程度时，也意味着该企业业务从传统意义的制造、服务、中介、批发/零售商等转向了设计发明业务，即以出让知识产权为主营业务的企业。在产业供应链上游领域，这类企业占据着重要地位：它们以开放模式运营其科技研发活动并以此获得巨大的利益。

3. 进化为开放模式的内、外部条件

作为一种阶跃，<u>一个传统企业尤其是位于微笑曲线底部的配套型企业或低附加值终端产品经营企业，要想成为居于上游的"源头型"企业，需要创造一系列条件</u>。

内部条件

开放型运营模式将从根本上消除传统企业在开展科技研发活动中遇到的重重障碍，但导入和应用这种模式本身，需要企业具备或创造一定的条件。

有一定辐射能力的核心要素/技术、产品或服务

首先，该企业需要拥有某个或某些具有一定辐射能力的核心要素，包括但不限于：①产品，如某种特殊材料、系统、设备等；②服务，如咨询、策划等；③技术；④品牌；⑤人才。这些核心要素对产业链的一部分企业具有一定的影响。这是企业跃往上游的最基本条件。当企业具备上述核心要素的某一类，如人才要素时，也可通过并购、联合等方式快速构建其他要素，以便夯实这一跨越基础。

组织体系的调整变革与创新

开放型企业具有与传统企业本质上不同的组织体系，这里所指的"组织体系"有两个基本含义。

第一，职能体系的重构与创新。

这涉及企业需要打造新的职能部门、团队或平台。例如，在市场前端打造技术成果经纪团队，或支持技术成果交易的支撑团队；企业运营的主

体则是项目型团队体系，这些团队以动态化研发项目为载体，聚合不同专业、承担不同职责的专业人员和支撑人员，形成相对独立的运营组织，这些组织不仅具有较高的自主权，甚至有可能是一个模拟企业组织。

为了支撑这些团队的高效运营，企业还需要构建外包支撑平台并开发相应关联技术，如数据联络、议题管理、反馈意见/解决方案的评估与整合，人工智能技术为这些支撑业务提供了历史性机遇。

第二，导入和强化新型管控体系、制度以及新型企业文化。

开放型组织的业务线划分、业绩影响因素KPI、核心人员构成以及主营业务的活动属性等，均与传统意义企业存在巨大差异，为了有效促进这类企业的高质量运营，就需要系统重构这类企业的管控体系，包括相应的制度、规范。

例如，有些企业选择开放型模式，但对研发人员个人或团队的考核还是发表论文或申请的专利等，这种导向显然不利于具有商业价值的中间性成果的形成与交易。特别重要的是企业组织的文化重建。这个文化的核心，是对观念创新行为、合作共赢思维以及追求极致的包容和鼓励。

固化商业模式

在核心资源再定位、组织体系重构等基础上，企业需要将这样的运用模式固化为一种商业模式。 这里的核心，一是导入和固化新的针对特定对象的供给方案，也就是完整的源头型供给方案；二是培育出新的盈利点组合，也就是逐步形成并将有关的中间性成果纳入盈利点序列，包括确定补贴业务、定价原则与市场推广策略等，由此形成开放型商业模式。

外部条件

显而易见，开放型模式的运营也需要一定的外部条件，最主要的条件就是围绕技术成果交易的所谓"中间市场"的培育与完善。这个特殊市场的行为主体包括技术成果的买/卖双方、技术成果经纪机构/人、有关的服务机构，如第三方评估机构、抵押担保机构等。

开放型与封闭型开发模式的比较如图 7-8 所示。

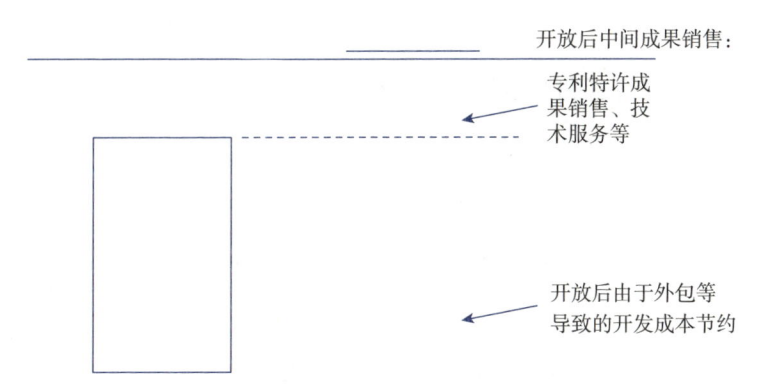

图 7-8　开放型与封闭型开发模式的比较

（参见 Henry Chesbrough《开放型商业模式》）

四、垂直跨越——从简单配套型企业跃往驱动型链主企业

1. 小体量，巨市场

所谓垂直跨越，是指企业虽然仍驻留在产业供应链的中部位置，即维持其配套型企业的角色不变，但其提供的配套型供给具有显著特色和技术优势。虽然同为配套型企业，**但这种企业由于其产品/服务的不可替代性，因此具有很高的产业影响力，具体地讲，就是对下游终端产品生产企业的高影响力。**

虽然拥有对其顾客端的影响力，但由于其产品嵌入于最终产品之中，这类企业往往不为终端市场消费者所知晓，加上这类企业通常高度专业化，其资产体量也不够巨大，因此，这类企业往往较为"隐蔽"。

2. 主要策略

定位于终端产品的关键配套者

由于供应链两端企业产品的溢价能力即产品附加值较高，简单配套型企业在利益驱使下具有向两侧转移的本能，但由于向上游转移，首先需要

325

技术积累即密集的知识、科技资源，因此更多的简单配套型企业会选择向下游转移。

例如，生产灯管和灯泡等照明工具配套产品的企业试图生产经营灯具、板材生产企业试图生产经营家具等，而要通过垂直跨越成为驱动型链主企业，其首要条件就是，将目标市场坚定确立于终端企业作为其配套者而不是终端顾客。但与简单配套者不同，驱动型链主企业定位于非标的关键零部件。

所谓"关键"是指其性能对最终产品的总体水平、性价比等具有重要且难以替代的影响。这样的定位使这类企业由于其产品的嵌入性而难以被终端市场顾客观察到。例如，除非特种人员，否则几乎所有的购车者和开车者都不会了解高性能的汽车刹车片的作用，他们了解和关心的只是作为终端产品的整车的品牌、性能等。

这也是这类企业经常被称为"隐形冠军"的原因。这些企业甘当隐身者，但对终端产品有重要影响，并且凭借这种影响从而形成对产业链的驱动作用。因此，将驱动型链主企业等同于隐形冠军型企业是可以接受的。

核心产品的高度凝练

驱动型链主企业，即隐形冠军型企业的核心产品通常相当稳定。例如，某种特殊材料（耐压、耐腐蚀材料）、某个终端产品必备零部件，如小汽车的门把手等。但这些产品的功能不可替代，性能绝对领先，同时，这种配套件又往往具有显著的成本优势。

例如，德国有一家专门从事轿车门把手设计/创意、生产制造以及技术服务的公司。该公司人员、资产规模均很有限，但为世界上大部分主流轿车生产企业即整车企业提供轿车门把手。整车企业的设计师们只要把关于新车的市场定位、车辆大小等参数提供给这家德国企业，后者就可向整车企业提供高度专业化的车门把手。

善于利用核心产品，实现跨界发展

虽然其核心产品高度凝练，但驱动型链主企业/隐形冠军型企业往往通过将其核心产品应用于多个不同领域，也就是开发跨界应用场景，从而实现多重市场占领。例如，前面提到的特种耐磨材料，就可应用于服装、机动车辆刹车系统、航天器等产品之中。同样的道理，具有特定性能的传感器产品也可应用于机动车辆、工业控制、智能家庭等多个领域。这种基于核心产品/技术的跨界开发与发展是配套型企业进化为驱动型链主企业的重要策略。

坚持业务归核化，形成辐射性组织体系

与核心产品高度凝练相一致，隐形冠军型企业的业务是高度聚焦于核心主业的。非核心的业务活动则主要以外包的形式剥离出去。企业在硬件资源（如重要设备、建筑设施、人员团队等）、无形资源（如技术储备、管理系统、品牌形象乃至组织文化等）方面，均围绕核心业务布局与开发。这就是业务"归核化"。

与此同时，隐形冠军型企业会逐步形成一个以其为中心的网状合作系统，这个系统的成员包括机构组织以及个人，这些成员以各种形式承接隐形冠军型企业发布的外包任务或业务。隐形冠军型企业的归核程度与这个网状合作系统的合作密切程度相互促进。因此，隐形冠军型企业必须形成构建、运维和优化上述网状合作系统/外包管理系统的能力。

高强度研发

驱动型链主/隐形冠军型企业，在其核心产品设计的技术领域务必保持高强度研发。这些研发甚至触及某些基础领域的科研，所有这样的研发均围绕其核心产品而展开。注意：这里的"核心产品"不仅包括实体产品，也包括无形的服务（如咨询服务）。这里的产品/服务都是嵌入下游终端产品/服务的配套型供给，这种目的上的区别，是这类企业的研发与源头型

企业研发的主要差异。

五、以"供给进化"成为真正的链主型企业

1. 真假猴王：到底谁是真正的"主导者"

近年来,"链主"型企业在我国引起了各方面的高度关注，这既有全球经济结构演化和各国竞争战略调整的一般背景，又有使我国摆脱企业在全球产业链体系的被动不利局面的特殊背景。无论如何，推动我国有关企业成为链主型企业这个问题已经成为我国经济健康发展、供给侧结构性改革的一个极其重要的战略目标。

然而，什么才是真正意义上的链主型企业？如何才能培育这种类型的企业？迄今为止，科学、清醒的认知显然落后于有效指导实践的要求。总体而言，人们对这类企业的认识还停留在一些较为模糊的性质描述上。

关于链主型企业的认知误区

由于对链主型企业的认知极其重要，链主型企业的培育打造已成为近年来全社会，尤其是引起政府的高度关注。然而，人们对链主型企业的关注，并不能成为形成正确认知的理由。事实上，正是由于这类企业的重要性和紧迫性，在如何打造这类企业的认知上却出现了诸多模糊不清甚至扭曲的理解和观念。下面是围绕链主型企业比较常见的阐述。

……"链主"型企业一般指的是在整个产业链中占据优势地位，对产业链大部分企业的资源配置和应用具有较强的直接或间接影响力，并且对产业链的价值实现予以最强烈关注，肩负着提升产业链绩效重任的核心企业。

"链主"型企业与"龙头"企业的区别是什么？

我们通常容易将"链主"型企业与龙头企业混为一谈。事实上，"链主"

型企业往往身处产业链的下游，它们更贴近终端消费者或能够提供生产性服务，当这些企业获得商业成功时，就会增加对上游产品的需求，对整个产业链形成利好。而传统的上游龙头企业，对产业链的带动能力就难以与之相较。

如何培育"链主"型企业？

具体到培育"链主"型企业上，则要更多考虑企业的个性需求，争取做到"一链一策""一企一策"。着眼国际，要让企业在产业链上的长板更长。而着眼内循环，同样要发挥"链主"型企业的独特作用，补齐产业链的短板，增强自主可控能力。一方面，应梳理重点产业链的堵点、断点、痛点，鼓励"链主"型企业通过并购、引进、参股等方式补链、强链、扩链，提高产业垂直整合度。另一方面，应围绕"链主"型企业建立供应链备选清单，确保在极端情况下能够自我循环。

（资料来源：河西区融媒体中心）

综上所述，首先，链主型企业就是在其产业链中具有较大影响的企业；其次，为什么打造链主型企业？是为了更好地控制全产业发展；最后，如何培育链主型企业？给目标企业"加长补短"，扩张或延伸其业务范围，同时扩张其供应体系，手段则包含政府层面的定制化政策扶持、企业层面的重组并购等。

这样的阐述，对"什么是链主型企业"给出了一个原则上不错的含义界定。但对于其具体含义、如何打造链主型企业等问题的阐述就相当模糊。类似这样的似是而非的表述相当普遍。这样的阐述即便不能说其是错误的，至少也是模糊不清、似是而非的。

最重要的是：这样的阐述对于实质性促成有关企业进化为链主型企业几乎没有任何实际意义。例如，这里提到的"影响"到底是什么影响？是对供方的控制力，还是对市场端的影响力？这种影响力形成的基础是什么？是基于生产规模的采购量还是市场份额？抑或二者的组合？即便这里尚未谈及什么是链主型企业，但我们至少可以先得出几点基本判断。

第一，链主型企业不是资产体量大的企业；

第二，链主型企业不是投入—产出规模大的企业；

第三，链主型企业不是对上游、下游的砍价能力强的企业；

第四，企业基本不可能通过并购等资源重组手段成为链主型企业。

我们需要更科学、更准确的认知来指导我国链主型企业的打造。

2. 什么是真正的链主

链主所影响的"链"首先是指水平方向的互补合作型企业、其他类型组织甚至个人的群体。这个群体也就是管理学家们已经归纳出的所谓"商业生态系统"。作为这个系统的构思者、提倡者、培育者以及运维者，链主型企业与生态系统成员一起，为目标顾客创造出非生态企业无法企及的顾客价值。

从根本上讲，链主型企业主导地位的形成建立在这类企业出类拔萃的顾客价值创造与创新能力上，由于这种价值的创造能力，这类企业能够与其顾客建立起本质上不同于其他企业 — 顾客间关系的供求关系。换句话说，顾客对这类企业的依赖程度远高于对其他企业的依赖程度。凭借其对下游顾客的影响，这类企业也随之获得了对上游供应企业的影响力，这种影响力的基础，则是为上游企业提供巨大和可持续的盈利机会的能力。

横向进程：生态强度、顾客利益与市场地位

生态强度

"生态强度"是指由链主型企业创建、维护的商业生态系统协同创造顾客利益的能力，由于顾客利益是在企业服务与顾客待办任务过程中产生的，也就是企业在支持各个待办任务时创造出各种性质的顾客利益，因此，生态强度取决于生态企业服务于顾客的待办任务的数量，以及对每个待办任务的支持程度。企业提供的顾客利益、生态强度与市场地位如图7-9所示。

第 7 章　从配套到链主的跨越

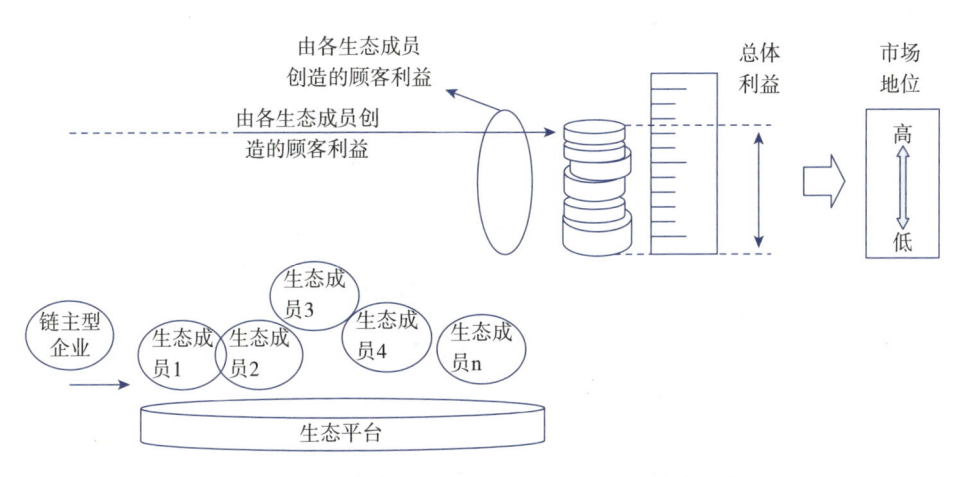

图 7-9　企业提供的顾客利益、生态强度与市场地位

顾客利益

"顾客利益"是指顾客由于获得和使用/消费服务方的（包括但不限于企业）各种形式的供给而获得的好处。管理学家根据这里提到的好处的来源将顾客利益分类，包括：①功能性利益，即建立在供给物功能基础上的好处。例如，汽车给人们带来的省时省力、储物柜带来的整洁便利、美食带来的味觉享受等。②情感性利益，即供给物的外观、标识等展示性要素给顾客带来的好处，主要是精神上的享受。③社会性利益，即供给物作为地位或圈子象征给顾客带来的好处。有时，一些产品或服务可以折射出顾客的社会地位，这种地位或圈子象征可以为顾客带来享受，也就是获得好处。

当链主型企业不仅向目标顾客推送由其自身研制的供给物，而且组织生态成员各自为同一目标顾客的不同待办任务环节提供服务/推动供给物时，顾客将在多个环节，也就是多项待办任务进程中获得多项利益，这些利益将组合为一个远超单个利益的总体利益。

市场地位

"市场地位"是指链主型企业对其目标顾客所具有的影响力。这个影响力取决于企业为其顾客提供的利益。利益越大影响力就越大，市场地位就越高越稳定。

纵向进程：逆向强度与链主地位

逆向强度

"逆向强度"是指链主型企业沿供应链逆向对上游组织的影响力，主要包括链主型企业对其供应商的经营支撑度和价格控制力。当链主型企业对其供应商的经营，包括但不限于销售收入、经营稳定性以及产品改进等方面具有重大影响时，供应商对链主型企业的依附程度就将很高，企业对该供应商的影响力也就越大。

当一个企业的市场地位越高时，它就越有能力去提高其逆向强度。原因很简单，这样的企业由于具有巨大和稳定的下游市场，因此可据此对其上游供应商提供大额和可持续的销售机会，这个销售机会是上游供应商生存与发展的基础，提供这种机会当然就意味着对该供应商的命运具有影响力。

链主地位

"**链主地位**"**是指一个企业对水平方向合作者群体以及纵向供应者群体的影响力/控制力程度**。一个具体企业不是在"链主"或"非链主"这两个角色之间成为其中一个，而是拥有何种程度的影响力/控制力，也就是其链主地位的高低如何。从狭义角度讲，一个企业的逆向强度越高，就意味着该企业对狭义的"供应链"成员的影响力/控制力越高，形成其链主地位也越高。

综上所述，我们可以得出清晰的结论：一个企业越是能够为其顾客提供更大的利益，其市场地位就越高；市场地位越高，其逆向强度就越高。二者结合起来，该企业的链主地位就越高，即对水平和纵向两个方面的合作者群体的影响就越大，当这种影响力显著高于同行企业时，该企业将成为人们口中的"**链主型企业**"。

3. 通往链主型企业的三个进化

从普通企业以单一个体身份向顾客创造利益，到通过构建和维护商业生态系统，由此向顾客提供针对多环节/多项待办任务的多重利益，是促使链主地位提升的基础。企业向顾客提供创新型的多重利益将促成本质上不同的供求关系，这种关系又将使企业形成强有力的市场地位，并由此强化企业的逆向强度，最终提升链主地位促进链主型企业的产生。

因此，**针对顾客多项待办任务的多维化利益供给，是打造形成企业链主地位的关键**。这个关键涉及三个方面的进化，如图 7-10 所示。

生态强度 ⟶ 多维化顾客利益 ⟶ 市场地位 ⟶ 逆向强度 ⟶ 链主地位

角色进化 → 供给进化 → 价值进化

图 7-10　从普通企业到链主型企业的三个方面的进化

价值进化：从支持单个待办任务到支持顾客动机

在主流管理学领域，"顾客价值"是指顾客由于获得并消费了供方的某种供给（包括产品、服务等）而产生的心理体验。因此，顾客价值取决于顾客的主观判断，而不是供给物的成本与质量。当然，顾客价值不可能凭空产生，而是在使用/消费由企业等提供的供给物时所产生的心理体验。因此，顾客获得并使用供给物是产生顾客价值的前提，顾客价值本身则由顾客在使用/消费这些供给物时所形成的心理体验决定。

理论上，学者们通常把上述供给物称为"接触点"，而把顾客支配、使用这些供给物的过程称为"消费者与接触物的互动或交互（Interact）"。这样，较为严谨的说法就是：**顾客价值产生于顾客主体在与有关接触点互动过程中产生的心理体验。这种体验越好，就意味着顾客价值越大，有关供给物据此可捕获更高的销售价格**。

按照克里斯滕森的逻辑，消费者对产品/服务的需求总是产生于他们需要面对的待办任务：更好地实现某个动机/愿望所产生的有目的的活动组合。顾客在完成任何待办任务过程中都会产生对特定"工具"的需要，以便更高质量、更高效率地完成该项任务，而企业提供的各种产品/服务就可视为针对相应的待办任务而提供给顾客的"工具"。

进化前的传统企业为创造顾客价值，就是针对目标顾客的某一项待办任务，提供相应的作为工具的产品/服务，以帮助顾客能够顺利完成任务。在这里，顾客价值产生于单一的待办任务实施过程中顾客与相应产品/工具的交互。作为价值内涵的顾客心理体验，也是产生于顾客在单一任务环节与接触物的交互之中。

为进一步解析顾客价值，管理学家舍米特（Schmitt，1999）、德·科赛（De Keyser，2015）等对决定顾客价值的"心理体验"进行了纬度归纳，他们提出顾客心理体验有5个主要纬度，即5类体验，分别是：①感觉层次的（sensory/sense）体验；②情感层次的（affective/feel）体验；③认知层次的（cognitive/think）体验；④生理层次的（physical）体验；⑤社会认同层次的（social-identity）体验。

通过与一个具体的接触物的交互，顾客将产生上述某一类/层次的心理体验。有两点需要注意：

（1）体验的集成性

所谓"体验的集成性"，是指不论哪一层次的体验，都是接触物所有属性共同作用或集成影响产生的主观心理反应（internal and subjective response）。这里所提的接触物属性是指顾客在与其交互的过程中可能影响顾客的全部因素，包括但不限于接触物的功能、外观（包括颜色、背景、关联服务、零部件等）。顾客体验是对这些要素集成作用/影响的总体反应。

（2）体验的动态性

所谓"体验的动态性"，是指顾客体验会随着时间进展而产生类型上的变化。一般地讲，初步的体验往往是感觉层次和生理层次的，但随着交互的深入，顾客体验有可能进入到其他层次如情感、认知等层次。

但不论顾客体验如何随着时间演化，传统企业的顾客价值创造是局限在单一的顾客待办任务环节上的。在专业化分工和市场细分双重原则作用下，传统企业也就是进化前的企业，专注于单一的供给物来支持顾客单一的待办任务，从顾客视角看，就是在单一的消费环节通过与单一接触物交互获得体验。

所谓"价值进化"，是指企业突破只针对单一待办任务环节的限制，而将针对顾客的服务面由单一环节阶跃到多环节服务/支撑。顾客在多个任务环节上方便自主地查询、调取、使用多种接触点/物交互并对交互过程拥有评价权，这样的消费过程将形成本质上有别于传统价值的新型心理体验，即新型顾客价值。

与传统的接触—交互—体验串联机制不同，这种新型心理体验/顾客价值产生于建立在交叉作用基础上的复杂机制，这种机制将产生两种新型效应：溢出效应和自主效应，二者均将产生传统企业供给无法创造的顾客价值。

溢出效应

所谓"溢出"，是指当企业不是单独提供某个产品/服务 A，而是连带提供与 A 互补的产品/服务 B，也就是将二者组合推送时，A 和 B 都将因为对方的存在而使自身功效得到放大，从而使顾客体验得以优化。**这种在创造顾客体验/价值上彼此促进对方的价值创造能力的现象，可视为一种"价值溢出效应"**，也就是在组合情况下 A 将向 B 溢出价值创造能力，反之亦然。

在现实中，人们会用一个文学性词汇"交相辉映"来艺术性刻画这一现象。例如，汽车、导航系统以及车辆保养就是一组具有（弱）互补关系的产品/服务。在现实中，这几方面的产品/服务的经营者大部分是独立运营，分散提供各自的产品/服务的。如果有企业组织在系统设计构思基础上将这些产品/服务组合起来联合推送给顾客，就可能在不改变产品/服务本身的情况下使汽车、导航系统以及保养服务各自的价值创造能力都得到提升，即产生溢出效应。

自主效应

当顾客在一组彼此有关的待办任务上获得便利查询、调度、使用/交互一系列支撑任务完成的工具时，他们除了从与各个工具/接触物的交互中获得体验（价值以外）还能够从对多工具/接触物的自主调度中获得新的满足。这个不同于基于与接触物交互产生的积极体验，就是组合性供给的自主效应。为理解自主效应，就需要有顾客旅程、动机、新人类的自主心理等相关概念。

溢出效应及其对供给物的价值创造能力影响，如图 7-11 所示。

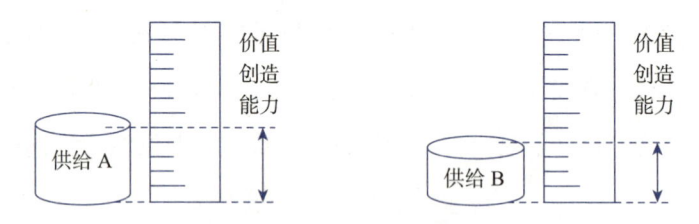

（a）供给A、B独立推送给顾客时的价值创造能力（无溢出效应）

（b）供给A、B组合推送给顾客时的价值创造能力（有溢出效应）

图 7-11　溢出效应及其对供给物的价值创造能力影响

顾客旅程

所谓"顾客旅程",其完整说法是顾客消费旅程(Consumer Journey,CJ),是指顾客在某一目标驱使下所要开展的一组待办任务的组合,即

$$顾客消费旅程 = \sum 顾客待办任务$$

人们对顾客消费旅程(简称"顾客旅程")问题的关注产生于对顾客体验的前沿实践。由于顾客体验决定顾客价值,因此价值竞争的实质就是体验竞争。为了摆脱在单一环节上创造体验的"天花板"效应或限制,创新者自然将目光投向了多环节服务,也就是面向顾客旅程的体验创造,这被认为是摆脱专业化限制取得新型竞争优势的突破口。

推动这一过程从思维层面迈向实践层面的另一个重要因素则是数字技术、互联网技术等方面的飞速发展,下面的内容将具体说明这一因素的促进机制。

动机与顾客旅程

所谓"动机",是指激发和维持有机体的行动,并将使行动导向某一目标的心理倾向或内部驱动力。也就是说,"人类动机"是促使行动主体产生各个待办任务,也就是相应任务旅程的内在动力。动机具有不同层次,对应的行为/任务,旅程的构成也有所不同。

例如,"生存"这一基本动机导致了寻找食物、建立住所、抵御可能的外部侵害等待办任务;对一些女性来讲,"散心"或"放松"这一动机可能导致由购物、聊天、与朋友(闺密)一起用餐等待办任务组成的行为旅程;再进一步,"想买某样东西"这一动机则可派生出收集信息并整理、选择(品牌或商家)、前往某地、浏览并咨询、结算、取件、使用并评价等待办任务链,即涵盖购前—购中—购后三大环节的顾客旅程。

从动机与顾客旅程的关系可以看出:企业针对某个顾客旅程的覆盖性服务,实际上就是对导致这个旅程的某个动机的支撑,这种支撑所产生的

心理体验也就是顾客价值，当然就与仅支持顾客旅程中某一项待办任务所产生的顾客价值的本质不同。

> **特别提醒：**
>
> 服务于顾客旅程就意味着对其背后动机的整体支持，而对旅程中某一项待办任务的支持仅仅是对动机的局部支持，局部支持和整体支持所产生的顾客心理体验存在本质差异，这就是价值进化的本质。

新人类与心理自主

随着经济、技术以及社会的发展，人类的价值观、行为理念以及行为模式等均受到影响并发生相应转变。有时，这些意识方面的转变是巨大和显著的，由此对新兴市场的形成产生巨大影响。

美国学者朱伯夫在其《支持型经济》一书中系统阐述了伴随社会发展也就是后工业时代的到来，出现了具有全新消费观念的"新人类"，文中这样写道：

……20世纪中期后出生的人具有一种新的精神特征，其最大特点就是内心深处那种坚定的个人主义信念和对心理自主的极度渴望，从整体上表现出"新人类"特征。新人类追求的是对生命的自我控制，他们想要创建新的消费模式来缓解艰苦工作中的压力感并为心理自主的实现孕育更多的机会。新人类的需求具有三个特征：要求庇护、渴望发言、寻求联系。综合起来，他们渴望（被）支持。这就是"支持型经济"发展的个体基础和时代背景。

在管理经济时代，"心理个性"是不可想象的。它只存在于艺术家、思想家等精英人物的精神境界。而在"支持型经济"时代，它已成为成千上万普通人的追求。因此，"必需品"从来都是一个历史范畴。

其实，就像对待"长生不老"这样的境界一样，长期以来，"个人主义信念和对心理自主的极度渴望"就是人们包括普通大众的内在追求。问题在于，由于生存和物质层次的享受尚未充分得到满足，以及相关技术/工具远未出现，甚至连构想都超越于人们的想象之外，这类追求也就长期保持在较低层次的非主导性需求水平，驻留于人类的潜意识区域。

但人类进入信息社会以后，情况出现了根本性改变。其中有两个因素对新人类的出现产生了重大影响：一是基于制造效率的商品极大丰裕，使得工业社会中以"安全"为主要驱动力的消费观念发生了重大转变。拥有物质化资源不再是首要的消费目标。按照双因素理论模型，"拥有商品"已经逐步退化为保健因素而不是满意因素。**人们越来越关注物质背后的"意义"和其他精神层面的享受**。二是基于数字技术的发展与应用，作为一种全新的信息沟通技术，数字技术与互联网技术从根本上改变了人类的沟通模式与沟通效率，这也为企业与其顾客包括潜在顾客、合作者等之间的联系与沟通提供了颠覆性创新的"历史性机遇"。

由于联系与沟通效率的革命性改变，人们借助数字技术、网络技术进行信息搜寻、发布指令、实时沟通反馈等变得越来越方便简捷，由此"激活"了潜伏在人类心灵深处的"控制意愿"，使之成为一种外在化的现实需求。当这种"控制意愿"体现到消费者的消费过程（顾客旅程）时，就为组合供给产生"自主效应"提供了坚实的基础。心理自主与"自主效应"的产生机制，如图 7-12 所示。

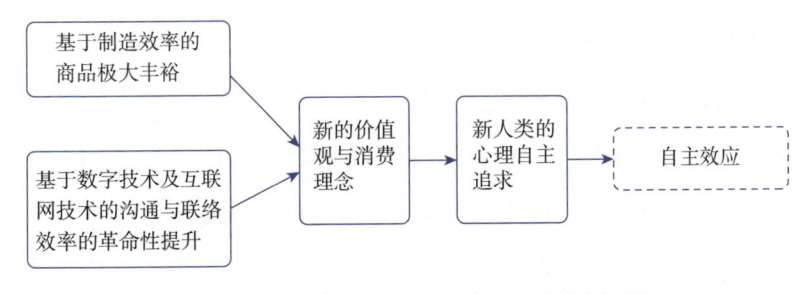

图 7-12 心理自主与"自主效应"的产生机制

现实中，人们常在口头上所说的所谓"一条龙"服务优势，就是溢出效应和自主效应这两种效应共同作用下产生的结果。

供给进化：从单一工具到工具箱

传统企业以专业化为基本原则，针对目标顾客的单一待办任务制造推送单一的供给物，包括实物产品以及与其具有强互补关系的其他要素，我们称这样的供给物为单一工具。

显然，**当进化型企业组织将选择服务的顾客活动从单一待办任务拓展到某个顾客旅程也就是一组待办任务时，它需要推送的供给物就将从单一工具拓展到多工具组合**。不仅如此，为方便顾客自主灵活地调用、识别、使用这些工具，进化型企业还需将这些工具组合在一个"工具箱"内推送给顾客，以方便其自主选择和使用企业组织推送的各类工具。由单一工具到工具箱的供给进化，如图7-13所示。

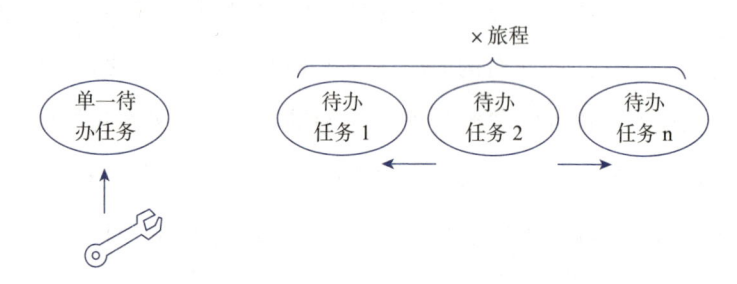

图7-13　由单一工具到工具箱的供给进化

进化型供给的构成

"工具箱"视角的分析

我们用"工具箱"这一形象性概念来刻画进化型供给，这同时也表明了这一新型供给的构成特征。总体来讲，这类供给由两大部分构成。

（1）各类工具/接触物

新型供给中的"各类工具/接触物"与传统意义上的产品/服务以及其他关联要素，如服务场所的景观、造型、背景音乐等是一样的。但这里需要强调的是，作为"工具箱"型供给中的基础要素，从企业角度讲，"工具"和"接触物"这两种表述代表的事物不完全一致。

"工具"一般指人工制造/组装出来的有形产品或实施的服务；但"接触物"稍有不同，它除了涵盖前者以外，还包括非人工制造的产品或非由企业组织实施的服务，如某个自然景观、城市街景及人群甚至气候、日月星辰等，均有可能被企业纳入"工具箱"作为供给要素推送给顾客。这些非人工/非企业所有的自然与社会性供给物同样可作为接触物，对顾客的心理体验产生不可忽视的影响，进而参与顾客价值创造。

（2）工具箱

从最传统意义上讲，**"工具箱"对于工具使用者来说，其核心价值就在于提供使用各种工具的可控性/便利性**。工具箱的存在并不能改变可供使用的工具/接触物的数量、质量。工具箱的作用在于把行动者可能需要的工具收集归拢、存放于一个较小的空间。因为所需要的工具就存在于身边的工具箱中，使用者"伸手"即可获取，这就显著提升了使用者的控制力以及工具查看、调度、使用等行动的效率。

> 特别提醒：
>
> 工具箱不改变可供使用的工具的数量、质量，但能提升使用者查看、调度使用这些工具的便利性。便利性高就意味着可控性高。

当然，这里提到的"工具箱"只是一种比喻，它与传统意义上的工具箱只有一点是相同的，即它们的"集聚功能"可以将不同的工具/接触物集聚在一起以便使用者调用。

作为新型供给的一个组成部分，"工具箱"有两种形态：数字化平台和实体化平台。

数字化平台是一个软件系统，可以向供求各方提供接口。对于供给方而言，该系统/平台提供了规范简便的界面，通过此界面，供方可以将自己的供给物信息（产品/供给物参数）上传至平台。如果我们把这些产品/供给物视为形形色色的工具，那么平台/软件系统将成为归结这些工具信息的载体。

如果这个平台/软件系统便于产品/供给物拥有上传、调整以及补充产品/供给物信息，那么这个载体在功能上具有了收集、摆放各类工具的功能；对于需求方/工具使用者而言，通过平台/软件系统提供的界面，可以浏览、查询各类产品/供给物信息，据此发出调用/购买信息以便获得产品/供给物。这就相当于从某个载体中查看、调取和使用载体归集的有关产品/供给物，也就是具体工具。平台的功能示意图如图7-14所示。

各个接触点/物　　　　　　　　　　各个消费者（工具箱使用者）

图7-14　平台的功能示意图

实体化平台，有时也称为"物理平台"，是指一个可容纳实体要素（如商店、服务设施、自然景观等）的空间。现实中，××综合体、××广场等均为这类平台的具体表现。和数字化平台一样，实体/物理平台同样具有集聚供给要素，以方便顾客/消费者浏览查看、选择评价以及使用这些要素的功能。

纳入与"兜进"

作为工具归纳载体，不论哪种形式的平台均具有纳入相关产品/接触物/要素的功能。 当使用者可以方便地访问或接触这个载体时，就意味着他们可以方便地接触、查看、调用载体中含有的产品/接触物/要素的能力，以及对这些工具拥有了所需要的控制力或掌控力。

对于实体平台而言，有时会出现这样的情况：对消费者/使用者而言是十分重要的要素，如某个不可复制的自然景观，难以在空间上移动导致无法被纳入某个异地空间。在这种情况下，有智慧的企业家会将作为工具箱的载体凑近该要素，以便"兜进"该不可移动要素。

这就是为什么商业服务界会经常出现"风水宝地"一说。对某些目标顾客来讲，这个风水宝地一定含有被企业家认定为具有重要的价值创造能力但又不可移动的要素。有经验的企业家会以此地为基础构建平台，这个平台将包含上述要素但不限于上述要素，后者通常为具有互补关系的服务设施、业态。借助这样的实体平台，顾客将通过与各类要素的互动进而产生独特体验也就是顾客价值。

进化型供给与顾客旅程的关系

进化型供给如何形成？或者说，进化型供给的设计/创新依据是什么？答案是顾客旅程。**将服务于顾客旅程的单一环节/待办任务扩展为多个环节/待办任务就是供给进化的方向**。我们已经知道：顾客旅程产生于顾客的特定动机，因此，新型供给的构思必须以对顾客动机的分析判断为起点。

（1）顾客动机的识别与确认

顾客动机的识别有两种基本方法：客体基准法和主体基准法。

所谓"客体基准法"，又称为逆向探索法，就是从现有的产品（相对产品的顾客而言，它们是客体）出发，逆向澄清其目标顾客以及该顾客使用产品的内在动机。人们的任何活动都是由某个动机触发和影响的。我们可以从这个活动本身的属性来反向探索有关的动机。当然，这个探索的过程需要考察诸多因素，如活动的时机、场合、目标（如果能够识别）、约束、外部环境等。

M.波特在阐述其价值链理论时指出：对于企业组织来讲，其所有活动的开展包括由此产生的采购需求，都源自一个总体动机，这就是创造竞争优势获得理想经营绩效。因此，如果能够支持企业顾客价值链的多个价值活动（其实也就是待办任务），总能为供方创造额外的竞争优势。

所谓"主体基准法",是指直接从某个人群出发,探索他们的某类动机是否存在、强烈程度等。我们知道,人类心理动机存在强/弱问题,在一定的内/外部因素影响下,一些曾经被压抑的、较弱的动机会得到强化,从而成为一个现实动机。例如,随着营商环境、政府政策乃至社会文化的改变,会促使一些人形成较为显著的创业动机。

(2)顾客旅程的分析与确认

这里的顾客旅程就是目标顾客为实现某个动机而需实施的待办任务的组合,这些待办任务又是由有关的目标驱动生成的。因此,我们有时也说,顾客旅程受到一个面向某个动机的目标组合/链的影响。注意:从同一个动机出发,在不同的思路和逻辑下,可以形成不同的目标组合/链。

此外,针对同一个目标的实现,运用不同的方法、工具,可以生成不同内容性质的待办任务。因此,企业需要根据内/外部因素,尤其是技术因素的发展情况,在众多可能的待办任务组合中,构思、设计出最佳的顾客旅程。为区别这个旅程和顾客实际的行为旅程,我们称"供给型进化构思的总体路径"为"旅程蓝图",如图7-15所示。

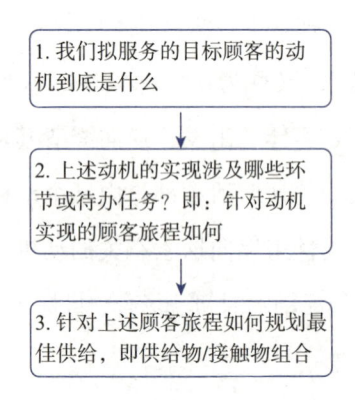

```
┌─────────────────────┐
│ 1. 我们拟服务的目标顾客的动 │
│   机到底是什么       │
└─────────┬───────────┘
          ↓
┌─────────────────────┐
│ 2. 上述动机的实现涉及哪些环 │
│   节或待办任务?即:针对动机 │
│   实现的顾客旅程如何    │
└─────────┬───────────┘
          ↓
┌─────────────────────┐
│ 3. 针对上述顾客旅程如何规划最 │
│   佳供给,即供给物/接触物组合 │
└─────────────────────┘
```

图7-15 供给型进化构思的总体路径

(3)供给进化的实现

针对上述旅程蓝图,选择有关的待办任务/活动环节,构思和确定相应的支持工具/接触物,由此形成进化型供给。在这个过程中,**我们需要**

区分两类不同性质的供给创新行为,即工具创新(自创)与组合创新(导入)。

工具创新

所谓"工具创新",是指企业根据某个待办任务的目标和约束条件,通过技术创新等手段,向该待办任务提供创新型或改进型工具,即产品或服务,由此支持该任务能够更好地完成。针对某类疾病的药物改进或创新就是这类创新的典型例子。

组合创新

所谓"组合创新",是指企业针对旅程蓝图中的某个环节/待办任务,创新性地导入一种现有的产品/服务或其他性质的要素,如自然景观、人群等。

此前,供给创新环节可能从未被供方群体所关注。例如,在许多服务场所,停车或等待就是曾经被供方忽视的顾客待办任务。或者针对此环节/待办任务的工具不尽合理,而已经存在更为合理的要素来替代这些不合理工具。例如,随着数字技术的发展,不断涌现出各类免费的数字信息内容,企业可以将这些数字化内容作为工具提供给顾客旅程的某些任务环节,由此实现供给创新。供给组合中接触点/物的类型,如图 7-16 所示。

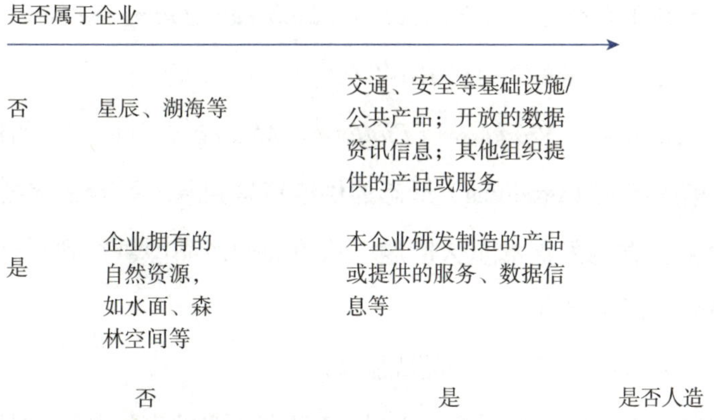

是否属于企业		
否	星辰、湖海等	交通、安全等基础设施/公共产品;开放的数据资讯信息;其他组织提供的产品或服务
是	企业拥有的自然资源,如水面、森林空间等	本企业研发制造的产品或提供的服务、数据信息等
	否	是　　是否人造

图 7-16　供给组合中接触点/物的类型

目前的实践和严谨的理论研究表明,顾客旅程是可以并且需要通过预先设计来实现优化的。因此，顾客旅程管理日益成为人们关注的一个重要管理问题。顾客旅程管理的一个重要思想：企业应该通过旅程规划和管理来主动引领而不是被动跟随顾客行为，数字技术为这种角色转化提供了日益坚实的基础，现有的研究将顾客旅程设计归纳为对接触点组合的规划与设计，总结出这种规划与设计的基本原则，如接触点的主题衔接性（thematically cohesive）、前后一致性（consistency before and after）等。

角色进化：从专业化企业组织到平台运营者

供给进化的实现必然促进企业角色的进化，即按照专业化原则组建的生产和提供单一产品/服务的组织。这种组织的经营可以分解为若干类型的价值活动，如原料管理/供应链管理、制造/组装、企划、渠道管理、售后服务等。企业是一个相对封闭的独立运营载体，要进化为按照旅程服务原则组建的平台型组织或生态型组织，除了上述传统的价值活动以外，企业更重要的任务在于：发现/修正拟服务的顾客旅程并有效联合相关的合作者共同服务或支撑这个顾客旅程。

这时，企业的主要角色进化为构建/改进/创新/运维合适的平台，据此实现新型供给的形成与推送。

从产品到平台的跨越（Products to Platforms: Making the Leap）

哈佛大学教授朱峰等于2016年在《哈佛商业评论》发表了名为"从产品到平台的跨越（Products to Platforms: Making the Leap）"的论文。他们提出：**单一产品（products）形态的供给跨越到基于平台的多要素供给，是事关企业生存与发展的重大问题。**从单纯的产品型供给到平台型供给，需要注意以下四个要点。

第一，要有一个优质的产品或服务。

"优质"的基本含义是该产品/服务具有一定的市场基础或品牌基础，但该产品又面临竞争产品/服务的强烈冲击。在这样的情况下，企业应该以该产品/服务为起点，其实是以该产品/服务所吸引的顾客群体为起点，通过平台导入主要由第三方机构/个人提供的多维化服务，为上述顾客群体提供更为丰富的价值体验。

第二，及时调整或创新业务的商业模式。

具体地讲，就是根据多供给组合的情况，积极探索新的盈利点。例如，企业可以考虑将产品作为盈利点转化为将平台作为盈利点，换句话说，与通过产品创造价值不同，企业可以通过平台提供的连接功能，也就是将顾客与第三方服务机构联系起来的功能获取价值，即将平台作为盈利来源。当顾客频繁需要借助平台联系各个第三方服务者时，这种"收过路费"的盈利模式可为企业带来远超传统产品/服务的收益。

第三，一旦平台建成，各个服务要素就位，就要迅速从产品形态转向平台供给形态。

为此，需要注意三个行动要点：一是要使平台集聚的要素提供充分的顾客利益，也就是能够创造出足够的吸引力。如前所述，这种吸引力是建立在对某个动机的充分支持的基础之上。二是使平台形象与基础产品的品牌形象相一致。三是顾客参与平台改进，即赋予顾客更多的主动权以支持其自主心理的实现。

第四，及时对竞争性模仿作出反应。

企业需要将有限的资源集中于精心选择的要素，包括各种供给物或平台本身进行差异化改造，以此来创造反模仿壁垒。

> 归纳起来说，工具箱视角的新型供给就是由平台化的载体以及该载体所包含的工具组成。这里的"工具"也就是顾客在某个消费旅程中可能需要与之交互的接触物/点，其形态包括但不限于具有互补关系的信息、产品/服务以及不是由核心企业制造归其所有的设施、自然物质、人群等。

DIP 视角的分析

美国管理学家 Venkat Ramaswamy 等在 2018 年提出：随着数字技术等宏观因素的飞速发展，企业的供给形态（Offering）也产生了根本性变化。**真正意义上的供给不再是"产生于生产线，然后通过销售渠道输送给顾客的产品"。而是由特定平台和相关要素（主要是产品）组成的"联合空间（a joint space）"**。这个作为新型企业供给的空间由以下四类要素构成。

（1）制成产品（Artifacts）

制成产品是指由企业研发生产的各类产品，包括有形产品、无形服务，特别是数字化软件系统。这些制成产品一方面可作为工具以支持行为主体的行动过程/待办任务；另一方面，又支持平台功能，发挥着集聚其他制成产品的作用。结合起来，制成产品作为工具影响着人们的行为和体验。

（2）行为主体（Persons）

行为主体是指在上述联合空间中开展有关行动/消费活动并具有意识能力的行为主体。这些主体使用有关的制成产品即各类产品/服务，与其他行为主体包括供方人员、各类制成产品进行交互，由此完成各自的任务旅程。

（3）行为过程（Process）

行为过程是指有关行动的组合。这个过程与前面讨论的顾客旅程在本质上是一致的。但 Venkat Ramaswamy 等指出：这个行为过程中包含了交易并具有多环节性。他们还特别强调：这个行为过程受到社会规则、文化等宏观层面的因素的影响。

（4）界面（Interfaces）

界面是指上述空间中各类要素进行交互时的信息端口（point of connection）。界面的信息端口支持了联合空间中各类要素彼此联络、互动时的高效沟通。界面要素促成并影响着空间中各要素之间的关系。

"智联"视角的分析

智慧连接产品（smart, connected products）的概念是全球著名的战略管理权威、美国哈佛大学教授 M. 波特于 2014 年提出的。他的基本思想是：数字信息技术导致了企业供给的"革命性"进化。M. 波特认为：传统的产品"曾经仅由机械和电气部件组成"，然而，**在数字信息技术的影响下，新型供给"已经成为复杂的系统，将硬件、传感器、数据存储、微处理器、软件和连接以多种方式结合在一起"。这样的新型供给可以称为"智能互联产品"**，简称"智联供给"。

这种新型供给通过处理能力和设备小型化的巨大改进，以及无处不在的无线连接带来的网络优势而不断发展和优化，智联供给进化使得宏观经济和企业竞争进入到一个全新且完全不同于传统社会的"智联"时代。

智联供给具有三个核心要素。

（1）物理部件（physical components）

物理部件是指供给中具有特定物理功能的要素，如发动机、轮胎、电池等。

（2）智慧部件（smart components）

智慧部件包括传感器、微处理器、数据存储、控制、软件，通常还包括嵌入式操作系统和增强的用户界面。例如，在汽车中，智慧部件包括发动机控制单元、防抱死制动系统、雨量感应挡风玻璃和自动雨刷器、触摸屏显示器等。新型供给中的智慧部件强化或放大了物理部件的功能与价值。

（3）联结部件（connectivity components）

联结部件包括端口、天线和实现与产品的有线或无线连接的协议。连接性则增强了智慧部件的能力和价值，并使其中一些组件能够存在于物理环境之外。

智联供给一方面完全改变了顾客的消费过程，也就是应用这种供给解决自身问题的过程。值得注意的是，M. 波特特别强调：智联供给的价值创新,就在于它对顾客"自主运营产品"（autonomous product operation）的支持。这里的自主运营与前面提到的源自新人类的心理自主、追求个人动机的实现以及个性化偏好（personalization）是基本一致的。

另一方面，这种新型供给将导致供给侧，也就是企业组织技术体系、生产体系以及服务体系的全面进化。最终，彻底改变竞争的结构与策略。

场景理论的研究现状与发展动态

不论是工具型供给还是智联型供给，均通过多要素组合推送，在向顾客具体的待办任务提供工具/物理产品/服务等的同时，更重要的是满足了顾客的自主控制意愿，在这一点上，"场景"概念提供了关于新型供给的更为直观的说明。

管理领域对"场景"问题的提出主要源自服务行业对消费者心理——行为问题研究的深化。前者包括情绪、认知等心理反应，后者主要包括（在消费地点）逗留时间、再购买以及对品牌的忠诚等。

人们关注场景问题的逻辑前提是：影响顾客心理及相应的行为的因素并不能局限在单一要素，如服务态度或价格，而是可用"场景"来概括的一组要素，这与 M. 波特教授归纳的由三类部件组成的智联产品非常相似。由于基于心理影响的顾客行为（如品牌忠诚、购买频率以及价格接受等）对服务企业的发展至关重要，所以场景问题一经提出，就成为服务营销、旅游行业以及城市文化经营等领域学者高度关注的问题。目前，以"场景"为核心概念的研究主要由两方面组成。

（1）服务场景（servicescapes）

服务场景是指可能对顾客的心理体验以及对供方的满意度产生影响的要素集合。根据要素的属性，大体上可以将其划分为"氛围环境"（atmospherics environments）或物质环境（store environments）。这两类场景界定均认同场景对顾客心理——行为的特殊作用，区别在于对场景构成要素的不同归纳。

前者更关注无形要素，如音乐、气味、色彩等；后者则重视场景的有形构成要素，如建筑物、设备、装饰物、家具等。关于服务场景对顾客的心理认知——行为取向的影响问题，研究者普遍认同，场景作为何种形态刺激物（stimuli）的组合，将对顾客的心理、延伸想象以及态度、行为等产生影响。

Silver 等（2015）则提出：场景具有一种由整体性属性决定的"象征意义"，这种象征意义将对其中个体的人格特征产生影响，而人格特征会刺激、助长行为主体特定的行为。也就是说，由整体要素组合而成的场景作为整体（holistic）将对涉及其中的主体行为产生影响，这种影响是任何单一因素无法产生的。上述场景研究在传统服务场所（如银行、酒店、商场、文化商业街区、旅游度假地等领域）获得了广泛验证。

（2）智慧型场景或数字型场景（context）

随着数字技术的发展应用，线上服务场景（online servicescapes）也引起了众多学者的关注。和传统服务场景基本上由静态要素构成不同，这类场景包含可随时推送给顾客的实时数据信息，从而向顾客提供过程化、定制化、智能化服务，由此产生新的心理满足。美国著名财经观察家罗伯特·斯考伯在其 2014 年出版的专著《场景时代的到来》一书中提出：大数据技术（包括开源处理技术）、移动设备（穿戴设备）、传感器产品、定位系统（智慧空间基础设施）和社交媒体（平台资源）等五个方面的数字技术发展（见图 7-17）为这类场景的构建提供了巨大的机遇与条件。

随着数字技术的发展和普及应用，融合了线上要素和线下要素的混合型场景也不断涌现，这类 O2O 新型供给越来越成为一种趋势，从传统的服务领域（如迪士尼公园、实体零售、医院医疗）的服务进化，到传统工业产品（如带有主动安全系统、驾驶辅助系统等的汽车产品）的系统进化，甚至面向 B 端的传统产品（如设备检测系统、城市交通指挥与调度系统等）领域都可以发现这种 O2O 型场景化供给。

```
    移动设备（穿戴设备）
传感器产品              定位系统（智慧空间基础设施）
   大数据技术（包括开源处理技术）    社交媒体（平台资源）
```

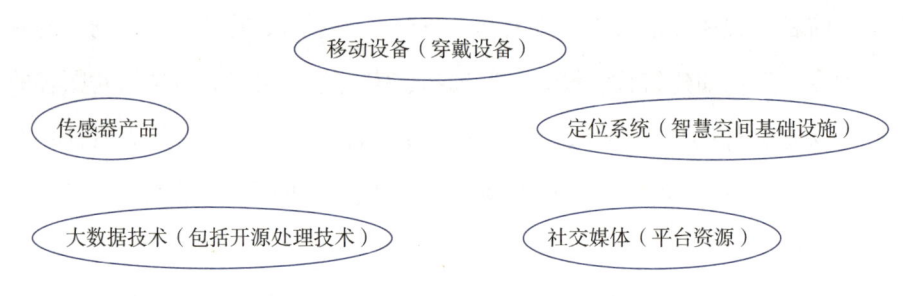

图 7-17　数字化场景的五个要素

六、说人话，树大旗

1. 一个不可忽视的悖论

有句广为流传的俗语"好酒不怕巷子深"，其强调了产品的独特功能对市场占有的决定性影响。但从管理角度看，这句话的合理性只在独株田野情境（见第 2 章）下才成立。

众所周知，科技研发能力是科创企业的"王炸牌"，这类企业往往需要通过技术创新撬开市场并赢得市场主导权。在这种情况下，把技术达到极致就成为科创型企业决策者的共同思维。

现实中，科技工作者也的确是这么做的。他们试图依托技术优势，实现产品升级换代进而获取市场。最极端的情况是：通过突破性技术，或者代际进化技术推出颠覆性产品，实现对在位产品的全面替代。他们本能地认为：产品技术越具有突破性，市场替代也就是"扫荡"在位产品的过程越顺利，实现战略目标就越顺利。

但实际上，凭借突破性技术完成的产品进化，不一定能够由于技术优势而获得市场成功。**有时，技术进化的跨度越大，市场开辟的风险反而越高**。这就是需要引起重视的"技术—市场悖论"。这个悖论引发的一个正面质疑就是：刀锋越锐就更加正义吗？稍有常识的人都知道：当然不是。

事实上，炫耀自己兵器的锐利，可能会引起百姓的疑虑：这样的刀枪真的对我有好处吗？类似地，一种建立在完全不同科学原理之上的突破性产品，其技术进化本身有可能引起人们的疑虑甚至不适，进化跨度越大，不适感可能越强。

为什么会出现这种悖论？至少存在两个不可忽视的原因。

（1）在位者的领地效应

在一个较为成熟的产业中，虽然在位企业的产品也许在技术上存在这样或那样的缺陷，但相对于消费者的痛点而言，这些产品作为解决问题的工具，能够发挥出降低、缓解顾客痛点的作用，顾客可以勉强使用这样的工具完成有关的待办任务。在企业通过其供给服务市场的过程中，他们同步通过企划宣传、提供配套服务、改进供求关系包括渠道体系等，逐步形成了一个无形的领地，企业、顾客以及利益相关者群体结成了一个相对稳定的关系网络，这个网络的改变对其中每一类主体都会造成某种不适。

如果这些主体对某个产品创新所具有的感知价值或感知利益，抵消不了由于调整带来的"不适"，那么人们就会抵制这种调整，不论这种产品替代具有多大的潜在利益。例如，一种基于技术创新而研发出来的新型建筑材料，尽管其在环保、安全、美观等方面具有突破性功能，但完全有可能由于在位企业的领地效应而无法顺利进入市场。

（2）顾客端的惯性效应

消费者在长期使用某种产品的过程中，会由于重复性行动形成所谓消费惯性，也就是习惯于该产品的功能特征，不论这样的产品是否存在这样或那样的缺陷。这种"惯性"一方面可以降低顾客使用产品的紧张度，因为一切都按部就班；另一方面会形成一种思维防护膜，使顾客下意识地隔绝新产品。在没有获得充分的刺激前，也就是在获得充分的积极信息前，顾客不大愿意接受新产品的概念。这就是顾客端的惯性效应。

> 技术制高与市场号召力没有必然的关系。

2. 新兴市场需要启发，而不是说教

所谓话语战略，顾名思义，是指将传递给目标顾客的所有信息作为一个整体，能够对受众产生最大程度的影响，使目标顾客尽快接受本企业的供给方案。话语战略有三个基本点。

第一，企业传递给目标顾客的"话语"是一个有机整体，不仅仅包括语言文字，还有图形、标识等符号信息，它们作为一个整体对受众的意识形成影响。

第二，话语战略设计的话语信息本身固然重要，但受众如何"翻译"这些话语信息并形成其意识，对企业来讲同等重要，甚至更重要，因为受众并不一定是按照企业所期望的方式来理解或翻译话语信息。

第三，受众的意识以及他们理解话语信息的方式，在双方交流互动中都将不断变化，因此，话语战略是一个动态战略。

决定电脑打印机市场格局的话语战略之争

全球著名的学术刊物《战略管理》发表过这样一篇论文，该论文回顾分析了作为突破性技术的电脑打印机替代传统的机械打字机的市场演化过程。作为个人电脑或笔记本的标准外设，其工作原理、产品结构、制造（组装工艺）、价格乃至售后服务等都是极为透明的。这意味着从技术层面讲，该产品的同质化现象不可避免。

在这种情况下，基于话语战略的市场宣传效果就成为决定企业市场份额的关键因素。在该产品导入市场的早期竞争中，国际机器商业公司（International Business Machines Corporation，IBM）由于设计了更有针对性的话语战略，因此在与Remington Rand公司针对保险公司的表单处理设备（也就是个人电脑）市场的争夺中一举取得了巨大的优势。伴随第二次世界大战后保险业务在西方国家的井喷式发展，IBM在此领域遥遥领先，

并直接支撑了其个人电脑业务的霸主地位。

图 7-18 显示了话语战略的前因与后果。由于要有效影响顾客的认知，**因此正确的话语战略制订必须要对目标受众也就是目标顾客的身份、偏好、心理特征以及由此导致的认知模式有系统清晰的认识，这样才能通过话语战略有效影响目标顾客**，使之形成有利于接受本企业供给方案的信息理解模式。

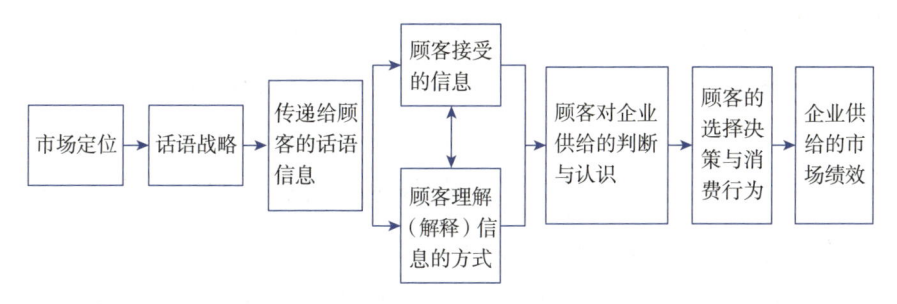

图 7-18　话语战略的前因与后果

> 正确的话语战略建立在透彻理解目标顾客的心理机制、行为偏好之上，并据此启发顾客对创新型产品价值的理解。

3. 要说人话，树大旗

科创企业为了克服"技术—市场悖论"，在导入创新型产品，由此改变自己在产业链中位置的过程中，必须高度重视话语战略的制订，否则，即使取得了科技研发的突破和产品研发的成功，企业也可能折戟于新兴市场开辟的征程之中。说顾客能够理解的语言，高效形成市场影响，以下三个策略值得高度关注。

（1）从顾客待办任务出发，发现和确认顾客痛点

科创企业在实现导入创新型产品的战略目标过程中，为破除领地效应和惯性效应，首先需要做到的就是彻底放弃技术自傲心理，坚决从顾客待办任务的梳理出发，在此基础上系统分析、精准判断目标顾客在有关待办任务实施中的痛点。找准这个痛点，是制订高效话语战略的最重要基础。

换句话说，缺乏这个基础，企业对目标市场发出的声音很可能被理解成"无病呻吟"，轻则延缓创新型产品的市场挤入，重则被其他拥有同样技术创新的企业挤掉市场入口，由此丧失市场开辟机遇。这种情况屡见不鲜！

（2）说人话，从顾客角度阐释功能

找准顾客痛点之后，科创企业应围绕这个痛点，阐释创新型产品如何以全新的方式，更好地解决这样的痛点。说人话的核心含义是：针对具有代际进化属性的创新型产品，在导入市场过程中宣传的核心应该放在这样的主线上，即相比现有产品，新型产品如何以革命性方式更好地解决了原有的顾客痛点？好在什么地方？**强调顾客利益而不是自身产品的先进性，这就是"说人话"的实质内涵**。

说人话的逻辑不仅应体现在针对目标顾客的宣传对话中，还需要贯彻在企业针对顾客的利益相关者的宣传之中，针对这些机构或个人的有效影响，也是推动创新型产品挤入市场的重要条件。

（3）树大旗，以价值创新号召天下

一种创新产品的市场开辟往往伴随着互补产品/服务的开发与市场导入，也就是针对目标顾客逐步形成一个以创新型产品为核心的商业生态系统。这个系统的健康成长将对创新型产品本身的市场扩展、强化发挥重要的作用。这个生态系统的构建、生长，同样离不开核心企业有效的话语战略。

也就是说，核心企业需要通过树起大旗来加快生态成员加盟的进度。这个大旗如何快速有效地树立起来？关键的话语主题同样是从顾客端入手，而不是从强调自身技术优势入手。

最具号召力的大旗，是抓住顾客价值创新这个主题，强调基于突破性技术的产品将如何开辟一片全新的顾客价值蓝海，强调这片价值蓝海的广阔与深远，从这样的角度唤起潜在合作者的关注、认同，并推动他们做出实质性参与生态系统开发，也就是加入到进化型供给的创造与供给体系中去的决策。